ANTI-RACISM

レイシズムを考える

レイシズムを考える

ANTI-RACISM

清原 悠 編

明戸隆浩
安部 彰
伊藤昌亮
遠藤正敬
兼子 歩
金 友子
小林・ハッサル・柔子
五味渕典嗣
澤 佳成
隅田聡一郎
高 史明
竹田恵子
堀田義太郎
松本卓也
間庭大祐
百木 漠
山崎 望
山本興正
山本浩貴
梁 英聖

共和国

序　差別に抗するために学ぶ

清原悠

1. はじめに

「差別的な気持ちも悪気もなかった」「差別ではない、区別である」

政治家や著名人による差別発言とそれへの釈明でよく用いられる言葉である[1]。何が、どのように「差別」に該当するのか／しないのかがきちんとメディア上で検証されないため、同じことが何度も繰り返される。そして、「差別」に該当するか否かを話者の言うところの「意図」でのみ測ることで、日本社会は「差別」とは何かを主体的に考える力を育んでこられなかったのではないだろうか。

他方で、人種差別発言を公共の場で堂々と行なうヘイトスピーチ（差別扇動）のように明らかに差別的意図がある場合でさえも、日本社会は真摯に向き合ってきたとは言い難い。ヘイトスピーチに対して「無視していればよい」という「対処法」が述べられたり、ヘイトスピーチとが街の人々に聞こえないようにかき消そうとするカウンター運動の抗議の声に対して「（ヘイトスピーチとカウンターは）どっちもどっち」であると論評する人も少なくなかったのである。

当たり前のことであるが、当人に自覚がなくとも差別的行為は成立するし、人を傷つけるものである。まして、それが意図的になされるならば、この社会ではもう生きていけないという恐怖を人に与え、社会を壊してしまう。そして、人を対等の人間と見なさない、扱わない「差別」は、それに加担する人間からも人間性を奪ってしまう。では、こういった理解が理の当然とされない日本社会とは一体何であろうか。

このような惨状を前にしたとき、私は日本社会に「差別に抗する」力を養っていくためには、「差別」「レイシズム」についての多角的な知見を分かりやすく提供することが重要であると考え、二〇一四年七月から二〇一五年十月にかけて『図書新聞』にてリレーエッセイ「ヘイトスピーチ・レイシズムを考える」を企画・運営した（隔週で三十一回連載）。本書はこの連載での論考を大幅に拡充して一冊にまとめることで、読者が「差別」に関する多角的かつ重層的な理解を得ることを目的として編まれたものである。

2. レイシズム・スタディーズへの招待

本書は、レイシズム（人種／民族差別）について多角的に考えられるようになるために、社会学、政治学、哲学、文学、芸術学、環境学、精神医学、社会心理学といったさまざまな研究分野からのアプローチを紹介する、いわば「レイシズム・スタディーズ」への招待状である。そして、現在進行形で起こっている「レイシズム」に対してどのように向き合う必要があるのかという視点から、本書はこれらの諸アプローチを「差別とは何か」「差別を支えるもの」「差別に抗する」という三部構成で整理し、世に問うことにした。

第二次世界大戦は、戦争に参加した何千万という人々にとっては「人種戦争」であった。[2] 戦後の一九四八年には「世界人権宣言」が国際連合総会で採択され、その後の公民権運動の盛り上がりによって世界各国で人種差別禁止法が整備されていくこととなった。しかしながら、日本では近年にいたるまでレイシズムを含めた差別に関する罰則を伴った法的規制が全く存在せず、これは先進国の中では日本だけという状況であった。二〇一六年にヘイトスピーチ解消法（本邦外出身者に対する不当な差別的言動の解消に向けた取組の推進に関する法律）が可決、施行されたものの、同法は世界基準での人種差別禁止法に及ぶ水準のものではない。同法施行後でも、たとえば「二重国籍」問題という形での差別や、「肌の黒塗り」「肌の白塗り」が発生しているが、これが差別であるという認識を多くの人が持てていないのが現状である（二〇一七年大晦日の日本テレビ『絶対に笑ってはいけない』ではお笑い芸人の浜田雅功がメイクによる黒人の真似をし、二〇一九年には日清食品のCMアニメで大坂なおみ選手が白人のように描かれた）。このような「認識不足」は「レイシズム」のあくまで一部でしかない「ヘイトスピーチ」に焦点をあてて「差別」を社会問題化したことの限界が現れたということでもある。

ここで私たち（マジョリティとマイノリティ双方を含む）は、「レイシズム」が多様な形態で現れることを認識し、その根幹にある「差別」とはそもそもいかなる事象であるのかについて理解を深めていく必要がある。同時に、「差別」にどのように対抗していくことが可能であるのか、そのための課題は何であるのかについて共有することが必要であり、本書はそのために編まれた。それゆえ、本書は単なる論文集ではない。各章はそれぞれの研究分野からのアプローチを示しているために独立性が高く、読者は関心のある任意の章から読み始めることが可能である。一方で、各章の配列は相互の関連性を考慮し、そして「差別」の段階的・重層的理解、および差別への対処にかかる実践的課題の提示という流れを意識しているため、いずれの章から読み始めた場合も頭からの「通読」を一度はしていただきたい。

3. 本書の構成

第一部「差別とは何か」は六章構成でできている。

第一章「日常をとりまくレイシズム」（金友子）は、在日コリアンの視点から日本人との「何気ない」日常会話がどのように「排除」のメッセージを含んでしまっているのかの提示を導入に、そのような問題を可視化する「マイクロアグレッション」の概念について論じている（マイクロは「微細な」、アグレッションは「攻撃、攻撃性、侵略」の意味）。レイシズムとはヘイトスピーチなどの露悪的な言語行為や暴力・ジェノサイド、南アフリカの「アパルトヘイト」や日本の戸籍法などの法・社会制度的なものに限らず、日常のコミュニケーションで生成し、ときには聞き手でさえも気づきにくい発話を通して実践されるものであることが示される。

第二章「一世紀前の『ヘイトの時代』から考える——アメリカ南部におけるリンチとその歴史的背景」（兼子歩）では、レイシズムという現象がときとしてジェンダーと結びついて現れることがジェンダー史の立場から分かりやすく示される。「差別」現象を十全に理解するためには、単一のアプローチでは無理があることが本章の記述から分かるが、併せてジェンダーとレイシズムの複合的差別はマイノリティを分断統治するために用いられることを理解できるだろう。二〇一三年に創設されたBLM(Black Lives Matter)運動はこの観点に意識的な運動であるが、本章を通してその意義はより良く理解できるようになるだろう。

第三章「レイシズムの精神分析――ヘイトスピーチを生み出す享楽の論理」(松本卓也)は、「ヘイトスピーチ」の被害および心のケアの問題を考えるうえで精神医学的研究が重要であることを指摘する。そのうえで、ヘイトスピーチやヘイトクライムを行なうレイシストの心理の問題をパーソナリティの問題(個人の問題)として捉えるのではなく、集団の形成という観点で論じる「フロイト」から「ラカン」に至る精神分析理論からのアプローチが紹介される。本章は、「生活の中で快を得たり不快を処理したりするための方法(享楽のモード)」がレイシズムの生成と密接に関わっていることを明らかにしており、自分とは異なる享楽のモードを持つ存在と共生するうえで精神分析がきわめて重要な実践となることを指摘する。

第四章「レイシズムの社会心理学的研究」(高史明)は、日本国外で膨大な蓄積がなされてきたレイシズムに対する社会心理学の代表的アプローチを整理している。本章ではときには本人が意識できないような認知の水準の偏見が、本人の気づかぬうちにレイシズムに従わせてしまう場合があることを示しているが、そのような陥穽を理解することがレイシズムに対処するにあたって欠かせないことを本章の議論から学ぶことができるだろう。

第五章「差別とは何か」(堀田義太郎)は、「差別」という概念についての正確な理解が、「差別」への対処に欠かせないものであることを哲学の最新の知見を通して示される。差別現象とは多様かつ複合的なものであるからこそ、広すぎず狭すぎない定義を追究するのが肝要であることを本章から学ぶことができる。本章の理解なく、ヘイトスピーチの特段の悪質性を理解することは困難であろう。「差別の理解」から「差別への対処」を目指す本書において、本章は重要な座標軸を提示してくれている。

第六章「資本主義・国民国家・レイシズム」(隅田聡一郎)は、「レイシズム」が私たちの生活の外部に存在するものではなく、私たちの生存を基底する資本主義や国民国家という体制により生まれていることをマルクスの資本主義国家論の観点から明らかにしている。レイシズムの近代的形態を「資本主義国民国家の政治的形態」として把握するべきという本章の考察は、「レイシズム」をやむ得ないものとして宿命化することではなく、むしろ「レイシズム」の抑止の不断なる努力こそが私たちの宿命であることを示していると言えるだろう。本章は難解な議論を含んでいるが、第一部の締めくくり、ならびに第二部への橋渡しとして重要な論考であり、理解のために何度も熟読する価値があるだろう。

第二部「差別を支えるもの」は六章構成およびコラムからできている。第一部の議論を踏まえ、「差別」がどのような社会的・制度的仕組みによって支えられ、多様な現象として現れるのかについての議論を集めたが、特に戦後日本のレイシズムに関する論考が中心を占めている。

第七章「ヘイトスピーチとナショナリズム」(山崎望)は、政治学の立場から「ヘイトスピーチ」を切り口にナショナリズム論の再整理を試みている論文である。ナショナリズムは「統合」の論理であり、その手段として「排除」を抱え込むが、近年のヘイトスピーチが示唆するのは「統合」なき「排除」なのではないか、そのような「ナショナリズム」の変異の可能性について論じている。

第八章「ヘイトクライム、あるいは差別の政治化について――アレントの全体主義論からレイシズムを考えるための試論」（間庭大祐）は、ナチズムをはじめとする二十世紀の全体主義に対するアレントの議論を踏まえ、差別という現象が政治空間と結びつくことの危険性を論じている。本章の考察から、隣人とともに生きること、すなわち自己観念への逃避を自覚的に拒否するためには、人間を「物」へと変容させることで成り立つ「暴力経験」とは何であるのかを直視しなければならないこと、そしてそのためのアプローチである社会哲学的思考の重要性を学ぶことができるだろう。

第九章「国籍と戸籍」（遠藤正敬）は、政治学・歴史学の立場から日本固有の戸籍制度と国籍制度の関係を検討し、戸籍制度がどのように「差別」を生み出すものであるのかを論じている。レイシズムは国籍以上に人種、民族すなわち出自＝「血」を標的にしているが、「戸籍」は「日本人」の血統証明という擬制《フィクション》を纏うことで持続し、さまざまな矛盾を生み出し続けていることが本章の考察から示される。

第一〇章「日本型ヘイトスピーチを支える一九五二年体制――『在日特権』を生み出す戦後日本の入管法制」（梁英聖）は、差別に抗する「法律も政策も存在しないのに、なぜか『バックラッシュ』だけは欧米よりも酷いという事態」に陥っている現代日本社会の問題を理解するために、在日コリアンをはじめ在日外国人への差別を助長してきた法制度である一九五二年体制と呼ばれる戦後日本の入管法制の構造について論じている。このような日本の「差別」を支えるのが「戸籍制度」であるため、第九章と併せて読んでいただきたい。

第一一章『「左翼的なもの」への憎悪――ヘイトスピーチを増幅させるもの』（百木漠）は、「安倍政権に対する批判や、ネット右翼天気な言説に異を唱える者にはすべて『在日』あるいは『反日』の認定がなされるという、極度に硬直化した思考」がインターネット上に溢れていることを念頭に、およそ経験の裏打ちのない「左翼的なもの」への憎悪がどのように表れてきたのかを、世界的な思想の潮流から把握する思想史的アプローチが展開される。本章の考察から、「ヘイト」の世界的な同時代性と日本の特殊性の両方を視野に入れることができるだろう。

第一二章「ネット右派の起源――九〇年代後半のネット右派論壇の成り立ち」（伊藤昌亮）は、一九九九年二月に開設されたネット掲示板「2ちゃんねる」以前より見られた「ネット右派論壇」の生成の歴史を紐解き、そこに「保守系セクター」と「右翼系セクター」の二系統、その下位分類として六クラスタの流れがあったことを描き出す。これらのクラスタの「生態学」から、どのように「右翼のイノベーション」が発生したのかを解明する本章は、現在の排外主義がどのように「歴史修正主義」や「嫌韓」と結びついたのかを理解するうえで欠かせないものである。

コラム「多様性を祝う――『仲良くしようぜパレード』が喚起した感情／情動」（竹田恵子）は、本書の元になった『図書新聞』連載のリレーエッセイ「ヘイトスピーチ・レイシズムを考える」の一つを、当時の雰囲気を伝えるために最小限の修正のもと再録した。この連載の狙いは、二千字程度の読みやすい文章でさまざまな研究分野からのレイシズムに関連した知見を提供することにあったが、同時にレイシズムを直接の研究対象としていなくとも多くの人に共有されるべき知があることを示すことにあった。収録したコラムはヘイトスピーチへのカウンター運動参加者が催したイベントの参加報告だが、それがいかに差別に晒された人々をエンパワーメントしたかをパフォーマンス研究の知見を踏まえて伝える内容となっている。また、短い字数でいかに客観性を損なうことなく、「差別に抗する」知の提示を行なうかという苦闘も見てもらいたい。

第三部「差別に抗する」は九章で構成されている。

第一三章「差別否定という言説——差別の正当化が社会にもたらすもの」（明戸隆浩）は、直接的な差別行為が事後の「差別否定」によって正当化されてしまうことの問題を論じる。これまでは事前の「差別扇動」について、それをどのように取り締まることが可能であるかに議論が集中してきたが、同様に「差別否定」も「差別行為」のためのハードルを下げる点で似た機能を果たすため、「差別否定」への対処方法について論じる必要性を提起する。

第一四章「朝鮮人差別克服のための闘い——日本朝鮮研究所の反差別語闘争を中心に」（山本興正）は、現在のヘイトスピーチ、レイシズムに関する議論の中で「過去の民族差別克服のための思想的・実践的格闘をふりかえる試み」が乏しいことを念頭に、日本朝鮮研究所の反差別語闘争について論じる。近代日本において言葉は国家・支配者の政策と共に形成され、それが朝鮮に対する差別語を生み出したことに鑑みれば、反差別語闘争は近代日本の差別的文化を民衆主体の文化・社会規範として作りかえる動きであったと考えられる。そして、研究と教育の関係を構築しながらなされた反差別語闘争は、現在の私たちの「反差別」の実践の内実を問い正すものであろう。

第一五章「公的レイシズムとしての環境レイシズム――環境正義運動の示唆する社会変革への視座」（澤佳成）は、レイシズムが有害廃棄物の処分政策にも影響を与えている現実が論じられる。この問題はアメリカの公民権運動の影響を受けた草の根環境運動の興隆によって可視化され、「環境レイシズム」として概念化されたが、その過程で主流派環境団体と草の根環境運動との共闘や、アメリカ先住民の中での部族の違いを超えた共闘がなされた。環境レイシズムを可視化する環境正義運動の形成には、レイシズムをより深く理解するための可視化と、被害者への共感的な姿勢とが併せて重要であることが指摘されるが、それは世界的な公害の歴史を持ち、現在進行形の原子力災害下にある現代日本の私たちの課題でもあろう。

第一六章「ヘイトに立ち向かう社会的免疫力――オーストラリアのイスラムフォビアの事例から」（小林・ハッサル・柔子）は、イスラム教徒と非イスラム教徒を二項対立的にみる考えが浸透していっているオーストラリアで、「分断ではない共生」を可能にする方途を、イスラム教徒の女性たちの取り組みに見出す論考である。他方で、二項対立図式を固定させてしまう第三者の沈黙という問題について、「沈黙」以外の第三者の関わり方の例を本章では提示している。「差別」に対して全く無関係の第三者（の関わり方）など存在しないこと、そしてヘイトが作り出す二項対立をずらしていく具体的な実践例を本章から学べるだろう。

第一七章「ヘイトスピーチへの対抗軸――リベラリズムからの応答」（安部彰）は、表現の自由の擁護論によってヘイトスピーチ規制が批判されることを念頭に、リベラリズムの系譜をたどり直すことで「ヘイトスピーチ規制 vs 表現の自由」論の構図を内破する論考である。本章では十九世紀の思想家ジョン・スチュワート・ミルから二十世紀後半以降の現代アメリカを代表する哲学者リチャード・ローティに至るリベラリズムの系譜の検討から、表現の自由の擁護論はヘイトスピーチ規制と両立するものであり、さらには法的規制に留まらず、差別主義者らに対する積極的な批判と説得がなされるべきであるとする論拠が明らかにされる。

第一八章「ヘイトスピーチに対する大学の対応のあり方」（堀田義太郎）では、キャンパス・ヘイトスピーチ対策が進んでいるアメリカの有名な事例と、規制を擁護する議論を紹介している。そこでは、ヘイトスピーチとハラスメントの共通性と違いについても論じられており、日本でも同種の規制を整備していく際のポイントを確認できるだろう。

第一九章「トランスナショナル・ヒストリーとしての美術史に向けて――ブリティッシュ・ブラック・アートを中心にレイシズムに抗するアートを考える」（山本浩貴）は、人間の「知覚と感覚の全領域」に関係するものという「美学（エステティクス）」を鍵概念に、美術史・芸術学からのレイシズムにまつわる問題へのアプローチを紹介している。これまでの美術史では、国民国家を前提とするナショナル・ヒストリーの枠組みが強固であり、国境をまたぐ存在である日系アメリカ人や在日コリアンなどによる「ディアスポラ・アート」は正当な位置づけがなされてこなかった（ディアスポラはギリシア語で「散らされている者」の意味）。近年ではトランスナショナルなアートの歴史の掘り起こしが世界的に進んでいるが、本章では中でも先行研究の蓄積が豊富な「ブリティッシュ・ブラック・アート」を中心に、アートを通して民族的な問題に接近しようとした黒人アーティストたちの多様な戦略が論じられる。

第二〇章「プロパガンダの中の『日本人《ニッポンジン》』――文学研究とレイシズム批判の接続に

向けて」（五味渕典嗣）は、レイシズムが想像や文化といった表象のレベルと密接に関わっていることに鑑み、言表の主体が意識的・無意識的に依拠しているコードやコンテクストの歴史性・イデオロギー性を検証し、検討する文学論からレイシズム批判への接続を図る。本章では日中戦争期の戦場を描いた日本語のテクストを対象に、〈われわれ〉と〈かれら〉の間を明確に分けることで遂行されるはずの戦争・レイシズムの論理が、同戦争では成立しがたかったことを指摘する。しかしながら、それにもかかわらず日中戦争の遂行はなぜ可能になったのかという問いの提示とその答えを解明していく本章は、文学研究からのレイシズム批判のアプローチがいかに重要であるかを読者に伝える論考となっている。

第二一章「戦後補償問題に取り組む社会運動――歴史に埋め込まれたレイシズムに向き合うことの意味」（清原悠）は、二十世紀前半に日本が朝鮮半島や中国東北部、南洋諸島を植民地支配したことへの責任、ならびに日中戦争・太平洋戦争を引き起こしたことへの責任追及が日本の市民と海外の市民の連携によってなされてきたことを論じる。この問題は「戦後補償問題」として今日では知られているが、それへの社会的・法的な「否定論」が単なる過去の問題ではなく、現在進行形の福島第一原発事故による原子力災害や、これから生じうる「戦争被害」への補償の在り方にもつながっていることを本章は指摘する。本章は「差別」に係る社会運動の歴史に学び、その社会運動の質を問うことが、「被害」とは何か、「加害」とは何かを理解するための想像力を獲得するうえで欠かせないことを論じている。

以上、「レイシズム」批判のためにさまざまなアプローチがなぜ必要であるかに焦点をあてて本書の概要を紹介してきた。レイシズムの根幹にある「差別」は多様な現れ方をする現象であり、複合的な要因によって駆動するため、これに抗するためには多角的かつ多段階でのアプローチが不可欠である。

他方で、本書では法学や教育学、障害学、社会学のコミュニケーション研究（特にエスノメソドロジー）などの諸アプローチを紹介できていない。また、本書では「差別」に関して扱うことができていないテーマも少なくない（たとえば日本軍「慰安婦」問題、アイヌ差別、セクシュアル・マイノリティ差別、部落差別、障害者差別など）。これらについては今後の課題にさせていただきたい。

4. 差別をなくすためにできる、それぞれの第一歩

そのうえで最後に強調しておきたいことは、多様なアプローチの存在によって、多くの人が自分にあった方法で「差別に抗する」実践を展開できるということだ。また、一人一人の個人の中にあっても、その時々で関わり方を変える柔軟性が必要となる。「差別に抗する」ことは長い闘いでもあるからだ。今の自分に何ができるかを自身に問いかけること、一歩踏み出すこと、他者に語りかけること、それらが「傍観者」によって持続してしまう「差別」をなくすためには有効であろう。本書はその過程の一歩である。そして、本書が次なる一歩を読者と共に踏み出すことに貢献できることを願っている。

注

(1) NPO法人「反レイシズム情報センター(ARIC)」はWEBで「政治家レイシズムデータベース」を整備・公開しており、二〇二〇年二月二十八日時点で七一八九件が登録されている(二〇二一年三月二十日確認、HP:https://antiracism-info.com/database_home/)。

(2) ジョン・ダワー(二〇〇一)『容赦なき戦争——太平洋戦争における人種差別』平凡社、三三二頁

目次

レイシズムを考える

第二部　差別を支えるもの

第三部　差別に抗する

第一部

差別とは何か

第一章　日常をとりまくレイシズム

金 友子

1.「日本語が上手いですね」は差別か？

数年前、私が勤めていた大学での授業最終日のことである。授業が終わって私のもとにやってきた学生が、授業についての感想を話しながらこのようなことを言った。「先生の日本語の上手さに感動しました」。私は一瞬、何と反応してよいものかわからず、「あ、ありがとう」と答え、「かれこれ四〇年くらい勉強してるからね」と付け加えてみた。確かに、その学期は授業初日の私の自己紹介で「在日朝鮮人三世です」とか「日本で生まれました」「日本語が母語です」といった情報を学生に与えなかったとは思う。でもしかし、である。私の日本語は下手ではないと自負しているが、こんなに流暢な日本語を聞いても、まだなお私が外国から来たと信じている人々がいるのだ、と改めて思った。私が現在の名前を公的生活で使い始めたのは大学一年生の秋からであるが、自己紹介で名前を告げるたびに「留学生ですか？」「日本語が上手いですね」と言われたものである。その都度、「在日朝鮮人で三世です。祖父母の時代に朝鮮半島から日本に来て……」と説明せねばならず、説明したらしたで「日本人みたいに見えますね」と、どうやらほめ言葉らしいお言葉を頂戴することになる。これらの発言に悪意がないことはわかっている。他者への関心から出た発言であろうし、あるいは単に会話を続けるためかもしれない。しかしこうした会話を交わすたびに思うのである――私はどうやらここ、日本社会にはいないことにされている、と。

本章が扱うのは、差別やレイシズムといった語彙では語りにくい、けれどもそれを支え、あるいは時に加担してしまう、非常に微妙な発言や行為である。たいていの場合、善良な人から発せられ、発言者自身が気づいていないばかりか、聞き手でさえもそれと気づかないこともある。このようなレイシズムの実践は「マイクロアグレッション Microaggression」と呼ばれている。「マイクロ」は小さい、微小な、微細なという意味を、「アグレッション」は攻撃、攻撃性、侵略を意味する。つまり、微細な攻撃である。以下では、マイクロアグレッションの概念が成立した経緯、その形態と具体例、被害の結果などを概説する。さらに日本の事例への適用可能性を検討していく。

2. マイクロアグレッションとは

1　概念成立の背景

マイクロアグレッションという用語は、一九七〇年代にアメリカの精神科医のチェスター・M・ピアース(1)によって作られた造語である。ピアースは精神科医として人種主義が精神衛生に及ぼす影響を研究するなかで、黒人と白人のコミュニケーションの多くが、白人が無自覚に行なう「けなし put downs」である点に注目し、これをマイクロアグレッションと名付けた（Pierce 1970: 265-266）。ピアースの作業と前後して、特に公民権運動以降の人種主義および偏見（バイアス）や、差別の様態の変化を受けて形を変えたレイシズムを分析するさまざまな視点が提起された。社会は平等であるべきだという理念がある程度共有され、また建前としても受け入れざるをえなくなり、旧来のあからさまな人種主義は公的に否定されるようになった。しかし長期にわたる差別と抑圧の歴史が突然消え去ったわけではない。差別や偏見は消滅したのではなく、見えにくくなった（もちろん、見えにくい差別や偏見は突然現れたわけではなく、あからさまな人種主義の時代にもあり続けていたであろう）。

この見えにくい人種主義は、象徴的レイシズム、現代的レイシズム、暗黙のレイシズム、回避的（嫌悪的）レイシズムなど、さまざまな名称が与えられてきた。見えにくくなったレイシズムがどのように行使されているかを解明しようとする試みが明らかにした重要な論点は、人種主義を実践する人々の性向の変化である。旧来の（あからさまな）レイシズムが保守主義的な人々によってなされていたのに対して、現代のレイシズム、なかでも回避的レイシズムの視点が明らかにしたのは、平等を主張し実践していると自ら信じる人（人種的マジョリティ）が、同時に人種的偏見に満ちた行動をしているという点である。つまり、政治的にはリベラルで偏見がないと信じている平等主義の人々が持つ偏見に焦点を当て、彼ら・彼女らの否定的感情がどのように微細に、非直接的に表明されるのか、さらにどのように合理化されるのかに注目したのである（Dovidio et. al. 2004: 4）。また、「微細な侮辱 subtle insult」や「ミクロな不平等 microinequity」、すなわち人種やジェンダーに基づいて、些細なジェスチャーや処遇の仕方などによってマイノリティ集団に属する人を軽視したり見下したりする行動も問題化された（Rowe 1990）。こうした「マイクロ（ミクロ）」なやりとりは日常生活の隅々にまで広がっており、「私達が吸う空気の中に、読む本の中に、皆が見るテレビの中に」存在し、生活の中に織り込まれている（Rowe 1990）。さらには無意識的な日々の会話においてなされるので、見過ごされるか、実行者の無垢さや無意識さをたてに言い紛らわされてきたのである。ちなみに、ここで言う「ミクロ」は、瑣末であるという意味ではまったくなく、縮小（ミニチュア）という意味である。しかしその被害の程度においては、マクロな人種主義よりも有害でありうる。

こうした状況変化および人種主義・偏見に関する研究蓄積を背景に、人種的少数者が人種主義によっていかにストレスを受け、心身の健康に害をもたらすのかを探求しようとした研究のなかで再度登場したのが、マイクロアグレッションである。コロンビア大学教授のデラルド・ウィン・スーが自らの経験および多くのインタビュー調査をもとに、ステレオタイプや偏見に基づく言動のうち、目に見えにくい、しかし受け手にダメージを与えるものをマイクロアグレッションとして定式化した。その定義は次のようなものである。

> マイクロアグレッションとは、日々のありふれた言葉、行動、または環境の面での侮蔑的な行為で、意図的かどうかにかかわらず、有色人種に向けて彼ら・彼女らを軽視し侮辱するような敵対的、中傷的、否定的なメッセージを送る。マイクロアグレッションの実行犯は、たいていの場合、人種的／民族的マイノリティとの対話のなかでそうしたメッセージを伝えていることに気づかない。

（Sue et al. 2007: 271）

研究者たちは発し手と受け手の動的相互作用に注目、主な方法としてインタビュー調査および言説分析を用いて意図と言葉の使われ方を分析し、隠されたメッセージを読み込んだり、被害者への影響を探ったりしている。あからさまではないレイシズムを概念化した試みはそれぞれに特徴的なレイシズムのあり方を描き出してきたが、マイクロアグレッションの概念はより具体的に、日常生活のレベルでレイシズムと抑圧を理解しようとする。

2　マイクロアグレッションの形態

マイクロアグレッションは三つの形態に分類できる（Sue 2010: 28-41）（表1）。

まず、「マイクロアサルト Microassaults」は、明示的な人種的性格付けで、相手を傷つけることを目的になされる暴力的な言葉や非言語行為による攻撃である。あるいは、意識的に避けたり差別目的の行為を行なったりすることもこの中に入る。たとえば、「ニガー Nigger」や「ジャップ Jap」といった蔑称で呼ぶこと、人種間での交際を避ける・避けさせること、黒人を前にして白人のみにサービスすることなどである。マイクロアサルトは、意図的という点で、いわゆる古典的人種差別のうち個人に向けられるものに近い(2)。

次に「マイクロインサルト Microinsults」である。無礼で気遣いのない言動で、個

表1　人種的マイクロアグレッションのカテゴリーと関係図

人種的マイクロアグレッション

通常よく行なわれるような言動または環境による軽蔑であり、意図するかしないかにかかわらず、敵意・軽蔑、否定的な人種的軽視と侮辱を有色人種に伝えること

マイクロインサルト（たいてい無意識）

無礼で気遣いのないコミュニケーション、人種的出自や文化の価値を貶める。

マイクロアサルト（たいてい意識的）

人種に関して明示的な軽蔑を含み、特定個人に狙いを定めて暴力的な言動をおこなったり、攻撃的な環境をつくる。蔑称で呼ぶ、避ける、差別目的の行為など。

マイクロインバリデイション（たいてい無意識）

有色人種の心理状態や考え方、感情、経験を排除、否定、無化する。

テーマ（マイクロインサルト）

［知識レベルの根拠］知識のレベルを人種にもとづいて格付けする。

［二級市民］劣った人間ないし集団であるとして存在を脅かす。

［文化的価値・コミュニケーションスタイルの病理化］有色人種の価値観やコミュニケーションスタイルを異常とする。

［犯罪者視］人種をもとに犯罪者、危険または逸脱した存在とみなす。

テーマ（マイクロインバリデイション）

［わが国の異邦人］可視的な人種・民族的少数者をよそ者であると信じる。

［カラーブラインドネス］肌の色や人種の存在を否定ないし見えないふりをする。

［能力主義の神話］人生の成功において人種はそれほど影響しないという言明。

［個人的レイシズムの否定］個人がレイシズムをもっていることやレイシズムの永続化に個人が加担していることを否定。


（Sue 2010:29 Figure 2.1 より、人種に関連するものを抜粋）

人の人種的出自やアイデンティティの価値を下げる。たいていの場合は自覚していないままに行なわれるが、有色人種に対する侮蔑のメッセージが込められているのが明らかな場合がこれに該当する。たとえば、就職の面接の際に、黒人の被雇用者に「もっとも能力のある人が職を得る」と言うことや、黒人の被雇用者に「どうやって就職したの?」と聞くことなどである。これらには、①有色人種は能力が足りない、②マイノリティ集団のメンバーとして、(技術や能力ではなく)アファーマティブアクションか何かで就職したのだろう、というメッセージが織り込まれている。また、マイクロインサルトは言語を使わなくても行なわれる。白人の教師が黒人学生にお知らせを伝えない、あるいは白人の上司が黒人の部下と話すときに上の空で目も合わせないとか、背を向ける、などの行為である。この場合、黒人の側には、「あなたのアイデアや貢献は重要ではない」というメッセージが伝わる。

最後に、「マイクロインバリデイション Microinvalidations」である。排除、否定などの言動を指し、有色人種の考え、感情、経験している現実を無化する。この種のマイクロアグレッションもまた非意図的か、意図されていたとしても心の片隅で少しだけ、という場合が多い。たとえば、アメリカ合州国で生まれ育ったアジア系アメリカ人が、英語が上手いとほめられることや、どこで生まれたのか何度も聞かれることなどが例として挙げられる。これらは彼・彼女がアメリカ文化を身につけて育ったことを否定し、永遠によそ者扱いしかされないことを伝える。また、黒人が「色なんて関係ない」であるとか「私たちはみな人間だ」と言われることもこの事例に該当する。これらの言葉は彼・彼女の人種および文化に関連した経験を否定し、ないがしろにすることになる。ラテン系カップルが、レストランのサービスが悪かったと白人の友人に言ったら「そんなの考えすぎだ」「そんなせせこましい」と言われることも、人種に関連する経験を無化し、その重要性が顧みられない事例である。

このうち、古典的人種主義に最も近いマイクロアサルトは、実行者の差別の意図が明らかであり、目に見えるかたちで行なわれるため、被害者も対処がしやすいが、マイクロインサルト、マイクロインバリデイションは実行者に自覚がなく、意図せずしてバイアスを表明しているので、対処が難しい。

3　具体例

具体的にはどのような言動がマイクロアグレッションに該当するのか。表2はスー(Sue 2010:32-34)によるインタビュー調査で明らかになった事例をテーマごとに分類し、それぞれのマイクロアグレッションの具体的内容と隠されたメッセージを整理したものである(人種に関連するものだけ抜き出した)。

人種主義にもとづくマイクロアグレッションでも、「人種」[3]によって遭遇する形態と隠れたメッセージは異なる。[4]これは共有されているステレオタイプの歴史性によるもので、アメリカ社会だと、アジア系アメリカ人やラテン系アメリカ人は「わが国での異邦人」扱いを受けることが多く、黒人は「犯罪者視」されることが多い。また、人種・民族だけでなく他の差異が交差して起こるマイクロアグレッションもある。たとえば、初等・中等教育機関の教員であるアジア系アメリカ人女性を対象としたインタビュー調査からは、アジア系女性に特有なマイクロアグレッションの形態として、容姿に対するほめ言葉的なものが多いこと、「文化」の担い手として伝達者役割を課せられることなどがある。これらはアジア系女性に対する「異国的、従順、家庭的、

表2　人種に関するマイクロアグレッションの例（Sue 2010:32-34 Table2.1より人種に関連するものを抜粋）

テーマ	マイクロアグレッション	メッセージ
わが国の異邦人 アジア系・ラテン系アメリカ人は外国生まれとみなされる	「どこから来たの？」 「どこで生まれたの？」	あなたはアメリカ人ではない
	「英語上手いね」 「これって○○語（出身国と思われる言語）で何て言うの？」	あなたは異邦人／よそ者である
知的レベルの根拠 知識を皮膚の色と関連付けて格付けする	「あなたは○○人の名誉的存在だ」	有色人は一般に白人よりも知的ではない
	アジア系の人に数学や科学を教えてと頼む	アジア人は賢く数学と科学が得意
カラーブラインドネス 白人による人種など気にしないという旨の発言	「あなたの肌の色なんて見えない」	肌の色にまつわる経験を否定
	「アメリカは人種のるつぼだ」	支配文化への同化が好ましい
	「人種なんてない。ただ人類があるだけ」	個人が人種／民族的存在であることを否定
犯罪／犯罪者と想定 皮膚の色を根拠に有色人は危険、犯罪者、逸脱していると想定する	黒人またはラテン系の人とすれ違うときに白人の男はポケットの財布を確認し、女はカバンを持つ手を強くする	あなたは犯罪者
	店主が店内で有色の客をつけ回す	あなたは盗人、貧乏人、よそ者
	エレベーターに黒人が乗っていたら白人は乗らずに見送る	あなたは危険
個人の人種主義を否定 白人が自分は人種主義的バイアスを持っていないと言明	「私はレイシストではない。黒人の友達だっている」	黒人の友達がいるから私は人種主義から免除されている
能力主義の神話 人生の成功において人種は何も影響しない	「最も有能な人がその職を得る」	人種のせいで有色人は不利な状況に置かれていることを無視
文化的価値／対話スタイルの病理化 支配的／白人の文化の価値観や対話スタイルこそ理想的	黒人に「なんでそんなにうるさいの／勢いがあるの？落ち着いて」	支配文化に合わせろ
	アジア系・ラテン系に「なんでそんなに静かなの？何を考えてるか知りたい。もっとしゃべって」「もっと声を出して」	文化的背景を捨てろ
	職場や学校で人種や文化の話題を持ち出す個人を相手にしない	
二級市民 権力をもった集団が他の集団メンバーを別扱いするときにおこる	有色人をサービス従事者と勘違いする	有色人は白人の召使
	タクシーが黒人を素通りして白人には止まる	あなたはトラブルの元。行先は危険な地域
	店で黒人客の後ろにいる白人の呼びかけには気づくのに目の前にいる黒人は無視する	白人の客の方が大事

セクシー」といったステレオタイプを反映している（Endo 2015）。アフリカ系アメリカ人へのマイクロアグレッションは、アフリカ系ということで共通する経験もあるが、ジェンダーの差異によって異なる経験もある。アメリカで大学に通う学生へのインタビュー調査によれば、男子学生と女子学生で共通しているのは、低階層の地域や文化と結び付けられたり、身体能力が高いとみなされることである。異なるのは、男子学生の場合、スポーツをしないにもかかわらずスポーツ選手であるとか特定のスポーツ（バスケットボールとアメフト）に詳しいことを期待されること、犯罪者視されること、性的に攻撃的であるとみなされることなどの事例がある。女子学生の場合、ダンスが得意であるか、性的に軽いとみなされるなどであった（Morales 2014）。

そのほか、学校などで有色人種の生徒の名前を呼び間違えることもマイクロアグレッションの事例として挙げられている（Kohli et al. 2012）。スペイン語や南アジアの言語がベースになっている名前は、英語母語話者にとっては読みにくいこともある。その場合、読み間違えてその間違いがその生徒の名前として定着したり、呼びやすい「西洋的な」名前を付けられたりすることがある。「有色の学生にとって、彼ら彼女らの名前が間違って発音されることは、彼ら彼女らが受け継いでいる文化の価値を引き下げられる数ある行為のうちのひとつであ」ると認識されている。マジョリティの見方からは、名前の呼び間違えは無害な経験として語られるが、有色人種の生徒たちには、自分が属する文化に対する卑下、白人中心の価値観の内面化など否定的なインパクトの源泉となる。かつて、アフリカ出身の奴隷に主人の所有物として名付け直す、先住民にヨーロッパ的な名前を付け直すといった「名付け直し re-naming」が行なわれていたという歴史と、そこから継続している人種主義という文脈のなかでこの行為は行なわれており、このことがまさに、この経験を単なる読み違えや呼び間違い以上のものにしているのである。

3. マイクロアグレッションが捉えるもの

レイシズムは見えないものに、かすかなものに、より非直接的なものに、その表現形態を変えている。また、自覚のないレベルで行なわれており、見えないやりかたで人種的マイノリティを抑圧している。マイクロアグレッションが捉えるのは、第一にこの「可視的ではない」(Sue 2010: xi) という点であり、まさにそこに攻撃のパワーがあると指摘する(同: xv)。すなわち、極端な差別主義者(たとえばKKKのような)が最も大きなダメージを与えているわけではない。いわゆる旧式の人種主義が最も人を傷つけているのかというとそうではなく、現代的な形態の人種主義、象徴的な人種主義、人種的嫌悪や回避、そしてマイクロアグレッションなど、新たな形の人種主義も人を傷つけているのである。

第二に、行なう人がたいていの場合、無意識であるという点に着目した。私たちはみな個人的に、あるいは制度的に、人種やジェンダー、性的指向に関するバイアスが存在する社会の中で社会化される。それらのバイアスは世代によって受け継がれてきたものであり、制度や社会が保持し続けてきたものであるため、それを受け継ぐことから誰も逃れられない。加えて言えば、古典的人種主義に比べてこの無意識・非意図的であるという点は厄介な問題をもたらす。

第三に、少数者集団にとってマイクロアグレッションは一過性の出来事ではなく、継続的である（Sue 2010: 6）。一つひとつは小さく、また個別的な出来事であるが、暮らしの中でずっと続くことで害は蓄積していく。

第四に、マジョリティ（アメリカでは白人）には理解しがたい、あるいはできないことを明言した。すなわち認識のギャップを明示した点である。無自覚に行なわれるということ自体ですでにわかっていないと言っているようなものではあるが、マジョリティにとっては何がマイノリティを傷つけているのか理解できない。そのうえ、傷を過小評価する。さらには指摘されても平等主義者としての自己イメージを守るために自分を正当化して自己防衛する。これは、マジョリティとマイノリティの間のジレンマとして表現される（次節）。

1 発し手と受け手の認識上のギャップ、あるいは受け手の心的ジレンマ

人種的マイクロアグレッションをめぐって、発し手と受け手のあいだには心理的ジレンマが生じる（Sue 2010）。それは人種にまつわるリアリティが異なるからである。つまり、発し手はたいがいの場合何が問題なのか理解できない。また、受け手が指摘や説明をしても理解されにくい。

ジレンマ① 人種に関するリアリティの衝突

マイクロアグレッションを行なったのか？ それとも受け手がその行為を誤認したのか？ 人種に関するリアリティは、有色人と白人とで異なっている。そのため、発言や行為の受け止め方が違う。

ジレンマ② 無意識のバイアスの不可視性

マイクロアグレッションの実行者は、通常、自分には人種的バイアスはないと信じ

るのか、をめぐる大きなジレンマが生じる。さらに重要なことに、実行者にそれをどう気付かせるのか、という問題もある。ある状況で人種的偏見による行為があったかどうかを確定する最も正確なやり方は、権力を享有している者ではなく、権力から最も遠く離れた人々の物差しを使うことである。しかしたいていの場合、権力を有している人々が認識する事実が「真実」となり、マイノリティの経験は「思い込み」として無化される。(5)

ジレンマ③　危害の認識

マイクロアグレッションの行為に直面したとき、実行者は通常、受け手が過剰反応している、敏感すぎる、心が狭いなどと考える。ふつう、白人はマイクロアグレッションのような出来事を取るに足らないものと考え、有色人種は白人や他の有色人種に「そんなことに時間と労力を費やすな」「ほおっておけ」と勧められる。だが、マイクロアグレッションは人種に関して否定的な雰囲気をつくりだし、自己疑念を抱かせ、ストレスと孤立感を与える。マイクロアグレッションは、一見、悪気がなく、重要視されないが、その影響は甚大である。

ジレンマ④　金縛り状態

マイクロアグレッションが起こったときに、受け手は通常、すぐに判断できない金縛り状態に陥る。(6) 疑問（自問）が頭の中をめぐり、その現場での即応ができなくなることが多い。「自分の受け止め方は正しいのか？」「相手は何か考えがあってそうしたのか、それとも意図せざる軽蔑か？」「だまってやきもきするか、立ち向かうべきか？」「どう反応すべきか？」「このことを話題にして、証明できるか?」「苦労してまで言う価値があるか」「ほおっておくか」など、あれかこれかと考えをめぐらせ、予測し、身動きが取れなくなるのである。

2 マイクロアグレッションへの反応

マイクロアグレッションへの反応にも、受け手と発し手のギャップが顕著に表れる。もちろん受け手のなかにも多様な反応があり、発し手にもまた多様な反応があるが、多くの場合、受け手は葛藤を抱え、発し手は自己防衛に走る。

第一に、受け手はまずマイクロアグレッションが起こったのかどうか判断しなくてはならない。有色人はそれまで経験してきた現実に依拠して、さらには多様な状況で経験してきたことを合わせて考える。有色人は、点を線につなげることでそれが一貫性のないものではないことに気づく。白人は一過性の事故とみなしてバイアスのパターンがあることに気づかない。この気づかなさは、自分の道徳性を信じていること、また、善人でありたいがゆえに自らが差別をしたことを受け入れたくないという心情に由来する。

第二に、マイクロアグレッションへの反応の仕方は、実行者だけでなく受け手の側でも一人ひとり違う。怒りを抱えたまま何もしないことにする、というのが一つの例である。この反応が出るのは受け手が①マイクロアグレッションが起こったのかどうか確信がない、②どう反応するべきか戸惑う、③「訴えかけたとしてもどうにもならない」と合理化する、④「そんなことは起こらなかった」と否認し、自分を偽ろうとする、⑤危険が大きいと判断する、⑥発し手を救ったりかばったりする、からである。無反応は受け手にとっての自己防衛であったり自分を納得させたりするやり方ではあるが、何もしないことは潜在的には精神に害を与える。というのも、自分が経験した現実を否定することになり、自分をだましているという感覚に苛まれねばならないからである。その結果、心理的・肉体的な犠牲をはらって鬱積した怒りとストレスに対処せねばならなくなる。

第三に、怒りを表明することとやり返すことは、有色人種にも否定的な結果をもたらす。人種に関して敏感すぎるとか、病的であるといった非難を受けるだろうし、感情的に爆発することはマイノリティへのステレオタイプを強化することにもなりうる。もちろん、その場で鬱積した感情を解き放つことでいくらか気持ちは収まるが、現実的には何も変わらない。

まとめると、マイクロアグレッションに対しては「やり返しても黙っていても、馬鹿をみる」となる。これに関してスーが提示している彼自身の経験は非常に興味深い（Sue 2010: 42-44）。彼がアフリカ系アメリカ人の同僚と小型の飛行機で出張に出かけたときのことである。飛行機に一番乗りした彼らは席がすいていたので、前の方に座ってもいいかと乗務員に聞いた。白人女性の乗務員は、好きな所に座ってよいと言い、彼らは前の方に座った。最後に乗って来た白人男性の一行に乗務員が好きな所に座ってよいと伝えると、彼らはスーらのすぐ前の席に座った。飛行機が離陸する直前、乗務員は機内を見まわし、機体の重さのバランスをとるために後方の席に移動するよう伝えた。スーらは後ろに移動したが、違和感が残った。「なぜ自分たちだけが移動するよう言われたのか」「なぜ白人三人組には移動しろと言わなかったのか」「自分たちの人種のせいか？」「人種は関係なく、たまたま自分たちだったただけか？」「気にしすぎか？」という疑問が頭をめぐり、彼と同僚は人種にまつわるこれまでの経験に照らして、「乗務員は自分たちを二級市民扱いした」と結論付けた。怒りがわき、動悸が激しくなり、我慢できずにそれを乗務員に伝えると、乗務員は「そんなことで責められたことはこれまで一度もない。なんてことを言うんだ。人種なんて気にしていない。機体のバランスをとるために移動してもらっただけで、プライバシーを守れる余裕のある席を提供したかっただけだ」と声を荒げた。彼女には彼女なりの合理的理由があり、スーは結局、自分は間違っていたのだろうかと悶々とするはめになった。

スー自ら分析しているが、ここには白人である乗務員と有色人である彼自身の心的ジレンマが現れている。二人は状況を別様に捉えており、その捉え方には各々の人種にまつわる経験が反映されている。乗務員は人種が人生に影響を及ぼしたような経験はなく、アジア系アメリカ人のスーは、これまでにも似たようなことを経験しており、その延長線上で事件を受け止めている。スーはまず自分を疑い（ジレンマ一）、訴えてはみるが乗務員との現実認識のギャップを知る（ジレンマ二）、乗務員はおそらく些細な出来事としてしか認識していないだろうし（ジレンマ三）、しかしスーは怒りの感情とともに動悸が激しくなるのを感じる（ジレンマ三）。迷いながらも訴えてみたが結局伝わらず、後味だけが悪い（ジレンマ四）。とりわけ、第三のジレンマ（乗務員の認識）は、被害を無化することで二次被害を生むことにもなる。また、この話の続きとして、同僚のアフリカ系アメリカ人女性は、スーが乗務員に訴えている間、席に座って笑って眺めていたという。なぜ何も言わなかったのか理由を聞くと「たまには〈怒れる黒人女性〉にならないって、いい気分だね」と答えたという。黒人（の女性）は過剰反応でパラノイアだというステレオタイプがあり、とりわけ感情を伴わせて何か主張すると、聞き手はその言い方や主張を病理化する。差別や不条理への反論はこうしたステレオタイプが動員される引き金になり、同僚はそれを強化しないために無反応を選んだのである。

3 どのような被害か──精神的・肉体的・社会的・文化的

先に（ジレンマ③）でも多少言及したように、マイクロアグレッションそのものは悪意なしに行なわれるが、受け手の側には精神的・肉体的被害を与える。また、教育や医療・健康、雇用において社会的不平等をもたらす。スー（Sue 2010）は自らの研究分野もあって、とりわけ精神的ダメージに焦点を当ててマイクロアグレッションがどのようなストレス要因になるのかを詳述している（Sue 2010 97-105）。周縁化された集団は、一つの文化が支配的であるような社会で生きねばならず、このことはマイノリティを社会の逸脱とみなす。他方で（ステレオタイプ的な）文化の担い手としての適合を強いられる。加えて常時偏見と差別にさらされており、このことは健康に大きく影響する。

まず、生物学的影響である。血圧上昇や動悸が激しくなったり、ストレスが免疫システムに変化をもたらすことで病気にかかりやすくなる。また、人種主義、性差別主義、異性愛主義は心理的適応、個人の幸福や自尊心、メンタルヘルスに影響を及ぼす。とりわけマイクロインサルトとインバリデイションは有害で、精神疾患や鬱を招く。次に、ストレス要因がもたらす認知への影響である。マイクロアグレッションが起こると、その受け手は出来事を理解し意味づけようとする。その際、マイクロアグレッション自体が曖昧に行なわれるので、受け手は解釈に悩む。たとえば数学の授業でアジア系アメリカ人の学生が、「君らは得意だろう」と問題を解くよう教員に指されたとき、学生は、「これはほめているのか、ステレオタイプか」と悩む。解釈で悩み、反応すべきかどうかで悩み、反応したさいの結果がどうなるかについて悩むことには多大なエネルギーが費やされる。そのことでまた、やるべき課題に注ぐべきエネルギーがそがれ、問題解決や学習の能力が低下してしまったり、ステレオタイプを強化してしまうというプレッシャーによって能力を発揮できなくなったりする。そして、具体的な対処行動をとるかとらないかなど、行動への影響がある。対処行動をとらなかった場合にはストレスとなり、対処行動をとっても（支配文化への）過度な適応や状況の悪化を招くこともある。また、レイシズムの歴史からマジョリティに対して疑り深くなり良好な関係が結べない、常に怒りを抱えている、人生に希望が持てずに鬱や自死を選択するといった行動面への影響がある。

その他の研究からもメンタルヘルスへの悪影響は報告されているが（たとえばHuynh 2012など）、敵対的かつ侮蔑的な職場・学内環境の造成・維持、ステレオタイプの恐怖の永続化、身体への悪影響、社会的集団のアイデンティティを貶めるサインが社会の隅々まで深くしみわたる、仕事の生産性と問題解決能力を低下させる、といった被害が調査されている。

マイクロアグレッションそのものもストレス要因であるが、存在そのものが否定される場合、それを訴え、闘うことには多大な代価が強いられる。アイデンティティへの攻撃を防ぐために労力を使うことになるうえに、闘うとトラブルメーカーとみなされたりもする。報復として教育の場では成績を下げられたり、職場では不適切な待遇を受けたりというリスクもあるかもしれない。自尊心の低下により行動範囲が狭められ、また、「ここにいるべき存在ではない」という想定を常に突きつけられること、支配文化がそのように想定していること自体によって、教育、雇用、健康の機会へのアクセスが狭まり、生活の質の低下、生活水準の低下を招くことにもなる。

4.……おわりに——人種主義のグラデーション

レイシズムや差別といった語彙では語りにくい、非常に微妙な発言や行為が、在日朝鮮人を取り巻いている。マイクロアグレッションという概念は、見落とされがちな日常のレイシズムの現実に言葉を与えてくれる。ただ、マイクロアグレッションという概念が生みだされたアメリカとは歴史性もマイノリティの置かれている位置も異なる。アメリカにおける人種にかかわるマイクロアグレッションは可視的なマイノリティ（アフリカ系、アジア系、ラテン系など）に対するもので、在日朝鮮人の日本におけるマイクロアグレッションは不可視性（一見して区別がつかないという意味で）を考慮すれば、マイクロアグレッションは別の現れ方、経験のされ方をするだろう。

しかしたとえば、事例としてよく取り上げられる、「わが国のよそ者／異邦人」と見なされるというのは、在日朝鮮人にはとてもよく当てはまる。「日本語うまいですね」「留学生ですか？」「いつ日本に来たんですか？」など、先にも触れたが、筆者が自己紹介するとしばしば言われる台詞がそれにあたる。これらの発言に悪意はない。とはいえ、これらの発言には、「あなたはよそ者」「日本には日本人しかいない」という前提がある。「日本人みたいに見えますね」「日本人と変わりませんよ」という発言は「日本人であることがよいことだ」、日本社会に同化すべきだという前提をもとになされている。「あなたがはっきりものを言うのは韓国の方だからですか?」には、我の強い韓国人、控えめな日本人というステレオタイプが潜んでいる。差別に対して抗議すれば、「怒りっぽい朝鮮人」というステレオタイプが待ち構えている。

ヘイトスピーチが社会問題化したことを背景に、在日朝鮮人はヘイトスピーチをどのように受け止めているのか、いくつかの調査が行なわれた。そのうち私の目を引いたのは、在日コリアン青年連合(KEY)が発刊した『在日コリアン青年差別実態アンケート調査報告書』(二〇一四)[7]の自由記述回答であった。この分析結果のなかでは、「あからさまな差別=法律・制度から市民社会での露骨な不平等とは直ちに言えないものの、在日コリアンの青年が在日コリアンであるがゆえに経験する特有の疎外状況」として「差別未満」というカテゴリーが提示されている。例をあげると次のようなものである(KEY 2014: 28-31)。

三〇代男性「一番傷ついたのは無理解。「なんで日本にいるの?」「なんで韓国語しゃべれないの?」と聞かれていくら説明してもそもそも聞いていない。理解する気がない。もし日本の植民地支配について批判すれば「じゃあ韓国帰れ」などと言われる。」

二〇代女性「信頼していた人に在日であることを話しても、「あなたはあなた。そういうことで関係が変わったりしない」と言われ、理解されていないと感じた」

二〇代女性「中学生のとき、チマチョゴリで通学時に、日本人(と思われる)女性に嫌悪の目で見られた。」
三〇代男性「ヘイトスピーチがいかに問題かを強く主張したときに、知人の日本人に、「考えすぎだ」「そこまでの問題ではない」と言われただけでなく、「朝鮮人はすぐにそういうふうに悪い方へ悪い方へと考えるから」と言われた。」
二〇代女性「日本人の友達がほとんどだが、ヘイトスピーチの話をしても「そんな人おかしい人達のあつまりやから気にするな。あなたは日本で育ったのだから日本人とかわらない」と言われる。私を守るために悪気なく言っているのは分かるが私は日本人ではないし、現状を理解できてないように感じ、悲しい。」

明確に悪意のあるものもあるが、悪意や傷つけようとする意図が明確ではないけれども、受け手は違和感を覚えたり傷ついたり、自分の認知を否定されたと感じている。マイクロアグレッションの概念は「差別」と言えるかどうか微妙な、しかしながら有害な事例を捉えるのに適している。「うまく言えないもやもや」に目を向けさせ、「あれは何だったんだ」という問いに、「それは攻撃だ」と言葉(答え)を与えてくれる。過剰に敏感だと思われていたことや、見過ごされてきたことは過剰でも過敏でもなく、害を及ぼすものなのだ。生きている現実の違いが、社会的な位置の違いが、それを害として蓄積させるのである。
「日本語うまいですね」とヘイトスピーチでよく言われる「国に帰れ」は同じ人種主義のグラデーションのなかに位置づけられるのではないか。たとえ、前者に悪意がなく、差別の確信犯ではなかったとしても、隠されたメッセージは限りなく近い。すなわち、私はそもそもここにいなかった人だ、私はここにはいるべきではない人だ。日本には「日本人」しかいない。「日本人」ならもっと謙虚である。「日本人」であることは善であり他の人種・民族より優越している等々。微細な攻撃とヘイトスピーチに違うところがあるとすれば、あからさま加減と強烈な憎悪の有無である。通底しているのは前提＝思い込みである。何をそれくらい、目くじら立てることもないじゃないかと思うかもしれない。たとえば、人に出身を聞いたら、それはマイクロアグレッションなのだろうか。そうとも言えるし、そうでないとも言える。言動は文脈のなかにあり、その中で解釈され意味づけされる。聞く側にとってはそのとき一回だけだが、聞かれる側にとってはすでに何度も繰り返されている。路上やネット上に拡散しているヘイトスピーチと日常の「微細な攻撃」は、同じではないが地続きである。

本稿は「マイクロアグレッション概念の射程」(堀江有里・山口真紀・大谷通高編『〈抵抗〉としてのフェミニズム』生存学研究センター報告書24、二〇一六年三月)に加筆・修正を加えたものである。

注

(1) Chester M. Pierce (1927-2016)。ハーバード大学医学大学院で精神科名誉教授、同大学教育学部名誉教授。

(2) マイクロアサルトは「マイクロ」かという疑問は残る。Sue (2010) が分類したマイクロアサルトは、直接的で意図的、明らかで露骨であり、一般的に「真のレイシズム」と考えられそうな行為である。多くの論者が、マイクロアサルトは判断に困るような曖昧さや不可視性がなく、「マイクロ」というにはあまりに「大きい (big)」と批判している (Freeman et al. eds. 2020)。

(3) 皮膚の色などの外的特徴によって人間を分類できるという考え方自体が非科学的であり人種主義の所産であるが、この語のもとに行なわれてきたことを問題化するために「人種」という用語を使用する。加えれば、日本では人種、人種差別、レイシズムという用語よりは民族、民族差別という用語の方が歴史的によく使われてきたのであるが、本稿では人種概念のなかに民族も包含して使用することとする。

（4）紙幅の都合上、他のマイノリティ集団に対するマイクロアグレッションにはあまり触れられない。しかしたとえば、性的少数者はよりあからさまなマイクロアグレッション（マイクロアサルト）を受けやすく、また、女性はとりわけ「性的対象化」という独特なマイクロアグレッションを受けやすい。

（5）マイクロアグレッションを判定するいくつかのスケールも開発されている。まず、「エスニック・マイクロアグレッション・スケール（Ethnic Microaggression Scale）」で、人種的アイデンティティの否定、差異の強調、否定的な処遇など十二項目を設定している（Huynh 2012）。次に、「黒人に対するマイクロアグレッション目録 Inventory of Microaggressions Against Black Individuals」は、黒人ないしアフリカ系アメリカ人のアイデンティティをもつ三八五人の大学生を対象にした調査から導き出したスケールで、嫌がらせや不適切な処遇など一四項目をあげている（Mercer,Zeigler-Hill,Wallace,&Hayes, 2011）。三つ目に、「人種的マイクロアグレッションスケール（Racial Microaggression Scale（RMAS）」がある。三十二項目を挙げて、不可視化、犯罪者扱い、望ましくない文化、性の対象化、よそ者扱いといった経験や侮辱的な環境などが列挙されている（Torres-Harding et al 2012）。

（6）原語は「キャッチ22状態」（catch-22 situation）。これは、矛盾する規則や状況に置かれた人がジレンマを抱く不条理な状態を指す。日本語にすると、金縛り状態、あるいは板挟み状態といえる。米国の小説家 Joseph Heller の小説『キャッチ＝22』（1961）で、狂気なら戦闘を免除されるが、狂気の届を出すと正気と判定されるから、どのみち戦闘参加となるという軍規の描写がもとになっている。

（7）在日コリアン青年連合（KEY）と東洋大学教授の井沢泰樹が二〇一三年六月から二〇一四年三月までに十〜三十代の在日コリアン（日本に在住する朝鮮半島にルーツを持つ者）を対象に実施したアンケート調査。

参考文献

国際人権NGOヒューマンライツ・ナウ、二〇一四、『在日コリアンに対するヘイト・スピーチ被害実態調査報告書』国際人権NGOヒューマンライツ・ナウ。

KEY（在日コリアン青年連合）、二〇一四、『在日コリアンへのヘイトスピーチとインターネット利用経験などに関する在日コリアン青年差別実態アンケート調査報告書』。

Dovidio, John F., Samuel L. Gaertner, 2004, "Aversive Racism," *Advances in Experimental Social Psychology*, 36: 1-52.

Endo, R., 2015, "How Asian American Female Teachers Experience Racial Microaggressions from Pre-service Preparation to Their Professional Careers," *The Urban Review*, 47（4）: 601-625.

Freeman, Lauren and Jeanine Weekes Schroer eds. 2020, *Microaggressions and Philosophy*, New York; Routledge.

Huynh, Virginia W. 2012, "Ethnic Microaggressions and the Depressive and Somatic Symptoms of Latino and Asian American Adolescents," *Journal of Youth and Adolescence*, July, 41（7）: 831-846.

Kohli, Rita & Daniel G. Solórzano（2012）: Teachers, please learn our names!: racial microagressions and the K-12 classroom, *Race, Ethnicity and Education*, Volume 15, Issue 4: 441-462.

Mercer, S., Zeigler-Hill,V.,Wallace, M.,& Hayes,D. 2011, "Development and initial validation of the inventory of microaggressions against Black individuals," Journal of Counseling Psychology, 58（4）: 457-469.

Morales, Erica M., 2014, "Intersectional Impact: Black Students and Race, Gender and Class Microaggressions in Higher Education," Race, Gender & Class, 21（3/4）: 48-66

Pierce, Chester. 1970, "Offiensive Mechanisms," Floyd B Barbour ed. *The Black Seventies*, Porter Sargent: Boaton.

Rowe, Mary,"Barriers to Equality: the Power of Subtle Discrimination," The Employee Responsibilities and Rights Journal, June, 1990, Vol. 3, No. 2, .153-163.

Sue, Derald Wing. 2010, *Microaggressions in Everyday Life: Race, Gender, and Sexual Orientation*, Hoboken, New Jersey: Wiley.（デラルド・ウィン・スー『日常生活に埋め込まれたマイクロアグレッション――人種、ジェンダー、性的指向：マイノリティに向けられる無意識の差別』（マイクロアグレッション研究会訳、明石書店、二〇二〇年）

Sue, D. W. ed. 2010. *Microaggressions and Marginality: Manifestation*, Dynamics and Impact. Wiley.

Sue, D. W., Capodilupo, C. M., Torino, G. C., Bucceri, J. M., Holder, A. M. B., Nadal, K. L., & Esquilin, M. E. 2007, "Racial Microaggressions in Everyday Life: Implications for Clinical Practice," *American Psychologist*, 62: 271-286.

Torres-Harding, Susan R., Alejandro L. Andrade Jr. and Alejandro L. Andrade, Jr., and Crist E. Romero Diaz. 2012, "The Racial Microaggressions Scale（RMAS）: A New Scale to Measure Experiences of Racial Microaggressions in People of Color," Cultural Diversity and Ethnic Minority Psychology, Apr;18（2）: 153-64.

Yearwood, Edilma L. 2013, "Microaggression," *Journal of Child and Adolescent Psychiatric Nursing*, 26: 98–99.

第二章

一世紀前の「ヘイトの時代」から考える

アメリカ南部におけるリンチとその歴史的背景

兼子 歩

1. はじめに

ヘイトスピーチやヘイトクライムを歴史的に考察するとき、アメリカ史の文脈では何よりもまず「リンチ（lynching）」が思い浮かぶ。この言葉は広義には、正式な裁判などの適切な法的手続きを経ずに行使される制裁的暴力を意味している。自立した市民たち自身の手による共同体の防衛を自由の前提とする共和主義的伝統に基づいた自警団活動は古くからみられた慣行であり、警察・司法制度が未整備だった西部「フロンティア」では馬泥棒などの犯罪を抑止する手段として用いられてきた。

しかし十九世紀末以降、リンチの性質は変化する。リンチは主に南部の現象となり、そして犠牲者が非白人、特にアフリカ系アメリカ人（黒人）男性に偏るようになった。一八九二年から九三年のピークの年には、年に少なくとも一五〇人以上の黒人男性がリンチによって殺害された。

加えて、その暴力が儀礼的かつ祝祭的な性格を帯び、また残虐さを増すようになった。歴史学者のW・フィッツヒュー・ブランデイジが論じたように、リンチにはいくつかのパターンが見られ、大規模な暴徒による儀礼的暴力はリンチ全体から見れば一部ではあったが、その凄惨さゆえに、リンチの典型的形態とみなされてきた。

儀礼的リンチは以下のような形態をとることが多い。犠牲者は、暴徒によって町の広場などに引きずり出され、群衆に囲まれながら拷問される。このとき男性器を切除する行為もよく見られた。その後、犠牲者は木に吊るされて絞殺され、遺体が焼かれた。生きながら焼き殺されることもあったという。こうしたリンチはスペクタクル的要素があり、多くの地元住民、そしてときには遠方の人々までもが見物のために集まってきた。それは犠牲者を徹底的に非人間化する儀礼であった。

さらに、リンチの現場では、実行者と群衆が黒人男性の遺体とともに堂々と収まった記念写真が撮影され、記念品化することが多かった。写真がポストカードになって流通することもあった。こうした行為が横行したのは、リンチによって逮捕される者がいなかったためである。そしてリンチ写真は、鑑賞することで犠牲者および黒人男性一般を繰り返し非人間化し消費するメディアでもあった。リンチのイメージは、ビリー・ホリデイの「奇妙な果実」を筆頭に、強烈な記憶をアメリカ大衆文化に刻んできた。

リンチの実行者は白人男性であり、十九世紀末以降の犠牲者のほとんどが黒人男性であったことから、リンチは人種によって説明されがちである。すなわち、リンチとは「白人」の レイシストがマイノリティとしての「黒人」に対して行使する「人種」暴力なのだと。リンチが人種暴力であることは疑いない。だが人種のみに目を向けると、なぜ二十世紀転換期に特にリンチが頻発し、しかも儀礼的な残虐さを帯びたのかという点を説明できない。人種以外の説明要素を導入せずにこの人種的な現象を解き明かすことは難しい。

そこで注目すべきは、この時期に雑誌などを通じて数多く流通した、リンチを正当化する論理である。以下はある南部白人による、その類の典型的な文章である。


南部黒人の犯罪が急増し、白人女性や少女に対する最も凶暴な凌辱が警戒すべき頻度で起こっている。〔……〕南部人にとって妻や娘は最も愛すべき遺産であり、彼らは彼女らを守り、彼女らのために復讐する。もしこうした犯罪と凌辱が続くのであれば、何らかの抜本的な法改正がなされるべきである。黒人の参政権を剥奪するか、あるいは黒人にふさわしい分離法を制定する必要があるだろう。

(Charles H. Smith, "Have American Negroes Too Much Liberty?" *The Forum* vol.16, October 1893, pp.176, 182 より)


この文章が刊行された一八九三年は、すでに南部諸州において学校や鉄道車両その他の公共空間を強制的に人種隔離する法律(通称ジムクロー法)や異人種間結婚禁止法、そして黒人の投票権を事実上剥奪するための有権者登録要件としての読み書きテストや人頭税が導入されはじめた時期である。リンチを正当化する「黒人男性が白人女性を強姦している」という論理は、黒人にアメリカ市民としての地位も人間性さえも認めず、それによって人種隔離や投票権剥奪を正当化した。こうした記事は街頭演説ではないが、まぎれもなく一世紀前のヘイトの言葉である。

だが、この時期に黒人男性による白人女性の強姦事件が激増したという根拠はない。この種の断言調の記事が犯罪数や犯罪率を根拠に挙げることもなかった。しかも、実際に強姦罪で逮捕ないし有罪となっていた者に強姦を疑われていた者を加えても、リンチの犠牲となった黒人男性のうちごく一部でしかなかった。黒人男性による白人女性の強姦がリンチを招いたという論理は、現実と齟齬をきたしていたのである。

黒人男性といえばレイピストないしその予備軍であるという「神話」は、人種と同時にジェンダーとセクシュアリティが、リンチ正当化の言説において不可分の要素であったことを物語っている。人種もジェンダーもセクシュアリティも、身体を差異化し、身体間の差異に意味を付与するカテゴリーである。そして、人種とジェンダーにより身体化された、強烈な（架空の）強姦とスペクタクル的リンチのイメージが要請された背景を考えるためには、身体化されたイメージが逆に不可視化しているものにも目を向ける必要がある。ジェンダーと人種は、社会・経済・政治的な要因と交錯しながら、ヘイトの時代の悲劇を形成していたのである。

2. リンチの背景にあるもの

リンチの背景を理解するためには、南部白人民衆、特にリンチの担い手である男性の世界観がいかなるものであったのかを明らかにする必要がある。

南北戦争以前の南部は、多数の奴隷と大規模プランテーションを所有する白人プランターと、黒人奴隷から構成された社会だと想像されがちである。だが実際には、南部白人人口の多数派は小規模の土地を所有する自営農民（ヨーマン）世帯であり、かれらは奴隷を持たないか、所有しても数人であった。

ヨーマンの日常と世界観を詳細に論じた歴史学者のステファニー・マッカリーによれば、自営農民の世帯主男性はプランターとは異なり、自ら農具を振るい、奴隷を所有していても奴隷を働かせつつ自らも農作業に従事した。そして彼らの誇りを支えていたのは、世帯を軸にした彼らの「男らしさ」観であった。彼らにとっては、世帯主として女性や子どもや奴隷を支配・監督し、かつ保護・扶養していること、女性をできるだけ戸外での労働に従事させないこと、そして豊かではなくとも他者に命令されて働く隷属的存在ではなく経済的に独立した存在であることが、「男らしい」男性の証しであった。そのために彼らは自給自足に近い生活を志向した。そしてそうした「男らしさ」は同時に、奴隷制が存在する社会における自由な「白人」男性の特権として強烈に意識されていた。

ヨーマンたちは、広大で肥沃な土地を独占して南部政治を支配するプランターへの不満を抱いていた。だが彼らは他方で、女性や子どもや黒人奴隷を従え、かつ独立した自由な「白人男性」であることを誇りとする点に、プランターとの共通項も見出していた。そして彼らの誇りが、不自由で従属的な黒人奴隷との違いに裏打ちされていたが故に、彼らの多くは、たとえ奴隷を所持していなくとも、人種奴隷制の維持を支持していた。

一八六〇年大統領選挙で共和党候補リンカンが勝利すると、これを奴隷制の危機と解釈した南部諸州が合衆国の連邦体制を脱退し、翌六一年には「アメリカ連合国(Confederate States of America, 南部連合)」を結成して南北戦争に突入する。一八六五年に南部連合が敗戦を迎えると、戦後南部社会はそれ以前とは大きく変化した。最大の変化は、合衆国憲法修正一三条によって奴隷制が廃止され、修正一四条、一五条によって元奴隷の黒人たちが平等なアメリカ市民としての地位と参政権を認められるようになった点である。自由と独立性は、白人男性のみがアクセスできる特権ではなくなったのである。

さらに、国民国家としてのアメリカの再統一は北部資本の南部への流入を促した。南部の各地に紡績工場が建設され、炭鉱や鉄鉱が開発され、工業化する北部経済の主導による全国市場統合が進み、国際市場にも統合されていく時代であった。こうした経済的変化の結果、十九世紀末に近づくにつれ、多くの白人中小零細農民は市場に翻弄されて農場経営が不安定化する。その中でも土地を喪失した者は工場に働きに行き、あるいは世帯単位で工場や炭鉱のある町へと移住する流れが生まれた。この状況は、南部白人男性民衆の「男らしさ」にとって「危機」と認識された。工場や炭鉱で労働者になり、雇用主や監督の指示の下で働くということは、経済的独立を重視する彼らの「男らしさ」を動揺させるものであった。

紡績工場では白人女性や子どもが低賃金労働力として重宝され、女性はしばしば家計を助けるために工場労働に従事するようになった。世帯主男性が農業に従事しつつ、妻や娘が工場に働きに行く事例が増加した。その結果、男性が女性を戸外で労働させずに扶養し保護する（そしてそれゆえに女性に対して従順を要求できる）という構図が崩れていった。佐々木孝弘が指摘するように、貨幣流通が少ない南部の農村や小都市では、低賃金であっても女性が世帯にもたらす賃金収入が相対的に大きな意味を持ち、それは白人男性たちの「男らしさ」の根幹をなす家父長としての権威への挑戦を意味するものと映った。

さらには元奴隷たちも、彼らの「男らしさ」を揺るがした。才覚と幸運に恵まれた一部の黒人は、南北戦争後に差別されつつも経済的に成功し、自営農民や実業家などからなる中産階級層が少数ではあるが着実に拡大し、十九世紀末には南部社会の可視的な存在となった。白人男性でも零落しつつある者と、勃興する黒人中産階級を比べれば、彼らの「男らしさ」の特権性を支えた人種の境界線も、いまや絶対的なものではなくなりつつあった。

ここにリンチという暴力が、南部白人男性民衆の「白人」としての特権的「男らしさ」を回復する決定的な武器となる局面が現れたのである。リンチの頻発と経済状況は密接に連関していた。南部の主要生産物であった綿花価格の下落とリンチの発生数増加が相関していたことを明らかにする研究があり、とりわけ一八九三年の深刻な世界的不況がリンチ激化の大きな要因であるとする研究は多い。しかし、経済的変化がもたらした不安や不満といった要因だけでリンチを語ることもできない。この時代のリンチが非白人男性を主に標的にしていた事実は、自分たちの「男らしさ」が揺るがされていると感じたリンチ実行者たちの意識が、白人性と深く結びついていたことを示している。独立した生産活動によって家族を扶養し、それゆえに家族に恭順と従属を要求できる、そのような「男らしさ」の達成が困難になりつつあっても、白人女性を性的危険から物理的に保護する存在になることで、「男らしい」白人男性という特権的地位を再確立することはできる。そのために、白人女性に対する絶対的な物理的・性的脅威としての「黒人レイピスト」という存在が創出されたのである。

そして白人男性の「男らしさ」の復権のためには、白人女性も黒人男性から保護される必要のある存在であり、そして保護に値する存在であらねばならない。そのため、二十世紀転換期には、黒人男性が白人女性を強姦した容疑で起訴された場合、それ以前に比べて黒人男性が有罪となる比率が高まった。白人女性は「白人」かつ「女性」であるがゆえに性的に純潔な存在であり、黒人男性との性的関係を望むはずがなく、ゆえに両者の性的関係は強姦以外にありえない、という先入観が支配的になった。このことは一方で、かつては裁判でも性的不品行を疑われがちだった貧しい白人女性が性的純潔を推定されやすくなったという点で、地位の向上を意味した。他方、保護対象としての価値を認められるために、白人女性は白人男性に従属する存在であることを求められ、これは女性の主体性や自由や平等にとってマイナスに働いた。また、白人女性が合意に基づいて黒人男性と性的関係を持った場合、その女性はコミュニティによってスティグマ化された。このことは、白人女性に対する強姦の脅威への執着が、女性の性的主体性や尊厳の尊重ではなかったことを物語っている。たとえば、サウスカロライナ州知事や同州選出連邦上院議員を務めた政治家ベンジャミン・ティルマンがリンチを擁護する演説の中で語った以下の言葉は、そのことを示唆している。

〔私の娘の〕ひとりが私にすがりついて、黒い悪魔に女としての宝を奪われたなどとおぞましいことを語るのを聞くくらいなら、娘を虎か熊に食い殺され、その骨を集めて埋葬し、しかし娘が純潔を保ったままに死んだのだと確信するほうを選びたいのです」

(Benjamin Ryan Tillman in *Congressional Record*, 59th Congress, 2nd Session, January 21, 1907, p.1441 より)

白人男性が白人女性を従属させ、そのセクシュアリティを管理することは、彼女たちが保護対象となるための前提であった。グレンダ・ギルモアが指摘したように、白人至上主義体制は、家父長制をその不可欠の要素として組み込んでいたのである。

3.……リンチ正当化の言説が果たした機能

黒人男性による白人女性強姦の激増という神話を流通させたのは、南部の一般白人大衆ばかりではない。前述のように、ティルマンのような南部政界の大物がリンチを擁護し、中産階級向け雑誌などでリンチ擁護論を展開したのも南部の指導層であった。容易にその社会経済的地位が揺らぐとは思えないかれらが、なぜリンチ正当化言説の流通に積極的に加担したのか。南部白人男性リーダーたちも白人男性民衆と同様の家父長的「男らしさ」を信奉していたことは確かだが、南部エリート層にはそれ以外にも、南北戦争後の南部政治の展開の中でリンチ正当化言説に利益を見出す固有の理由があった。

南北戦争終結後、連邦政府は与党共和党内「急進派」の主導のもとに南部を軍事占領下に置き、南部諸州の改革を推進した。奴隷制から解放されアメリカ市民としての地位と投票権を認められた黒人たちは「リンカンの党」である共和党を支持し、北部からやってきた共和党員や、南部白人のうち戦前から連邦脱退に反対していた連邦支持派などと連合して、州政治に参画し改革を推進した。黒人の地方議員や連邦議員も誕生した。この時期をアメリカ史では再建期と呼ぶ。

これに対してプランター層などを中心とした南部の白人保守派は、民主党に集結して南部の「奪還」を訴え、「黒人による支配」の打倒と「白人による支配」の回復を旗印に、各地で政権奪取を図った。クー・クラックス・クランをはじめとする白人至上主義者の暴力組織が各地で結成され、黒人や共和党支持の白人を襲撃した。しかも同時期に北部で工業化の進展に付随して労使紛争が激化すると、連邦政府与党の共和党は自由市場経済の原則を重視する立場から政府権限の積極的行使に懐疑的になり、黒人の公民権の保護にも消極的になった。

その結果、一八七〇年代末までには南部全州で民主党が政権を樹立し、連邦政治でも南部の民主党が復権すると、再建政治は終焉する。その後、一九六〇年代に北部を中心とした全国民主党が公民権改革を主導し、南部白人が反発から共和党に支持を移すようになるまで、南部では民主党が優位であり続けた。

このような政治的展開をみると、南部政治を人種対立の構図で説明したくなる誘惑にかられる。だが実際には、再建終了から二十世紀中葉にいたるまで、白人至上主義を掲げた民主党の南部政治支配が盤石だったわけではない。白人至上主義という概念のみで捉えると見えなくなる「白人」間の社会経済的不平等が、南部社会に緊張と対立を絶えず生み出していたからである。

再建期に「黒人支配」打倒と白人至上主義を掲げて政権を奪取した民主党は、南北戦争前と同様に大プランターの利害を反映し、それに加えて企業家の利害を反映する政党であった。当時の民主党の「小さな政府」志向は、奴隷制廃止を進めた連邦政府への反発であると同時に、富の再配分を極力抑える政策の推進をも意味していた。税制は戦前も戦後も富裕層有利だった。公教育への支出は乏しく、十九世紀末の時点での非識字率は全国的には一割以下であったが、南部の場合は白人でも二割を超える州が複数存在した。白人であっても小規模・零細農民や労働者階級にとっては、こうした政治は不満の種であった。

十九世紀末に、こうした不満は民主党支配に対抗する政治運動として噴出した。この動きの中で、最も民主党に政治的な脅威を与えた勢力として人民党（the People's

Party)」が挙げられる。この政党は通称「ポピュリスト(the Populists)」とも言う。農民の生活改善運動を基盤として一八八〇年代末に結成された人民党は、中小・零細農民および労働者の利害の代弁者の立場を前面に押し出し、九〇年代には西部および南部において連邦議会に議員を当選させるなど一定の成功を収めた。南部の地方政治では、黒人を中心とした共和党との連立政権によって、民主党を下野させる事例もあった。

さらに、工業化に伴って南部でも勃興する労働運動もまた、交渉力強化やストライキの成功のために、白人と黒人の労働者間の協力を模索した。二十世紀転換期には炭鉱や港町などで人種間協調路線による労働運動が激化した。

このような政治状況下で、リンチを正当化する黒人レイピスト言説は、南部財界や民主党指導層が自分たちに対する政治的・経済的な挑戦の基盤となる人種間協調を掘り崩し分断していく、有益な武器となりえたのである。

人種間協力に基づいた政治運動や労働運動が興隆した地域では、民主党や経済界の指導層、そして民主党系地方新聞が、黒人男性が白人女性に接近することの危険性を盛んに宣伝した。たとえば一八九八年に、当時共和党と人民党が連立政権を担っていたノースカロライナ州のウィルミントン市では、選挙前に地元の黒人新聞が白人女性と黒人男性の合意に基づく性交渉が存在している可能性を示唆すると、民主党側はこれを利用して黒人男性の性的恐怖を宣伝し、人種暴動を起こして連立政権を崩壊させ、その直後の選挙で政権を奪回した。その後、この政権移動は「黒人支配」市政による白人女性への危害を防ぐために行なわれた正当な措置であったとして、暴動とクーデターを正当化する言説が流布された。

また、南部の民主党政治家たちは、対抗的政治運動の潜在的支持層を民主党につなぎとめておくために、リンチ正当化言説を活用した。先に挙げたベンジャミン・ティルマンはその典型例である。南北戦争以前からサウスカロライナ州の大プランターの一族であったティルマンは、再建期に同州で多数の黒人共和党員を虐殺した事件にも関与した政治的テロ組織「赤シャツ隊」の指導者の一人として活動し、一八七六年選挙で同州における民主党の政権奪取を助けた。十九世紀末には「農民の友」を自称して選挙戦を制していくが、彼は知事としても上院議員としても、中小零細農民の地位向上に資する施策をほとんどとらず、大土地所有層に有利な政策を持続させた。そのティルマンが議席を維持し続けた背景には、黒人男性による白人女性強姦の恐怖を煽り、リンチを正当化する言動があった。彼は連邦上院の議場で、南部では白人女性は油断するといつでも黒人男性によって強姦されうるのだと訴え、「野獣以下の」黒人男性には法の裁きを受ける資格がないと宣言した。

そんな輩が、人間に似ているからという理由で、法に訴えることができるでしょうか？　人は冷徹に立ち上がり、連中が公正な裁判を受け、通常の司法手続きに即して処罰を受ける権利を求めるべきでしょうか？（前掲、p.141より）

選挙政治と同様に、人種間協力に基づいた港湾労働者や炭鉱労働者のストライキに対しても、黒人レイピスト言説はエリート層の強力な武器となった。雇用主や政治家たちは、地元紙も利用しつつ、白人の労働運動指導者の男たちを「黒んぼ好き（nigger-lover）ども」であると激しく非難して、分断を図った（当時でもniggerは黒人を侮蔑する語であった）。たとえば一九〇八年にアラバマ州バーミングハムで白人と黒人の炭鉱労働者が共闘してストライキを行なうと、同市の元市長が地元紙で以下のようにストライキを非難した。

品位ある白人女性や無垢な白人少女たちがいるまさにその場所で、白人と黒人が混じり合うのを目撃すると、私は自問自答せざるをえない。再建期の悪夢がよみがえってきたのか、と。
（Frank V. Evans in *Birmingham Age-Herald*, August 25, 1908 より）

ここで述べられている「再建期の悪夢」という表現は、二十世紀転換期における南部白人の新しい集合的記憶を反映している。南北戦争後の南部では敗戦直後から、南部が連邦体制を離脱したことは正当であり、南北戦争は奴隷制維持のためではなく憲法上の自由のための戦いであり、そして敗戦は大義の誤りゆえではなく、北軍が数において圧倒的だったからだという訴えが見られた。この歴史観は、「失われた大義（the Lost Cause）」とも呼ばれる。そして上流階級の白人女性が中心となって、南軍戦没者を家族と郷土を守るために戦った男たちとして称揚する追悼行事が熱心に行なわれた。こうした活動は、南部の白人女性にとっては社会進出の機会を拡大する手段にもなった。

十九世紀末にはそれに加えて、南北戦争および戦後の歴史の記憶をめぐる新たな論調が浮上する。戦前の南部は主人一家と奴隷の関係は理想的な良好さだったが、再建期は黒人男性がレイピスト化する暗黒時代となった、とする語りが強調されていく。再建期には北部からやってきた共和党政治家と、彼らと組んで南部を裏切った一部南部白人が、解放され新たに選挙権を得た黒人による南部政治の支配をもたらし、結果として政府は腐敗し、黒人男性は白人女性を襲うようになった、という記憶が創出されたのである。そうした記憶は、新聞・雑誌記事、歴史書、小説に至るまで、さまざまなメディアに登場した。小説家トマス・ディクソンによる、ウィルミントン暴動を賛美した一九〇二年の『豹の斑（*The Leopard's Spot*）』や、映画『國民の創生（*The Birth of a Nation*）』（一九一五年）の原作となった一九〇五年のKKK賛美小説『クランズマン（*The Clansman*）』は、どちらも南北戦争後の「黒人支配」下の南部での黒人男性による白人女性の強姦と、それに対する主人公の白人男性による英雄的行為としてのリンチを叙述した、当時の代表的な作品である。

南部エリートが主導したこのような集合的記憶は、人種隔離制度や黒人選挙権剥奪を正当化するのみでなく、白人至上主義を標榜する民主党の支配に歴史的正当性を付与し、これに対して異人種間協調に基づいて抵抗しようとする政治運動や労働運動の正当性を歴史によって否定する、という政治的機能を果たしていた。

黒人男性による白人女性強姦の恐怖という歴史の新たな記憶に根ざした言説を白人エリートから突きつけられた零細農民や労働者階級の白人男性たちは、社会経済的な階級の共通性に基づいた異人種間連帯か、あるいは自己に従属する白人女性を「保護」する白人男性としての人種的連帯かの選択を迫られることになる。

異人種間連帯の基盤は脆いものであった。農民や労働者の白人男性が抱く自由で自立した男性という「男らしさ」の理想像は、白人であるがゆえに「男らしさ」を確立する資格があるという価値観を前提にしていた。そして彼らはこの白人の特権性意識を相対化してこなかったため、人種を越える連帯への意志には限界があった。彼らは黒人農民や労働者とのあいだに階級的共通性を見出すことはできた。しかし彼らの異人種間連帯論は、奴隷制時代も南北戦争後も南部社会が人種の違いによる不平等を作り出してきた歴史への視点を欠いており、黒人側の白人への不信感を克服するには十分ではなく、連携の試みが失敗に終わることも少なくなかった。

自分たちの「男らしさ」が脅威にさらされていると認識した多くの白人男性たちにとって、「危機」を脱する道は、家父長的かつ白人性の特権に規定された「男らしさ」観念の克服ではなく、「白人男性」としての地位を何らかの形で再確立することであった。そして異人種間協調政治による改革を試みて白人エリートを敵にするよりも、「黒人男性」を敵とすることで象徴的に「男らしさ」を再確立し、人種奴隷制を揺るがす勢力から「家族を守るために戦った勇敢な兵士たち」の中に自己の似姿を見出す方が、彼らにとって確実な道に映ったといえよう。

4.……おわりに

二〇一六年アメリカ大統領選挙は、実業家のドナルド・トランプが制した。トランプは特にメキシコ人やムスリムの移民を中傷して人気を獲得し、彼の選挙戦以降、非白人や性的少数者へのヘイトクライムが明らかに増加した。ヘイトの問題を考えるうえで、彼が当選したことの意味を考察することは重要であろう。

トランプの勝利は、一世紀前のリンチの時代との類似性を示唆する。二〇一五年六月に大統領選への出馬を表明した記者会見で、彼はメキシコ人移民をこう誹謗した。

メキシコがその国民を送ってくるとき、最も良い人間を送らず〔……〕問題ばかりの連中を送ってくる。我々にとっての問題を送ってくるのだ。連中は麻薬を持ち込む。犯罪を持ち込む。奴らはレイピストだ。

(“Here’s Trumps Presidential Announcement Speech,” *TIME*, online edition, June 17, 2015 より)

こうした発言を暴言と批判されながら、トランプは共和党予備選挙で圧勝、本戦でも接戦を制した(なお、統計的には移民はアメリカ生まれアメリカ人よりも犯罪率が低い)。メキシコ人「不法」移民をレイピストだと非難し、米墨国境に壁を建設しようと訴える彼の言葉は、アメリカ人、特に女性の保護の必要を示唆しているかのようだが、他方で彼は自分に批判的な女性に対してありとあらゆる性差別的攻撃を繰り返した。だが、保護されるべき女性とは自己に依存・従属する女性であるというリンチ正当化言説の家父長的前提を想起すれば、女性に対する二つの態度は矛盾ではなく、表裏一体であるとわかる。そしてトランプ自身、公的にはほとんど物言わぬ妻と父に従順な子どもたちを従え、実業家としての実績を吹聴することで、家父長的白人男性の模範像を演じて人気を博したともいえる。

周知のように、トランプは白人の非高学歴の男性、特にポスト工業化とグローバル化の影響で製造業が衰退した地域において、支持が特に強かった。このことは、二十世紀転換期の南部におけるリンチ激増の背景として、南部の経済構造の変容によって地位が不安定化し、旧来的価値に基づいた「男らしさ」が失われつつあると認識した零細農民や労働者階級の白人男性たちとの類似性を見出せる。

この点に注目して、トランプ支持層を、経済的苦境に置かれ、自分たちを救わない「エスタブリシュメント」に対して反感を抱く「普通の庶民」として描く傾向が、近年の日本のメディアに見られる。トランプ支持層が自分たちを「普通」の庶民だと自認していることは確かだが、ここには留保が必要である。トランプ支持者の「庶民」としての自意識には、アメリカにおいて白人かつ男性であるということの特権性を自明視する態度が、それが特権として意識されないほどに深く組み込まれている。トランプの標語「アメリカを再び偉大にしよう」は、過去に米国が「偉大」であったことを仮定している。トランプ支持者たちの集合的記憶にとっては、それは多くの場合「古きよき」一九五〇年代である。だが一九五〇年代は、南部に依然としてジムクロー制度が存在し、なおリンチが発生していた時代であり、公民権改革が人種差別や性差別を禁じる以前の時代である。階級・人種・ジェンダーを分離して経済的地位低下の感覚のみに目を向けること自体、実際に作動している人種とジェンダーという要素を考察することを拒否する、政治的行為である。

ヘイトを良識なき一部の逸脱者の行為とする仮定は、ヘイト現象の背後にある大きな歴史的文脈を見失うことになる。そしてその文脈は人種、ジェンダー、階級および社会経済的構造のうちいずれか一つに絞って検討するのではなく、その相互連関に目を向けることによってこそ明らかになる。一世紀前のヘイトクライムとヘイトスピーチの例は、そのことを、現代に向かって示している。

参考文献
兼子歩「人種暴力と『黒人レイピスト神話』のポリティクス――二〇世紀転換期アメリカ合衆国における人種・階級・ジェンダー／セクシュアリティ」『ジェンダー史学』第三号、二〇〇七年。
兼子歩「犬笛政治の果てに――トランプ大統領の四年間を歴史的に考える」『世界』第九四〇号、

二〇二一年。

坂下史子「他者の死を扱うということ——一次史料としてのリンチ写真を例に」『アメリカ史研究』第三六号、二〇一三年。

佐々木孝弘「文化が社会の変化に抵抗するとき——ジョージア州ポピュリスト運動の生成要因とその性格をめぐって」遠藤泰生ほか『常識のアメリカ・歴史のアメリカ——歴史の新たな胎動』木鐸社、一九九三年。

ニナ・シルバー（兼子歩訳）『南北戦争のなかの女と男——愛国心と記憶のジェンダー史』岩波書店、二〇一六年。

A・R・ホックシールド（布施由紀子訳）『壁の向こうの住人たち——アメリカの右派を覆う怒りと嘆き』岩波書店、二〇一八年。

横山良「カラーラインの乗り越え方——南部ポピュリストの闘いにみる」常松洋ほか編『アメリカ史のフロンティア（Ⅰ）アメリカ合衆国の形成と政治文化』昭和堂、二〇一〇年。

Dora Apel, *Imagery of Lynching: Black Men, White Women, and the Mob* (New Brunswick: Rutgers University Press, 2004).

David W. Blight, *Race and Reunion: The Civil War in American Memory* (Cambridge, MA: Belknap Press, 2001).
W. Fitzhugh Brundage, *Lynching in the New South: Georgia and Virginia, 1880-1930* (Urbana: University of Illinois Press, 1993).
Crystal N. Feimster, *Southern Horrors: The Politics of Rape and Lynching* (Cambridge, MA: Harvard University Press, 2011).
Glenda Elizabeth Gilmore, *Gender and Jim Crow: Women and the Politics of White Supremacy in North Carolina, 1896-1920* (Chapel Hill: University of North Carolina Press, 1996).
Martha Hodes, *White Women, Black Men: Illicit Sex in the 19th-Century South* (New Haven: Yale University Press, 1977).
Caroline E. Janney, *Remembering the Civil War: Reunion and the Limits of Reconciliation* (Chapel Hill: University of North Carolina Press, 2013).
Stephen Kantrowitz, *Ben Tillman and the Reconstruction of White Supremacy* (Chapel Hill: University of North Carolina Press, 2000).
Stephanie McCurry, *Masters of Small Worlds: Yeoman Households, Gender Relations, and the Political Culture of the Antebellum South Carolina Low Country* (Oxford: Oxford University Press, 1997).

LeeAnn Whites, *Gender Matters: Civil War, Reconstruction, and the Making of the New South* (London: Palgrave Macmillan, 2005).

第二章

レイシズムの精神分析

ヘイトスピーチを生み出す享楽の論理[1]

松本卓也

1. はじめに

本邦におけるレイシズムの高まりに関して、精神医学や精神分析の立場から取りあげるべき論点は二つある。ひとつは、レイシズムが生み出すメンタルヘルス上の被害とそれに対する心のケアの問題であり、もうひとつは、ヘイトスピーチやヘイトクライムを行なうレイシストの心理の問題である。

まず、レイシズムがどのようなメンタルヘルス上の被害を引き起こすのかを確認しておこう。海外の研究によれば、レイシズムは、重大な人権侵害であるにとどまらず、差別の対象となった個人に全般的な精神状態の悪化やうつ病（Fernando, 1984; Priest, Paradies, Stewart, & Luke, 2011）、さらには心的外傷後ストレス障害（以下、ＰＴＳＤ、Cheng & Mallinckrodt, 2015）といった精神疾患（あるいはその関連症状）を引き起こすことが知られている。差別は、日常の地域生活に組み込まれた持続的な差別（差別的処遇やヘイトスピーチへの日常的暴露）と、持続的な差別を背景として生じた突発的な「出来事」であるヘイトクライムの二種類を含むと考えられるが、前者の持続的な差別がマイノリティの自己評価を毀損し、うつ状態を生じさせ、後者の突発的なヘイトクライムが、その対象となる人々に持続的な差別とは質の異なる強い衝撃を与えることからPTSDを生じさせるという仮説を考えてもよいだろう。また、レイシズムに暴露されたマイノリティにおいて、覚せい剤依存（Gerrard et al., 2012）やアルコール依存（Watt et al., 2012）などの依存症が生じる、という報告もあるが、これは、上述のすべての症状の苦痛や差別から生じる苦悩をどうにかして生き延びるために依存症が生まれる、と考えると理解しやすいものと考えられる（このような考えは近年では依存症の「自己治療仮説」と呼ばれている）。

このように、海外ではレイシズムがメンタルヘルスに与える影響についての精神医学的研究は少なからぬ蓄積がある。しかし、本邦では、このテーマに関するまともな研究がほとんどなされていない。その理由は推測することしかできないが、本邦におけるレイシズムの理解が圧倒的に遅れていたことのみならず、在日コリアンにまつわる諸問題がタブーとされてきた歴史もおそらく関係しているのだろう。

実際、本邦においてどれだけの在日コリアンがレイシズムによってメンタルヘルス上の被害をこうむっているのかは、現状明らかではない。二〇〇九～一〇年の京都朝鮮学校襲撃事件を取材したルポルタージュ（中村一成、二〇一四）によれば、襲撃事件の後から、「夜泣きや夜尿をふたたびするようになった」、「襲撃者を思わせる作業着姿の大人に怯えるようになった」、「廃品回収の拡声器でのアナウンスを聞いて『在特会が来た』とパニックを起こした」、「一人では留守番ができなくなってしまった」等の精神症状を示す子どもたちが確認されたという。また、師岡（二〇一三）が引いている研究では、ヘイトスピーチが「芯からの恐怖と動悸、呼吸困難、悪夢、PTSD、過度の精神緊張、精神疾患、自死にまで至る精神的な症状と感情的な苦痛」を引き起こすといわれている。これらは、本邦におけるレイシズムが在日コリアンに対して典型的なPTSD症状を引き起こしている証拠であると考えられる。これらの研究を考慮するならば、——本邦でのレイシズムには海外とは異なる点が少なからずあるものの、それが引き起こすメンタルヘルス上の被害という点では——海外の先行研究が大いに参考になることが推測される。いずれにせよ、本邦のレイシズムが引き起こすメンタルヘルス上の被害についての調査・研究は十分でなく、今後の検討がぜひとも必要であると考えられる（筆者らは、実際に在日コリアンのメンタルヘルスについての調査を行なっており、その結果は今後公開されるはずである）。

次に、ヘイトスピーチやヘイトクライムを行なうレイシストの心理について考えてみよう。第二次世界大戦後になされたエーリッヒ・フロム（一九六五）による「権威主義的パーソナリティ」についての研究は、集団の権威を無批判に受け入れ、その集団の理想に従わないマイノリティを排斥するような性格を記述した。テオドール・アドルノ（一九八〇）は、フロムの研究をもとに反ユダヤ主義についての心理尺度を作成した。また、レイシズムと自己愛的パーソナリティの関係を指摘する研究も散見される（Bell, 1980; Thomas, 1981）。このような研究から示唆されるのは、レイシズムはパーソナリティの問題と関連するということである。

だが、レイシズムを単にパーソナリティの問題として、個人のレベルで理解するだけでは、おそらく何の解決にもならないだろう。というのも、そのような理解では、レイシズムと関連するパーソナリティが生み出される背景や、個人のパーソナリティの問題がなぜレイシズムという形で噴出するのかが分からないからである。また、巷に流布している言説にみられるように、「社会のなかに居場所を得られなかった人たちがヘイトスピーチで憂さ晴らしをしている」といったステレオタイプに与することは、結局のところレイシストと非レイシストのあいだに境界線を引き、あらたな分断と排斥を生み出してしまう危険性がある（そもそも、レイシストが「社会のなかに居場所を得られなかった人たち」であるのなら、非難されるべきは彼らではないはずである）。筆者の考えでは、レイシズムの理解に関して、次に示すようなフロイトとラカンによる議論が一定の示唆を与えてくれるように思われる。

2.……フロイトのレイシズム論

みずからもユダヤ人として迫害の憂き目にあった精神分析の始祖ジークムント・フロイトは、反ユダヤ主義をはじめとするレイシズムについて、「集団」との関係から何度か論じている。

まずフロイトは、「集団心理学と自我の分析」（Freud, 1921）のなかで、民族間相互の反感が、近い民族どうしのあいだにだけ生じることに注目している。彼が挙げている例は、南ドイツと北ドイツ、イングランドとスコットランドといった地理的にさほど離れてはいない二者のあいだで生じる対立である（当然、本邦のレイシズムにおいて問題になっている韓国・朝鮮・中国との関係もこの系列に属する）。言語も文化もまったく異なる遠く離れた二者のあいだよりも、文化的にも共通の部分をもち地理的にも近い二者のあいだで対立が生じやすいのはなぜだろうか。フロイトによれば、それは「ナルシシズム的自己愛」のせいである。ナルシシズムは「自分がほかならぬ自分であること」を主張するものであるが、そのナルシシズム的自己愛をもつ人の前に、自分とよく似てはいるが少しだけ異なる他者があらわれた場合、その他者の存在は、まるでそのわずかな差異に関して自分を批判し、自分を作り変えろという横暴な要請を行なってくる疎ましい存在であるかのように感じられてしまう(このことをフロイトは「小さな差異のナルシシズム」と呼んでいる)。そのため、自分とよく似た他者に対して、憎悪や攻撃性が生じるのだとフロイトは説明している。

しかし、フロイトによれば、このようなナルシシズム的自己愛から生じるレイシズムは、集団形成によって一時的ないし持続的に消失してしまうのだという。なぜなら、「集団形成が継続する間は、あるいは、それが及ぶ範囲では、個人はまるで自分たちが同型の存在であるかのように振舞い、他人の独特さを我慢し、その人に自分を合わせ、その人にいかなる反発も感じない」からである。つまり、この時点でのフロイトは、集団においてはナルシス的自己愛の制限」が起こる。つまり、この時点でのフロイトは、集団においてはレイシズムは安定した集団の形成によって乗り越えることが可能だと考えていたのである。

他方、フロイトは「モーセという男と一神教」(Freud, 1939)では、まったく逆のことを述べている。彼によれば、「集団の共同体感情は、より完全なものになるために局外に立つ少数者(マイノリティ)に対する敵愾心を必要とする」という。つまり、国家のようなひとつの集団は、その集団を維持し、結束の固い緊密な集団であろうとするために、自分たちとは異なる他者を排斥することになる。そして、その際に生じるマイノリティの排斥は、やはり「根本的な差異に対してよりも、むしろ小さな相違に対して、よりいっそう強く現れる」。つまりここでフロイトは、レイシズムを生み出すナルシシズム的自己愛は集団の維持・強化に起因すると述べているのである。

集団はレイシズムを克服するのか、それともレイシズムを生みだすのか——フロイトの二つのテクストにみられるこの矛盾をどのように解決できるだろうか？　答えはおそらくひとつしかない。レイシズムがもっとも鮮烈に出現するのは、安定した集団ではなく、崩壊の危機にある不安定な集団——すなわち、集団における連帯が危機に瀕し、「集団」なるものが過剰に意識されはじめた集団——においてである。そのとき、それまで「自分たちが同型の存在であるかのように振舞」っていた個人は、お互いのわずかな差異に鋭敏な反応を示すようになり、そこからレイシズムが生じるのである。

3.……ラカンのレイシズム論

レイシズムについての考察は、フランスの精神分析家ジャック・ラカンにもみられる。一九七〇年代のラカンは、集団をまとめあげる〈父〉の機能が衰退した現代において生じる社会現象について何度か予言的に論じているが、そのなかの一つとして彼は「レイシズムの興隆」を挙げているのである。

例えば、ラカンは、一九七二年六月二十一日の講義の最後に次のように述べる。

父に関してはまったくお話しませんでしたが、それは、「統合する（unie）」父、「否（non）！」という父の周囲に、普遍であるものすべてが基礎づけられるのであり、基礎づけられるべきであり、基礎づけられるほかはないということを皆さんに示すことで十分だと考えたからです。そして、私たちが身体の根に戻るとき、

> 同胞（frère：兄弟）という語の価値を引き上げるのならば、父は良い感情の水準にたくさんの帆をもって帰ってくるでしょう。
> それでも、みなさんにバラ色の未来だけを描写していてはいけません。みなさんは次のことを知っておくべきですからね。興隆しているもの、その最終結果まではまだ見えていないもの、身体の中に、身体の同胞愛（fraternité）の中に深く根を下ろしているもの、それはレイシズムです。みなさんはまだレイシズムについて語られるのを聞き終えていないのです。
> （Lacan, 2011, pp. 235–236）

周知の通り、フランス革命は文字通りに王（＝〈父〉）の首を切る革命であり、そのスローガンは「自由・平等・友愛（Liberté, Égalité, Fraternité）」であった。この「友愛」という言葉は、他者を自分の兄弟のように愛するという意味である。この意味で、フランス革命は〈父〉（集団を一つにまとめあげる象徴的権威）を厄介払いし、残された兄弟たちによる愛にもとづいた平等な集団をつくりあげる思想としての一面をもっていた（この点で、同じくヒエラルキーを廃棄し、民主化を要求する運動としてのフランスの五月革命のあとにこのラカンのレイシズムに関する発言がなされたことに注意しておこう）。しかし、その際に、厄介払いされた王＝〈父〉は別のかたちで回帰し、それがレイシズムの興隆という不幸な結末を引き起こす、とここでラカンは指摘しているのである。先のフロイトの集団論との関係でいえば、共同体を支える「絆」が瓦解したとき、あらたな「絆」が再来し、それが共同体の危機を背景としてレイシズムを生み出すということになるだろう。

このラカンの指摘は、当時の聴講者たちにはあまりピンとこなかったようである

（というのも、現在ますます力を強めているフランスの極右政党・国民戦線の結成はこの発言と同じ一九七二年にあたり、フランスの現代的な反レイシズム運動の先駆けであるSOSラシスムの設立は一九八四年を待たなければならなかったからである）。事実、一九七三年、ラカンの弟子のジャック＝アラン・ミレールは、「レイシズムの興隆」という発言の真意を、ラカンに対して次のように問いただしている。

ミレール　先生はレイシズムの興隆を予言しておられますが、その確信は何に由来しているのですか。また一体、なぜそうおっしゃるのですか。

ラカン　〔……〕私たちの享楽が混迷するなかで、享楽を位置づけることができるのは〈他者〉だけなのですが、それは私たちが〈他者〉から引き離される限りでのことです。そこから、人種が混ざり合っていなかったころには未聞であった様々な空想（fantasme）が生まれています。〈他者〉を彼ら固有の享楽のモードのままにしておくことは、私たちの〔享楽の〕モードを〈他者〉に強要しないこと、そして〈他者〉の〔享楽の〕モードを発展途上なものとして扱わないことによって始めて可能になることでしょう。

私たちがもつ享楽のモードの不安定性（précarité）がその上に加わるならば、どうして、私たちの暴挙が身に纏う見せかけの人道主義が続くことが期待できるでしょうか。〔……〕

神がそこから力を取り戻して、存–在する（ex-sister）ことに至ったとしても、それは神のもたらした不幸な過去の再来以上のものを予告してはいません。

（Lacan, 2001, p. 534）

ラカンがここで言及しているのは、レイシズム研究のなかでしばしば指摘される古典的（科学的）レイシズム／現代的（文化的）レイシズムの二つの区分のうち、後者の現代的レイシズムに相当する事柄についてであると考えられる。一方の古典的レイシズムは、科学に依拠しながら、人間の本能や身体能力には本質的な差異があるとする考え方であり、ナチスの優生思想のように遺伝学や医学、生物学、歴史学などあらゆる科学によって人種の差の根拠を見出そうとするものである。他方の現代的レイシズムは、自らの集団の文化や民族性の均質性・純粋性を希求し、それとは異なる文化や民族性をもつ他の集団を「破壊すべき脅威や障害」とみなして攻撃・排斥するものである。つまり、前者が科学という普遍的な原理に依拠して自らを正当化するレイシズムであるのに対して、後者のそれは、文化や民族性の差異にもとづいて自らを正当化するレイシズムであるといってよい（ミシェル・ヴィヴィオルカ、二〇〇七）。

上記の引用のなかで、ラカンは現代的レイシズムにおける排斥の原因となる文化や民族性の差異を、「享楽のモード（mode de jouissance）の差異」であると考えている。この点を詳しく説明しておこう。さまざまな人種や出自の人々が共存する世界では、飲食の慣習や性行為、あるいは冠婚葬祭のやり方など、生活のなかで快を得たり不快を処理したりするための方法（享楽のモード）には多くのヴァリエーションが共存することになる。そのとき、享楽のモードは単一のものではなくなってしまう。すると、マジョリティは自らにとっての〈他者〉（＝マイノリティ）の享楽のモードを「発展途上」すなわち劣位のものとみなし、それを排斥したり、自分たちの享楽のモードを彼らに押し付けようとしたりする。ここにレイシズムが発生する、とラカンは述べているのである。

しかし、これだけでは、フロイトが述べた「ナルシシズム的自己愛」を「享楽のモード」という言葉に置き換えただけにすぎない。ラカンがレイシズム論に付け加えた重要な寄与は、レイシズムを享楽の病理として捉える際に、そもそも自らの享楽が本質的に〈他者〉の享楽によってしか位置づけることができない、という逆説の存在を強調したことである。どういうことか？

精神分析が教えるように、私たちの享楽は、十全なものとしてはつねにすでに失われている。それゆえ、私たちは自らの十全な享楽を位置づけることができず、「性関係のなさ」に悩まされることになる（「性関係のなさ」とは、性的享楽の水準におけるうまくいかなさ、すなわち自分が十分に享楽できないことだけでなく、人生のなかで「何をやってもうまくいかない」「欲しいものを手に入れても、不満足が残りつづける」などと感じられるときにも関わる、言語的存在である私たちの存在論的条件である）。しかし、この享楽の不可能性は、「どこか他のところに十全な享楽を得ている人物＝〈他者〉が存在している」という空想を生み出してしまう（このことを、ラカンは「享楽を位置づけることができるのは〈他者〉だけ」であるが、それは「それは私たちが〈他者〉から引き離される限りでのこと」であると先の引用のなかで述べているのである。つまり、私たちは、もし自分の享楽を位置づけようと思えば、それを〈他者〉の場所に位置づけるしかないのであるが、ひとたび享楽を〈他者〉に位置づけてしまえば、その享楽は自分のものにはならないのである）。

性関係のなさに悩まされている人の前に、自分とは異なる享楽のモードをとる人物があらわれた場合、この「どこか他のところに十全な享楽を得ている人物が存在している」という空想が活発化し、その人物こそが十全な享楽を得ている人物なのだと錯覚される。そこから、「私が十全な享楽に到達できないのは、この人物が私の享楽を盗んだからだ」という結論が引き出されるとき、そこにレイシズムが生まれる。つまり、十全なものとしての享楽は、〈他者〉を介してしか位置づけることができないにもかかわらず、ひとたびそれを身近な人種的〈他者〉を介して位置づけてしまうと、レイシズムが生み出されてしまうのである。「在日コリアンが『在日特権』を享受（jouir）する一方で、日本人が差別されている」という在特会らの主張は、まさにこの「享楽の盗み（vol de la jouissance）」の論理——私たち日本人がうまく享楽できないのは、在日コリアンが私たちの享楽を盗んでいるからだ！——を例証している。そしてこの「享楽の盗み」という錯覚は、自分がそもそも最初からもっていない十全たる享楽を、あたかも〈他者〉さえいなければ獲得できるものかのようにみせてくれる点で、非常に魅力的なものとなる。そのため、ひとはこの錯覚から容易に抜けだすことができなくなってしまうのである。

レイシズムにみられるこの享楽の論理は、〈父〉の機能の衰退にはじまるグローバリゼーションと共犯関係にある。グローバリゼーションは、旧来の国家の垣根を超えて、さまざまな人や文化の共存を可能にした。これは享楽のモードの複数化として考えることができる。しかし反対に、グローバリゼーションは「グローバル」の名のもとに単一の享楽のモードを唯一の「理想」に仕立ててしまう（近頃「グローバル人材」として称揚される人物類型の驚くべき画一性をみよ）。つまり、グローバリゼーション下における私たちの享楽の論理は、複数の享楽のモードの共存を許しつつも、単一の享楽のモードを「理想」とし、その他の享楽のモードを排斥してしまう可能性——すなわち、レイシズムの可能性——をつねに内包させているのである。

4.……おわりに

東日本大震災と福島第一原発事故のあった二〇一一年、その年の流行語として「絆」という言葉がトップテン入りし、地域共同体や国家を中心とした「絆」の再興を希求する言説が巷にあふれた。現在私たちが眼にしているレイシズムの前景化は、繋がりが解けつつある危機の時代における集団における享楽の論理が引き起こした病理であると言えないだろうか。一九二三年の関東大震災後におこった「自警団」による朝鮮人虐殺は、「大日本帝国」という共同体を守ろうとする民衆、軍隊、国家による暴挙であったことを私たちは知っている。その愚を今ふたたび反復しないためにも、本稿で紹介したような精神分析の議論の意義が再考されるべきであろう。

ドナルド・トランプやマリーヌ・ル・ペンのような排外主義的な主張をもつ政治家や極右政党が躍進し、他なる享楽のモードをもつ移民が「享楽の盗み」をはたらいているという空想が政治空間を支配する様をみてきた私たちにとってはっきりとしてきたことは、〈ひとは、享楽においては他者と共存することができない〉ということではないだろうか？　ひとは、政治における理想や理念については、他者との共存を考えることができる。それが、リベラルな社会の原則である。しかし、こと享楽に関しては、享楽の多文化共生は存在しない。フロイトとラカンのレイシズム論から帰結するのは、この享楽の多文化共生の不可能性である。

だが、これは精神分析によるレイシズム論の最後の言葉ではない。享楽の多文化共生の不可能性という居心地の悪い結論が、私たちの存在論的条件をなす享楽の論理から生じているとすれば、精神分析は、グローバリゼーション下で顕著にあらわれる自分とは異なる享楽のモードの存在にいかに煩わされずにすますか、自分自身の享楽の（不）可能性といかに付き合っていくかを考える上できわめて重要な実践となることであろう。

注

（1）本稿は、次の二つの拙論から再構成し、加筆したものである。「レイシズム2.0？　現代ラカン派の集団心理学」『atプラス』二十一号、九二―一〇九、二〇一四。および、「レイシズムの中の居心地悪さ――「行動する保守」にみられる享楽の病理」『こころと文化』一三巻二号、一三六―一四四、二〇一四。

参考文献

Bell, C. C. (1980). Racism: a symptom of the narcissistic personality disorder. *Journal of the National Medical Association, 72* (7), 661–5.

Cheng, H.-L., & Mallinckrodt, B. (2015). Racial/ethnic discrimination, posttraumatic stress symptoms, and alcohol problems in a longitudinal study of Hispanic/Latino college students. *Journal of Counseling Psychology, 62* (1), 38–49.

Fernando, S. (1984). Racism as a cause of depression. *The International Journal of Social Psychiatry, 30* (1–2), 41–9.

Freud, S. (1921). Massenpsychologie und Ich-Analyse. In *Gesammelte Werke* (Vol. 13, pp. 71–161). Fischer Verlag.「集団心理学と自我分析」『フロイト全集十七巻』藤野寛訳、岩波書店、二〇〇六年。

Freud, S. (1939). Der Mann Moses und die monotheistische Religion. In *Gesammelte Werke* (Vol. 16, pp. 103–246). Fischer Verlag.「モーセという男と一神教」『フロイト全集二十二巻』渡辺哲夫訳、岩波書店、二〇〇七年。

Gerrard, M., Stock, M. L., Roberts, M. E., Gibbons, F. X., O'Hara, R. E., Weng, C.-Y., & Wills, T. A. (2012). Coping with racial discrimination: the role of substance use. *Psychology of Addictive Behaviors : Journal of the Society of Psychologists in Addictive Behaviors, 26* (3), 550–60. http://doi.org/10.1037/a0027711

Lacan, J. (2001). *Autres Écrits*. Paris: Seuil.

Lacan, J. (2011). *Ou pire.... Le Séminaire Livre XIX (1971-1972)*. (J.-A. Miller, Ed.). Paris: Seuil.

Priest, N., Paradies, Y., Stewart, P., & Luke, J. (2011). Racism and health among urban Aboriginal young people. *BMC Public* .

T・W・アドルノ『現代社会学大系 12　権威主義的パーソナリティ』田中泰久・矢沢修次郎・小林修一訳、一九八〇、青木書店。

Thomas, J. A. (1981). Racism and the narcissistic personality. *Journal of the National Medical Association, 73* (3), 202–6.

Watt, M. H., Ranby, K. W., Meade, C. S., Sikkema, K. J., MacFarlane, J. C., Skinner, D., … Kalichman, S. C. (2012). Posttraumatic stress disorder symptoms mediate the relationship between traumatic experiences and drinking behavior among women attending alcohol-serving venues in a South African township. *Journal of Studies on Alcohol and Drugs, 73* (4), 549–58.

エーリッヒ・フロム『自由からの逃走　新版』日高六郎訳、一九九五、東京創元社。

ミシェル・ヴィヴィオルカ『レイシズムの変貌』森千香子訳、二〇〇七、明石書店。

師岡康子「ヘイト・スピーチ被害者のケアに緊急な取り組みを！」こころの科学、一七二号（二〇一三）、九六―九七頁。

中村一成『ルポ 京都朝鮮学校襲撃事件――〈ヘイトクライム〉に抗して』二〇一四、岩波書店。

第四章 レイシズムの社会心理学的研究

高 史明

本稿では、レイシズムに対する社会心理学的アプローチについて紹介する。といっても、日本国内はさておき、国外ではレイシズムについての研究の膨大な蓄積がなされており、それらを網羅的に扱うのは紙幅の制約上とうてい不可能である。そこで、これから研究や勉強を始めようとする人々がその糸口をつかめるように、いくつかの代表的なアプローチに絞って紹介を行ないたい。

1. 用語の定義

個別のアプローチの紹介に進む前に、レイシズムに関して社会心理学で用いられる、相互に関連を持ちつつも異なる三つの概念について、整理しておきたい。それは、「ステレオタイプ」「偏見」「差別」である。

「ステレオタイプ（stereotype）」というのは、「信念（belief）」の次元に関わる語である。つまり、集団のメンバーシップと結びつけられた、性格や行動などの特徴についての知識である。たとえば、「在日コリアンは感情的だ」「サッカー部の部員は社交的だ」

といった信念は、――それが正しいかそうでないか、ポジティブな内容かネガティブな内容かを問わず――ステレオタイプと呼ばれる。

このような信念は、単なる知識のみに留まらず、その集団のメンバーが好ましいか、好ましくないかといった評価や感情を伴うかもしれない。たとえば、「在日コリアンは乱暴だ、したがって好ましくない」といった具合にである。このような評価的次元のことを社会心理学では「態度(attitude)」と呼ぶが、集団のメンバーシップにもとづく態度を特に「偏見(prejudice)」と呼ぶ。

最後に、「差別(discrimination)」というのは、「行動(behavior)」の次元の語であり、集団のメンバーシップにもとづいて異なる、特に不適切または不公正な扱いをすることを指す言葉である。差別は、個人的なものである場合もあれば集合的なものである場合もある。上述したような偏見にもとづいて在日コリアンを避けようとしたり、場合によっては侮辱したりするのは、個人的な差別であるかもしれない。しかし、文化的に共有された差別や、社会保障における権利の制約などご制度上の差別は、集合的な現象である。

この三つの典型的な関わり方は、あるステレオタイプがそのネガティブな内容ゆえに偏見をもたらし、それが行動としての差別に繋がる、というものだろう。しかし、三者間の関係はこうしたものに限られない。たとえば、まずある集団に対する嫌悪感(偏見)があるとき、人々はその集団についてのネガティブな情報(ステレオタイプ)を受け入れやすい。すでにネガティブに評価されている在日コリアンについて、彼らが容易に好ましくない性質を持ったり良からぬことをしたりしているという流言・デマが容易に広まるのは、この一例である。あるいは、ある集団が制度的に差別されて貧しい地位に置かれているとき、彼らが不利な地位に置かれることを正当化するようなステレオタイプや偏見は生まれやすく、広められやすい。在日コリアンや部落民、女性など社会的に低地位に置かれた人々が、生得的あるいは文化的に能力や道徳性を欠いており、それゆえに低地位に置かれてしかるべき存在であるのだといった言説は、実際に広く受けいれられている。

これらの場合には、ステレオタイプ、偏見、差別の間には、先に挙げたものとは逆の因果関係がある――原因と結果が逆になっている――ことになる。また、偏見と差別が大幅に乖離することもある。たとえ人々があるマイノリティに対して強い偏見を持っていたとしても、そうした集団への差別を禁止する法律が制定され適切に執行されていれば、人々は差別的な行動を取らないように努力するだろう。たとえば、不動産屋で新居を探すときに外国人であることを理由に断られるというのは日本で比較的頻繁に見られる差別であるが、そうした差別を禁じる罰則付きの法律が厳格に執行されていれば、ある程度までは抑制可能であろう（ただし、完全に解消するのは難しいかもしれない）。あるいは、人々がある集団のメンバーに対して持っていた偏見がすでに解消されていたとしても、古い時代の制度が改正されないまま残っている場合には、差別が継続することになる。仮に同性愛者に対する偏見が解消され、彼／彼女らがネガティブに評価されることがなくなったとしても、婚姻を異性間に限るとする法・制度が改められない限り、婚姻制度からの除外という差別が継続することになる。

レイシズムについての社会心理学的研究を行なう際には、これら三つの概念の区別、そしてそれらの間の関係の複雑さを理解しておくことが欠かせない。自分が研究しているのはどの概念が関わる現象なのかを正確に理解し、他の概念が関わる現象への示唆、あるいは限界を常に意識する必要がある。

2.……個人差からのアプローチ

第二次世界大戦の後、ナチスによるホロコーストという筆舌に尽くしがたい事件の記憶は、レイシズムを病理的な現象と捉える理論を後押しした。アドルノらが反民主主義的パーソナリティとして提唱した「権威主義的パーソナリティ（Authoritarian personality; Adorno, Frenkel-Brunswik, Levinson, & Sanford, 1950 田中・矢沢・小林訳、一九八〇）」はその代表である。彼らは精神分析理論に依拠し、脆弱な自我しか持ちえなかった人々が、その自我を防衛するために権力への服従を志向すると考えた。

アドルノらの理論は人文系・社会系領域の多方面に多大な影響を与えたが、その一方で理論上・測定上の問題についてさまざまな批判も受けた。こうした問題点を解消しつつ発展させたのが、アルトマイヤーの「右翼権威主義（RWA; right-wing authoritarianism; Altemeyer, 1996）」である。アルトマイヤーは、①権威主義的服従、②権威主義的攻撃、③因習主義の三つの要素から構成される態度クラスターの存在を主張しつつも、それらの原因を精神分析的説明には求めていない。この右翼権威主義は、多くのマイノリティへの偏見や保守的な政策への支持に関わっていることが示されている。

もう一つは、社会的支配志向性（SDO; social dominance orientation; Pratto, Sidanius, Stallworth, & Malle, 1994）である。これは、集団間のヒエラルキーを是認するような特性として仮定されたものであり、社会的支配志向性が強い人はそれゆえに集団間のヒエラルキーを正当化するための「神話」であるレイシズムやその他の偏見を受け入れやすいというのである。実際に、社会的支配志向性は多くのマイノリティへの偏見や保守的な政策への支持を予測することが示されている。

権威主義はパーソナリティの一種として言及されることが多いのだが、右翼権威主義や社会的支配志向性はパーソナリティそのものと捉えるよりも、パーソナリティに影響されつつも、世界についての認知や価値観によっても修飾を受けるイデオロギーの一形態として捉える方がより適切であるという指摘がなされている。「世界は危険な場所である」という世界観は、したがって権威に頼らなければならないという右翼権威主義をもたらし、「世界は弱肉強食のジャングルである」という世界観は、したがって強者が弱者を服従させるのは正当であるという社会的支配指向性を強める(Duckitt, 2001)のである。

また、右翼権威主義と社会的支配志向性は両者ともに保守的なイデオロギーであり、偏見など広範な現象を規定する要因として考案されたものであるが、両者は同一ではない。右翼権威主義は、いわば文化的保守主義であるのに対して、社会的支配志向性は経済的保守主義である。したがって、両者はさまざまな政治・社会的態度に対して独立の、あるいは異なる、影響を及ぼしている。

このような個人差の理論は、あるマイノリティに対して偏見を持つ人々は他のマイノリティに対しても偏見を持っていることが多いという現象をよく説明する。また、そうした個人差をもたらすような社会化の影響を捉える上でも、有益である。

3. 認知的アプローチ

アドルノら（1950）の権威主義的パーソナリティ理論は、ステレオタイプや偏見の原因を、それらを抱く人々の病的な心理的傾向に求めるものであった。しかし、ステレオタイプや偏見は、ごく一部の異常な人々だけが抱くものではない。また、ごく一部の文化や社会においてのみ見られるような現象でもない。こうした観点から、二十世紀の後半には、人間が共通して持つ心理的基盤が注目されるようになった。特に人間の情報処理過程を明らかにしようとする認知心理学の興隆を受けて、社会心理学においてもその知見を援用しようとする認知的アプローチにもとづく研究が盛んになされるようになった。

たとえば、上述のアドルノらは、情緒的で潜在的な不安に脅かされている弱い自我の持ち主が社会的な情報の理解を拒絶することが、ステレオタイプ化を引き起こすとしている。これに対して認知的アプローチを取ったタジフェル（1969）は、そもそも人間には自分を取り巻く環境のすべてを理解し記憶することはできないという情報処理能力の限界があることが重要である、と指摘している。読者の皆さんは、本稿の五行目の最初の十文字を正確に思い出せと言われても、おそらくできないだろう。もちろん、著者である私にもできない。普通の人は、よほど印象的な一節でもない限り、本を読むときに一言一句正確に暗記しようとはせず、自分なりに理解した抽象的な内容を記憶するだけである。ある情報が何行目に書かれていたかなどという情報は、学術論文やレポートで引用しようとするのでもない限り、そもそも意識することさえないであろう。人間の感覚器官に入力される情報は、取捨選択され、単純化され、構造化されて蓄えられる。あらゆる情報を処理し記憶することは不可能であるし、必要でもない。

社会的情報の処理についても、同じことが言える。〝スウェーデン人は日本人より背が高い〟という命題（ステレオタイプ）は、ある特定のスウェーデン人とある特定の日本人を比較したときに常に成り立つようなものではない。しかし、集団の平均的傾向についてであれば成り立つものであるため、我々はこのような単純化された認知を行ないがちである。そして、集団間の差異はしばしば強調され、集団内の差異は軽視されやすくなる。このようなカテゴリ的認知は、それ自体としては正常で合理的な情報処理メカニズムに基盤を置いているのだが、社会的対象に適用した際には、誤った推論をもたらしたり、集団の属性にもとづく不公正をもたらしたりすることがある。

このように、一般的な認知的過程の帰結としてステレオタイプや偏見を捉えるアプローチは、それらが精神に問題のある人の専有物でないことを理解するうえで有益である。これは、憂鬱な事実である――我々はステレオタイプや偏見に囚われるのが自然なのだということを明らかにするものだからである。しかし他方では、こうした研究は、我々が、屈折した欲求や非合理な感情ゆえにではなく陥る思考の罠を暴き、それに対処する契機を与えてくれるものでもある。

4.……集団間現象に注目したアプローチ

ステレオタイプや偏見、差別を精神病理の反映としてではなく一般的な心理的過程の現れとしてとらえるもう一つのアプローチは、それらを集団間の心理現象の観点から捉えるものである。その初期の代表的な理論に、現実的葛藤理論（Sherif, 1967）がある。これは、偏見や差別は集団間に実際の利害の対立があるところに生じるとするものである。つまり、それらは集団間の葛藤に対する合理的な反応として生じるのである。例えば、日本は現在韓国との間に領土問題や経済的競争といった利害の対立を抱えているが、これはその構成員である韓国人に対する偏見を生じさせる（あるいは、強める）要因であろう。この視点は、偏見や差別が紛争状況下で激化すること、偏見や差別が社会内でしばしば共有されていることなども説明できるものである。

しかし、その後の研究では、実験状況下で一時的に作られた、それまでに葛藤の歴史を持たないような集団カテゴリを用いても、自分が所属する集団のメンバー（内集団）を他の集団（外集団）のメンバーよりも好意的に評価し、優遇する傾向が見られることが明らかにされている。したがって実際の葛藤の存在は、偏見や差別の促進要因ではあるが、必要条件ではないことになる。ここで先述の認知的アプローチに立ち戻ると、社会的な対象についての認知は一般的な事物の認知と同じメカニズムを基盤としているが、両者は同一であるわけではない。社会的な対象の評価は、自己との類似や対比という、単なる事物の評価にはない含意を持つからである。こうした観点から提唱されたのが、社会的アイデンティティ理論（Tajfel & Turner, 1986）である。人は自己を望ましいものと思いたいという動機を持つが、この動機は自分の個人的な成功によってだけではなく、自身と何らかの特性を共有する内集団に高い価値を見出すことによっても達成することができる。そのため、人は内集団を外集団よりも高く評価しようとするのである。たとえば、日本人のスポーツ選手が国際大会で活躍したとき、それによって物質的な利益を受ける人々（例、選手育成のための予算が増額されることで恩恵を受ける同業選手）以外のただの日本人も喜びを覚えることは、こうした動機に関わっている。

こうした、集団間現象につきものの人間の普遍的な心理的傾向による理論も、偏見や差別がなぜ様々な社会で見られ、決して病的ではない人々ですらその陥穽にはまるのかを理解するうえで有用である。

5.……新しいレイシズム

レイシズムの内容あるいは表出形態について考えるとき、一九七〇年代もしくは八〇年代に盛んに研究されるようになった、「新しいレイシズム」の概念を見過ごすことはできない。

「レイシズム」あるいはその訳語である「人種（民族）偏見」「人種（民族）差別」という言葉を聞いたときに思い浮かべる典型的なレイシズムは、「〇〇人は知能が低い」「〇〇人には犯罪者が多い」といったステレオタイプにもとづく偏見や、そうした偏見にもとづいてそれらの人々との交流を避けたり、権利を制限したりするといった差別であるかもしれない。しかしこのような露骨なレイシズムは、少なくとも先進国においては、二十世紀の半ば以降、忌避されるべきものになった。そうした社会的変化をもたらしたのは、一つにはナチスドイツによる凄惨な人種政策の実態が明らかにされ、レイシズムの行きつく先がどのようなものであるか広く知れ渡るようになったことであった。もう一つは、アメリカでの公民権運動が、人種間の平等という理念を訴え、差別的な種々の法律の改正に成功したことであった。

しかし、レイシズムが許されないという社会的規範が成立したときに、レイシズムは解消されたのではなくより隠微な形で表れるようになったと、「新しいレイシズム」の研究者たちは主張する。

代表的なものの一つは、黒人に対する偏見の研究において提唱された、「現代的レイシズム（modern racism）」あるいは「象徴的レイシズム（symbolic racism）」と呼ばれるものである。これらのレイシズムは、以下のようなひとつながりの信念にもとづく偏見である。①差別はすでに存在しない。人種差別を禁止する法律が執行されている以上、それらはすでに過去のものである。②現に白人と黒人の間には経済的地位や社会的地位の面で格差があるが、これは差別によるものではなく、黒人の努力不足が原因である。③したがって黒人の地位の低さは自業自得に過ぎないのだが、にもかかわらず、黒人は自ら招いた低い地位を差別のせいにし、不当な抗議を行なっている。④こうした抗議により黒人は不当な特権を得ている、というものである（McConahay, 1986; Sears, 1988）。このようなレイシズムは、人種の関わる政策に対する態度などをよく予測することが指摘されている。

もう一つの代表的なものは、「回避的レイシズム（aversive racism）」である。回避的レイシズムの持ち主は、レイシズムが許されないものであるということを、単なる外的な規範（社会に強制されたルール）としてだけではなく、内的な規範（単に強制されたものではなく個人として受容しているルール）としても受け入れている。しかしながら、黒人との接触は、本人が意図しない形で、不快感、不安感などをもたらす。そのためこの不快な緊張感を解消しようとして、回避的に振る舞うというのである。ただし、黒人への差別を合理化――理由づけ――できないような場合、自らの内的規範に反する差別的行動は取られない。差別が生じるのは、それを合理化できるような場合である。ある黒人に対してどのように振る舞うべきかが明瞭な状況下では、回避的レイシズムは問題にならない。しかし、ある黒人に対してどのように振る舞うべきかが不明瞭な状況下では、その黒人にとって有利な情報を軽んじたり、不利な情報を重んじたりする形で、差別的行動に合理的な説明が与えられてしまうのである。

たとえば、ドビディオとガートナー（2000）の実験の参加者たちは、黒人もしくは白人の応募者のインタビューの抄録を読み、その応募者を採用するべきかどうかの判断を行った。この抄録からうかがえる応募者には、適性が高いもの、適性が中程度のもの、適性が低いものの三通りが用意されており、実験参加者はランダムに、六種類（人種二通り［黒人・白人］×適性三通り［高・中・低］）の抄録のいずれか一つを読む条件に割り当てられた。

この実験の結果は、応募者の適性が明らかに高いとき、あるいは明らかに低いときには、応募者の人種は実験参加者の判断に影響しなかった――そのような応募者を採用すべきかしないべきかは明確であるため、応募者の人種という情報は判断に用いられなかった――が、適性が中程度で、採用すべきかしないべきかが曖昧な条件下では、参加者は白人応募者に対して、黒人応募者に対するよりも採用すべきという判断をしやすかったというものであった。

これらの「新しいレイシズム」の研究の糸口はアメリカでの黒人に対するレイシズムの研究で見出されたが、その後、同種の知見が他の多くの国・文化において――レイシズムは好ましくないという規範が成立している場所で――、また人種以外のマイノリティに対しても、適用可能であることが示されてきた。

日本においても、在日コリアンについてネット上で流布される「在日特権」の言説は、上述した「現代的レイシズム」の概念が援用可能であることを伺わせる。拙著『レイシズムを解剖する——在日コリアンへの偏見とインターネット』は、この点に軸足を置きつつ、在日コリアンへの偏見を研究したものである（高、二〇一五）。様々な人種・民族的マイノリティは、それぞれ固有の歴史・文化を持つものであり、交換可能な存在ではない。しかし、それらの人々に対するレイシズムには、人間の認知や動機の持つ普遍的傾向などに起因する共通点を多々見出すことができる。レイシズムの研究を行う際には、国外におけるレイシズムの社会心理学的研究を広く参照し、その類似点、そして相違点を明らかにしていく作業が、有益なものとなるだろう。

6. 潜在的ステレオタイプ、潜在的偏見

近年の社会心理学のアプローチでは、「自動的」なステレオタイプや偏見に注目したものもある。「自動的」というのは、認知や行動が、本人の意図や心理的努力がなくても実行されたり、場合によっては実行したという意識を伴わずになされたりするさまを指す。

たとえば、車の運転を例に取ってみよう。教習所で初めて車を運転するとき、一つ一つの動作は、意図的で、心理的努力が必要で、意識的になされる。アクセルを踏んだり、ブレーキに踏みかえたり、ハンドルを緩やかに切るとき、ビギナー運転手は、行動を開始する状況手がかりの探索や手や足の動作を意図的に行う。またこうした過程は心理的努力を必要とするため、余計なお喋りをせず目の前の課題に集中しな

ければ失敗してしまう。このような過程は「統制的過程 controlled process」と呼ばれる。しかし、免許を取得してから路上での経験を積んだベテラン運転手ではどうだろうか？　信号が青になったとき、ブレーキからアクセルへの踏みかえはそうしようとわざわざ意図しなくても行なわれるし、助手席の乗客とお喋りしていてもスムーズになされる。もし走行中に不意に子どもが飛び出してくれば、とっさに――そうしようという明確な意図なしに――ブレーキを踏みこむだろう。このような過程は、「自動的過程 automatic process」と呼ばれる。

人間の認知や行動に自動的過程と統制的過程の二種類があるという考え方は、この数十年の認知心理学の発展に大きく貢献してきた。そして、認知心理学の知見や実験手法を取り入れた社会心理学においても、こうしたアプローチは重要な役割を果たしてきた。

たとえば、閾下プライミング（subliminal priming）により潜在的偏見を検出する方法がある。この技法では、実験参加者はパーソナルコンピューターを用いて実験に参加する。まず、モニター上にごく短時間だけ（十五ミリ秒程度）、白人もしくは黒人の顔写真や人種を表す名詞が呈示される。この短時間の呈示では、実験参加者は画面に何が映されたのかを意識することはできない。次に、画面上に単語が呈示され、実験参加者はできるだけ素早くかつ正確に、その単語がポジティブな意味を持つかネガティブな意味を持つかを、ボタンを押して回答する。このような手続きを用いたときの典型的な結果は、予め黒人のカテゴリ情報が呈示されたときには白人のカテゴリ情報が呈示されたときよりも、ネガティブな単語に対する反応時間が短くなるという結果である。こうした結果は、黒人に関する情報の呈示により、黒人と結びつけられたネガティブな態度（偏見）が活性化されるため、次にネガティブな単語が呈示されたときには反応が促進されることによると解釈されている。つまり、本人が意識できないときでさえ、人種情報が認知や行動に影響を及ぼすのである。

こうした潜在的な偏見やステレオタイプについての研究もまた、少なくとも意識的なレベルではレイシズムに対して批判的な人が、気づかずうちにレイシズムに従ってしまうことがあることを教えてくれるものである。

7. 偏見・ステレオタイプの低減・解消

社会心理学では、レイシズムを弱めるような要因についても盛んに研究がなされてきた。特に代表的なアプローチは、オルポートの接触仮説によるものである。彼は、異なる集団のメンバー間での接触が偏見を弱める可能性を指摘し、その条件として、対等な地位、協力的な関係、共通目標、権威による支持、の四つを挙げた（Allport, 1950/1979）。この仮説にもとづく研究は一九八〇年代以降に盛んになされたが、ペティグリューとトロップによるメタ分析（複数の量的研究を統合して分析する手法で、エビデンスとしての価値が高い）は、集団間接触が概して偏見の低減に効果的であることを示している。このような効果は、人種・民族的マイノリティに対するレイシズムだけではなく、身体障碍者、精神病患者、性的マイノリティなど、多くのマイノリティに対する偏見に共通して見られた（Pettigrew & Tropp, 2006）。

また、偏見の低減には、異なる集団のメンバーとの直接の接触だけではなく、間接的な接触（友達の友達がマイノリティであるような関係）も有効であることが指摘されている

(Wright, Aron, McLaughlin-Volpe, & Ropp, 1997)。

こうした、直接ないし間接的な接触は、在日コリアンへのレイシズムにおいても、偏見を弱める一定の効果があることが示唆されている(高、二〇一五)。特に間接的な接触により偏見の低減が可能であることは、レイシズムの現状を憂うる日本人にとっては勇気づけられる知見である。在日コリアンは人口構成比で言えば日本の〇・五%にも満たず、そうした人々と直接交友関係を築く機会のある日本人は限られている(またレイシズムの解消のためにもっと交友関係を広めよと被差別当事者に要求するのは、それ自体が差別でありうる)。しかし、在日コリアン自身に努力を求めずとも、彼らと交友関係のある日本人がその肯定的な関係を公けに語ることが、レイシズムを低減することに繋がるかもしれないからである。

海外の研究では、現実の人間関係だけではなく接触を想像することの効果についての研究や、接触をより効果的にするための条件の解明についての研究なども、活発に行なわれている。日本でもこうした動向を取り入れた発展的な研究が必要であろう。

8. まとめ

以上のように、社会心理学的研究において必要となる概念の整理と、レイシズムへの六つの代表的なアプローチを概観してきた。本稿では、最前線の研究を紹介するよりも、どちらかというと古典的な、したがってその後の研究の出発点となったような研究に重点をおいて紹介してきた。実際に研究を行なう場合には、これらの研究を踏まえて発展した多くの研究を参照してもらいたい。

引用文献

Adorno, T. W., Frenkel-Brunswik, E., Levinson, D. J., & Sanford, R. N. (1950). *The authoritarian personality.* New York: Harper and Row. （T・W・アドルノ『権威主義的パーソナリティ』田中義久・矢沢修次郎・小林修一訳、青木書店、一九八〇年）

Allport, G. W. (1950/1979). *The nature of prejudice (25th Annivesary Edition).* Cambridge, Massachusetts: Perseus Books.

Altemeyer, B. (1996). *The Authoritarian Specter.* Cambridge: Harvard University Press.

Dovidio, J. F., & Gaertner, S. L. (2000). Aversive Racism and Selection Decisions: 1989 and 1999. *Psychological Science,* 11 (4), 315–319.

Duckitt, J. (2001). A dual-process cognitive-motivational theory of ideology and prejudice. In M. P. Zanna (Ed.), *Advances in experimental social psychology* (Vol. 33, pp. 41–113). San Diego, CA: Academic Press.

McConahay, J. B. (1986). Modern racism, ambivalence, and the modern racism scale. In J. F. Dovidio & S. L. Gaertner (Eds.), *Prejudice, Discrimination, and Racism* (pp. 91–125). Orlando, FL: Academic Press.

Pettigrew, T. F., & Tropp, L. L. R. (2006). A meta-analytic test of intergroup contact theory. *Journal of Personality and Social Psychology,* 90 (5), 751–83. http://doi.org/10.1037/0022-3514.90.5.751

Pratto, F., Sidanius, J., Stallworth, L. M., & Malle, B. F. (1994). Social dominance orientation: A personality variable predicting social and political attitudes. *Journal of Personality and Social Psychology,* 67 (4), 741–763.

Sears, D. O. (1988). Symbolic racism. In P. A. Katz & D. A. Taylor (Eds.), *Eliminating racism: Profiles in controversy* (pp. 53–84). Plenum Press: New York & London.

Sherif, M. (1967). *Group conflict and co-operation.* London: Routledge & Kegan Paul.

Tajfel, H. (1969). Cognitive Aspects of Prejudice. *Journal of Social Issues,* 25 (4), 79–97.

Tajfel, H., & Turner, J. C. (1986). The Social Identity Theory of Intergroup Behavior. In S. Worchel & W. G. Austin (Eds.), *The Psychology of Intergroup Relations. 2nd ed* (pp. 7–24). Chicago: Nelson-Hall.

高史明『レイシズムを解剖する——在日コリアンへの偏見とインターネット』勁草書房、二〇一五年。

Wright, S. C., Aron, A., McLaughlin-Volpe, T., & Ropp, S. A. (1997). The extended contact effect: Knowledge of cross-group friendships and prejudice. *Journal of Personality and Social Psychology,* 73 (1), 73–90.

第五章 差別とは何か

堀田義太郎

1. はじめに

ヘイトスピーチは「差別の扇動」である。(1) だが、では「差別」とはそもそも何だろうか。「差別」という言葉については、誰もがある程度のイメージは持っていると思われる。そこでこの章では、「差別とは何か」という問いについて考えたい。

本論の前にごく簡単に、「差別」などの社会的実践や価値判断に関わる概念について、その意味を明らかにするとは何をすることなのかを確認しておきたい。それを通して、以下の議論が分かりやすくなると思われるからである。

私たちは、差別という言葉について、幸福や責任などの言葉と同じく、すでにその意味をある程度は知っている。しかしながら、何が差別に当たるのかについてはさまざまな見解の対立があるのも事実である。また「差別」は、類似する言葉や関連する言葉も含めると、かなり幅のある言葉である。「差別」は、たとえば「その言動は差別だ」というように、行為の種類をあらわす言葉である。ただ、差別であるか否かがハッキリと白黒では分けられない場合も多い。ある発言について、「それは差別的だ」または「差別につながる」といった言い方がある。しかし、ではそれは、その発言について「差別だ」と言っているのと同じ意味なのだろうか。この場合、「的」とか「つながる」とはどういう意味なのか。[2]

また、「差別」という言葉はかなり広い範囲で使われることもある。ヘイトスピーチへの批判に対して「日本人差別だ」とか、女性を優先するという採用方針等に対して「男性差別だ」といった言い方がされることがある。これらの言い方に対しては(とくに前者については)「無視しておけばよい」というスタンスもあるかもしれない。だが、なぜ「日本人差別」とか「男性差別」といった言い方がおかしいのかを、納得のいくように理解し、説明したいと思う人も多いのではないだろうか。

「差別」のようにさまざまな見解のある、あるいは曖昧な部分や幅のある言葉の意味を明らかにするとはどういうことなのだろうか。言葉は人間が使うものなので、その意味は人々の使い方や解釈のなかに見出すことができる。言葉や概念の意味を解明するとはどういうことか。それはたとえば、「幸福」とは何かという問いに取り組む際のアリストテレスの議論が分かりやすく示している。[3]

アリストテレスは『ニコマコス倫理学』の冒頭で、「幸福」や「美」、「正しさ」などについて次のように述べている。すなわち、幸福や美とは何か、という問いについては人々の間に見解の相違やゆらぎがある。とはいえ、各人がめいめい自分勝手に意味を与えて使えばよい、ということにもならない。では、こうした「相違やゆらぎ」のある言葉の意味を解明するとはどういうことか。

このような主題についてこうしたゆらぎのある題材をもとに語る場合には、真理を大雑把に、そしてその輪郭だけを明らかにすることで満足すべきである。また、たいてい成り立つ事柄の領域について、そのようなたいてい成り立つ原則や事実をもとに語る場合には、まさにそれと同じ種類のたいてい成り立つ事態を結論として導くことで満足すべきなのである。

（アリストテレス『ニコマコス倫理学（上）』光文社、渡辺邦夫・立花幸司訳、二〇一五年、三〇―三二）

以下の考察もこのような考え方を共有しているし、「差別」概念に関する議論のほとんどが、明示しないとしてもこうした方針を採っている。「差別」は、日常的に使われている言葉であり、幅やゆらぎがある言葉である。こうした言葉の意味を明らかにするとは、その言葉が「たいてい成り立つ原則や事実」に基づいて、その言葉の「輪郭」を明らかにすることになる。

もちろん、「たいてい成り立つ原則や事実」とは何かについても、すべての人が一致することはないかもしれない。ただ、ほとんどの人々がこれまで「差別」と呼んできた事例を基礎にして、その意味を確かめていくことができる。別の言い方をすれば、典型的な差別の事例（範例）に基づいて、それらに共通している特徴を、「差別」という言葉が当てはまる条件（その中核にある意味）として取り出すということである。同時に、他方で、一見似てはいるが明らかに差別ではないような例（反例）、または典型的な差別とは異なると思われる例（境界線上にあるような例）によって、先に取り出された特徴をテストすることで、概念の「輪郭」つまり差別という言葉の適用範囲を決める基準を確かめていくことになる。

要するに、私たちがすでに知っていることを基礎にして、その理解の内容を吟味していくのだが、それは、私たちの理解や実践の解釈なので、その結論は絶対的なものではないし、それが妥当かどうかの吟味は原理的には万人に開かれている。ただ、普通、わざわざ言葉の意味を解明しようとする人はいない。考察と吟味を行なっている人の議論を参照する理由はそこにある。では、その考察の妥当性はどのような観点から評価すべきか。それは、類似する言葉や関連する事象も含めて深く広く考察しているか、また典型的な例と反例を切り分ける基準をどれだけ明確かつシンプルに提示できているか、つまり単純さや包括性、整合性と一貫性といった観点からである。以下で行なうのも、近年の差別論で提示されている認識や考察に基づいて、「差別」という言葉を使った私たちの実践を解釈することであり、それを通して「差別」という言葉の輪郭を明らかにする試みである。

2. 差別と区別

差別という言葉には、日本語でも英語でも、何かを区別したり分類したりする行為という意味がある。

区別や分類という意味をまったく含まずに「差別」という言葉が使われる事例を挙げることは難しい。たしかに、区別される二つの項目（AとB）が明示されないこともあるが、その場合でも言外に示されていると言える。また、差別という言葉が「格差」や「不平等」と同じような意味で使われることもないわけではない。たとえば、男女の平均賃金の格差や管理職従業者比率などの地位における格差を、差別と呼ぶこともあるかもしれない。ただ、格差は（不）平等と同じく、何かと何かを比較して観察された状態を記述するための概念である。たしかに格差や不平等は差別という行為の結果であり得るし、差別を発見するための手掛かりにはなり得る。しかしそれ自体を差別と呼ぶことは不正確である。また、格差や不平等のすべてが差別の結果ではない。たとえば、男性の方が自殺率が高いということだけでは、男性差別があると主張することはできない。

次に、差別は第一義的には、慣習も含めて行為を種別化する言葉である。行為を種別化する言葉とは、他にはたとえば、挨拶や約束、命令や依頼、賞賛や非難、侮蔑や脅迫などがある。したがって、ある行為（言動）を挨拶や約束や侮蔑にするのは何かという問いと、ある行為を差別にするのは何かという問いは、問いとしては同型である。

以上から、差別は区別という行為の一種である。そのうえで、差別という言葉はさまざまな文脈で使われる。差別は多くの場合、人に対して使われるが、人以外のものについても「差別」という言葉が使われることもある。たとえば、「この機能で自社商品を（他社と）差別化する」という言い方もある。この場合、「差別」という言葉は、「差異化」という言葉と同じような意味で使われており、何か悪いことだという評価は含まれていない。他方で、こうした使い方とは別に、人種差別や民族差別、性差別といった言葉には、悪いことであるという意味が含まれている。

差別という言葉自体には中立的な用法もあるが、この章の主題はもちろん「悪い」または「不当だ」という評価——道徳的な評価——を含んだ言葉としての「差別」の意味である。ではあらためて、人種差別や性差別などが問題になる場合の「差別」とは何だろうか。そしてその何が「悪い」のだろうか。人々を区別することと差別することは、どこがどう違うのだろうか。

私たちは日々、人々を区別し、また区別されている。たとえば、道端で出会ったときに、友人と他人を区別して、友人には挨拶をする。学校では、試験の得点によって異なる評価が与えられるし、入学試験では合格者と不合格者が区別される。また、年齢によっても私たちは区別し、区別されている。選挙権をもつ人や運転免許を取得できる人は年齢で区別されている。トイレも男女で区別されている。

このように、人々を区別する行為や制度はありふれている。私たちは、何らかの区別に基づいて人々に権利や義務を割り振ったり、利益（や不利益）を与えたり、扱いを変えたりしている。では、そのなかの何が差別になるのだろうか。人々を区別するという行為や慣習のなかの何かが差別になるとして、「区別」と「差別」を区別する基準とは何か。

3. 不利益と特徴

一方の人々に不利益や害を与える区別のすべてが差別ではない。試験の結果や、選挙権、運転免許資格など、多くの区別はその結果としてある人々に不利益を与えるが、それをすべて差別だとは言わない。では、重大な利益を損なう行為や、多大な害を与える行為が問題になるのだろうか。それも違う。多大な害を与える行為の典型として、たとえば傷害や殺人があるが、傷害や殺人はすべて差別であるなどとは誰も言わない。傷害や殺人も、被害者を何らかの基準たとえば嫌悪や憎しみなどによって選別しているといえる。つまり重大な不利益や害を与えるから差別だとは言えない。

では、不利益や害を与えるような区別の「基準」に何か問題があるのだろうか。この点について、次のような考え方には一定の説得力がある。たとえば、テストの点数は本人の「努力の結果」だが、人種や性別は本人が選択も変更もできない（またはそれが困難な）特徴であり、そうした特徴に基づいて人々を区別し、一方に利益（他方に不利益）を与えることは悪い、すなわち差別である、と。たしかに、差別の典型例である人種差別や性差別は、当人が選択できない身体的な特徴に基づいている。そして、容易に選択できない特徴に基づく不利な扱いが問題になることにも、それなりの理由がある。私たちの社会には、当人に選択できないもの、典型的には「生まれ」に由来する特徴（人種、民族、性別、容姿、出身地、障害の有無等）はその人を評価する際の基準にしてはならない、という原則があるからである。

もちろん、どこまでが本人の選択の結果だと言えるのかについて議論はある。たとえば、本人の「努力の結果」と言えるものとはそもそも何か、という問題はある。だが、区別の基準に問題があるという考え方は大きく間違っているわけではないだろう。ここまでの議論から、差別の定義として、ひとまず次のようにまとめることができるだろう。

（1）差別とは、本人が選択できない、または選択が困難な特徴に基づいて人々を区別し、その人々の一部に対して不利益を与える行為である。

この定義は出発点にはなるが、さらに考えるべき点がたくさんある。この理解は二つの要素によって差別を定義している。第一に、本人が選択できない（または困難な）特徴に基づいて人々を区別し、第二に、その一方に不利益を与えることである。さらに考えるべき点は、これらの二つの要素は、ある区別を差別にするのに十分なのか、または必要なのか、である。十分でも必要でもないと言えるような事例が存在するからである。

4. 考察

1 選択できない特徴に基づいて不利益を与える区別であれば差別である、か

まず、本人が選択できない特徴に基づく区別によって、実際に多大な害を被った、またはそう感じた人がいるということは、その区別を差別だと言うための十分条件だろうか。

結論から言えば、この二つの条件が揃っていたとしても、それだけではその行為を差別だとは言えない。本人が選択できない特徴に基づく区別によってその人が不利益を受けたとしても、必ずしも差別だとは言えないと思われる事例が存在するからである。三つの例を考えてみよう。

第一に、ある会社が経営者の親族を優遇して雇用する、または昇進させるとする。いわゆる縁故採用である。この縁故採用やエコひいきは、それ以外の人々に入社や昇進の機会を与えないという不利益を与えている。そして、出自は誰も選択できない。もちろん、これもまた差別（非親族差別？）だと言えるかもしれない。だが、これを次の例と比較してみよう。ある会社が、求職者から男性だけを採用し、女性をす

べて落とすとする。これは（よほど特段の理由がない限り）女性差別だと言えるだろう。親族の依怙贔屓と女性差別には違いがあると考えるならば、単に、選択できない特徴に基づく区別によって不利益を被った、というだけでは粗すぎるということになる。もし、親族を優遇する会社の依怙贔屓もすべて差別だと考えるならばそう主張すべきだが、そうしている人はいない。なお、縁故採用やエコひいきが差別ではないとして、しかしだからといって、それらが不当ではないということにはならない。差別以外にも不当な行為はあるからである。

第二に、たとえば、閏年生まれの人に不動産屋が家を貸さないという場合と、外国人に家を貸さないという場合があるとする。これらはいずれも、当人が自由に選択できない特徴に基づいている。そしておそらくいずれも悪いと思われる。しかし私たちは、後者の方が「より悪い」と考えるのではないか。そうだとすると、適切な差別の理論はこのような非対称性を説明する必要がある。また、ある教室で教員が、名字が「あ行〜な行」で始まる学生に対して、教室の後ろの席に座るように命ずるとする（Hellman 2008）。これは、選択困難な特徴に基づく区別であり、後方の席は黒板や画面が見えにくいなどの不利益を与えているとする。もちろん、これも合理的理由がない限り適切な指示だとは言えない。ただ、これを、教員が女性や有色人種を教室の後ろに座るように命ずる場合と比較してみよう。後者は、より明確に性差別、人種差別と呼べるだろう。もし、選択できない特徴に基づく区別によって不利益を与える行為がすべて差別だとするならば、これらはすべて差別だということになる。しかし、それでは広すぎるだろう。

第三に、アファーマティブ・アクションの例がある。アファーマティブ・アクションとは、とくに人種や性差によって大きな格差がある場合、その格差を是正するために、一方に対して積極的に機会などを提供する政策や方針のことである[4]。たとえば、大学入学者の人種別の比率が、人口比に比して明らかに白人過多であるという格差を是正するために、試験その他、人種以外の合否判定基準だけではなく人種を考慮して、アフリカ系アメリカ人の入学者数を増やすという方針を採ることなどである。この場合、実際の得点では入学資格が得られなかったアフリカ系アメリカ人が入学することになり得るし、入学者数に上限がある場合、そのために合格ラインを満たしていた白人が落選することにもなり得る。もちろん、アファーマティブ・アクションについては、それが「逆差別」であり不当だという主張もないわけではない。しかし、いくつかの条件付きとはいえ、格差を是正するための次善の策として正当化できるという議論のほうが主流である。少なくとも、黒人に対する人種差別について正当だという議論は存在しないが、アファーマティブ・アクションについては正当だという議論にも一定の説得力があるという非対称性がある。容易に選択できない特徴に基づく不利益処遇をすべて差別だとするなら、アファーマティブ・アクションも他の人種差別などと同じだということになるだろう。もし、そう考えないならば、またはこの両者の非対称性を識別する必要があると考えるならば、さらに吟味が必要だということになる。

以上の三つの例は、本人に選択できない特徴に基づく不利益であったとしても、それがどのような特徴であるかによって私たちは判断を変えている、ということを示唆している。

もし、選択できない特徴に基づく害や不利益で十分であるならば、以上のさまざまな例はすべて等しく差別だということになるだろう。だが、それは果たして差別という言葉についての私たちの理解の適切な解釈だと言えるだろうか。すべて同じだという解釈も不可能ではないが、それでは大雑把すぎる。少なくとも、それぞれについて区別ができるような解釈の方が、より繊細に輪郭を描いていることになるだろう。

以上から言えるのは、先の定義にある二つの基準――選択できない特徴に基づいて害や不利益を与えること――は、ある区別を「差別」にするための十分条件ではないだろうということである。この二つの基準を十分条件だとすると、縁故採用などの依怙贔屓に基づく処遇、奇妙な趣味に基づく選別、アファーマティブ・アクションも、典型的な人種差別や性差別と同じだと解釈されることになるが、それでは「広すぎる」のである。

ただ、ここまでの考察が正しいとしても、差別にとってこの二つの基準が少なくとも「必要」だ、という議論は成り立ち得る。じっさい、差別の典型例である人種差別や性差別にはこの二つの基準が当てはまる。では、本当にそう言えるだろうか。

2　選択できない特徴に基づいて不利益を与える区別でなければ差別ではない、か

選択できない特徴に基づいて不利益を与える区別がすべて差別である、とは言えないとしても、この二つの基準は少なくとも、ある区別を差別にするのに必要条件である、と考えることはできるかもしれない。

では、本当にそう言えるのだろうか。たしかに、一見、不利益を与えない差別は考えにくいし、選択できない特徴に基づかない差別というのも考えにくい。だが、よく考えてみるとこれらの基準では説明できないと思われる事例がある。

まず、「不利益」が必要かどうかを考えよう。本人が実際に不利益を感じたりそれ

を経験していることは、ある行為を差別だとするために必要かどうか。結論から言えば、差別の対象になる当人が不利益を実際に経験しなければ差別にはならない、とは言えない。

たとえば、発言の内容を理解できない状態にある人に対する発言、重度の心身障害をもつ人々に対する「あんなのは人間じゃない」という発言があるとする。これは仮にその人が発言を理解していなかったとしても、その人に対する差別だと言えるだろう。[5] または、健聴者しかいない教室で、教師が注意しても私語をやめない学生に対して、「お前はつんぼか」という発言をすることはどうか（佐藤二〇〇五）。仮にその場には聴覚障害をもつ学生はおらず、またこの発言が聴覚障害者の人々に知られることがなかったとしても、この発言はそれ自体として差別である、または少なくとも差別的であると言えるだろう。[6] もし、このように、差別の対象者が不利益や害を経験しない（その行為を認識さえしていない）としても差別だと言える行為があるとすれば、不利益の経験は差別にとって必要条件ではないと言える。

次に、当人が不利益を経験している必要はないとして、しかし、ある区別が「本人が容易に選択できない特徴」に基づいているという基準はどうだろうか。この基準はやはり必要ではないか、と思う人も多いかもしれない。

本人が選択できる特徴に基づく差別など存在しない、と思えるかもしれない。しかしじつは、典型的な差別にもそれは含まれている。宗教的マイノリティに対する差別である。[7] 宗教は、出自や身体的な特徴とは違って思想信条に関わるものであり、当人が選択できないわけではない。じっさい、改宗は可能であるし、新たに宗教に帰依することもできる。しかし、宗教に基づく不利益扱いは（そのすべてではないとしても）差別だと言えるし実際に言われている。

とはいえ、原理的には宗教を選択できるとしても、実際には選択することはきわめて難しいのではないか、と思われるかもしれない。たしかに、宗教は、服装や髪形の選択と同じような意味では選択の対象だとは言えない。だが、選択できない、とは言えないだろう。この点について、よく知られているように、フランスにおいて、公教育でイスラム教徒の女性がスカーフを着けることを禁止した事件がある。この事件では、高校にスカーフを纏って登校していた姉妹は自らの意思でイスラム教に改宗し、その服装も自分自身で積極的に選択していた。しかしその結果、フランスのイスラム教徒差別政策によって放校処分になった。(8) もし、容易に選択できない特徴に基づく区別でなければ差別ではないとすれば、自らの意思で改宗し、服装を選択した人に対する不利益扱いは差別ではないということになる。だが、この種の政策は宗教的マイノリティに対する差別だと言えるだろう。

以上は、選択できない特徴に基づいて不利益を与える区別でなければ差別ではないとは言えない、ということを示している。では、このどちらか一方は少なくとも必要だと言えるだろうか。つまり、選択できない特徴に基づいているか、または不利益を与えるかのどちらかは、ある区別を差別だとするために必要だろうか。すでに明らかだと思われるが、宗教に基づく象徴的差別を、単に理論的にではなく現実的にも十分に想定できる以上、このどちらも必要ではないだろう。

以上の本節での考察は、要するに、「選択できない特徴に基づいて不利益を与える区別」という先の定義は一方で広すぎ、他方で狭すぎる、ということを示している。広すぎるというのは、一般に差別だと思えないような、あるいは少なくとも議論の余地が多い例をも差別だとしてしまうからであり、他方、狭すぎるというのは、不利益や害がないケースや、当人が選択した結果に対する差別を除外してしまうからである。ただ、そのことは、この定義が役に立たないということではない。以上の考察は、最初の定義は部分的に改変する必要があるということを示している。

5. 諸行為シリーズとしての差別とマイノリティ

本人が選択できない特徴に基づく区別によって不利益や害を与えることという解釈が少なくとも正確ではないと言えるとして、では、どこをどのように変える必要があるのだろうか。

実はそれは、すでに以上の議論のなかで示唆されている。典型的な差別の対象とされる特徴（女性であること、アメリカで有色人種であること、日本で在日朝鮮人であること等）にはあるが、他方（縁故採用やアファーマティブ・アクションで不利益を受ける人々の特徴）にはない、一種の性質があるからである。その性質とは、その社会の中で、その特徴を持つ人々が、他の多くの場面でも当の特徴に基づいて劣位化されたり不利益扱いされたりする（されてきた）かどうか、である。日本では、「日本人であること」を理由に不利益を受ける場面はないが、在日朝鮮人はその民族性を理由に多くの場面で不利益を受けてきた。男性と女性についても同じことが言える。もちろん個々人を見れば不利益の大きさ等は異なるだろう。貧困な白人男性もいれば、裕福なアフリカ系アメリカ人女性もいる。また、個々の場面では男性が不利益を受ける場合もあるだろう。だが、集団として見た場合には、両者は明らかに異なる（賃金格差や地位の格差等の統計はその証拠として有用である）。

この点は従来の差別論でも認識されている。西原和久は、「差別の問題は、単に社会構造上の問題でもなければ、単に偏見や思念の問題でもない。それは、歴史性を伴うある種の日常的な相互行為と、それに基づく関係性を前提にする」（西原一九九六、四五）と述べている。差別が歴史性を伴う日常的な相互行為と関係性を前提にする、ということは多くの議論が指摘してきたことである。重要なことは、そうした側面を先の定義に組み込むことである。

差別に関する近年の哲学的な分析論でも、差別の不当性の根拠については議論が分かれているが、以上の論点についてはある程度共有されている。たとえば、デボラ・ヘルマンは、「歴史的に酷い処遇の理由になっているか、現在の不利益の理由になっている特徴」（Hellman 2008）に限定している。また、カスパー・リパート＝ラスムッセンは、「社会的に顕著な集団（social salient groups）」（Lippert-Rasmussen 2014）を示す特徴、という仕方で限定している。

ヘルマンの議論はそのままで理解できると思われるが、「社会的に顕著な集団」は分かりにくい。「社会的に顕著な集団」というのは、ある特徴が、それを共有する集団の成員に対して広範な社会的文脈を横断して不利益処遇の理由になっているとき、その特徴の共有によって指示される集団を指す。いずれにしても要点は、同様の諸行為が「セット」または「シリーズ」として存在していることにある。

ヘルマンとリパート＝ラスムッセンは差別の不当性の根拠については対立する議論を展開する論者だが、差別の対象者の特徴に関する認識は、ほぼ共通していると言える。この点に関する両者の議論のポイントをまとめるならば、次のように言えるだろう。

（2）差別とは、社会的にさまざまな文脈で不利益または劣等処遇の理由にされている、または歴史的にその理由にされてきた特徴や属性に基づいて、対象となる人々を他の人々と区別し、その人々を不利に扱う行為である。

これは必ずしも厳密な定義ではないが[9]、複数の同じ特徴に基づく諸行為が存在していることが重要だ、という点については把握できる。ここで、「不利益を与える」ではなく「不利に扱う」としているのには理由がある。「不利に扱う」ことは「不利益を与える」こととは異なるからである。両者の違いは、「不利益を与える」ことは、実際に不利益が与えられるという結果を含意しているが、「不利に扱う」ことは、実際にその行為の結果として相手に不利益が与えられなくても、「扱い」さえあれば成立するという点である。

しかし、以上の暫定的な定義には、さらにもうひとつ加えるべき点がある。先に、当人が認識できない差別発言や、当の差別発言の対象者が不在のところで、その人々を貶めるような発言の例を挙げた。この例もまた、差別という言葉を理解するうえで重要である。たとえば、先に挙げた「お前はつんぼか」という発言である。この発言は、相手が聴覚障害者ではないことを前提としつつ、「つんぼ」という聴覚障害者に対する蔑称を用いて相手を聴覚障害者とあえて同一視することによって、「自分は『つんぼ』なんかじゃない」と思わせることを介して、話を聞かせようとする発言である。この発言が「注意」または「叱責」として発せられ、またそのように機能するとすれば、その前提には、聴覚障害者を「私たち＝健聴者」と区別しつつ見下すという契機が不可欠である（晴眼者に対する「めくら」という発言についても同じ）。

この点について、佐藤（二〇〇五）は、ほぼ同様の分析に基づいて「見下し」と「排除」によって差別を定義している。この「見下し」という側面の指摘は、適切かつ重要だろう。差別にはつねに「見下し」や「貶め」または「劣位化」が伴うと言えるかどうかについては吟味が必要だが、少なくともこの点を加える必要があるだろう。

（3）差別とは、社会的にさまざまな文脈で不利益または劣等処遇の理由にされている、または歴史的にその理由にされてきた特徴や属性に基づいて、対象となる人々を他の人々と区別し、その人々を不利に扱う行為、または見下し劣位化する行為である。

これも厳密な定義ではないが、重要な点は、ある特徴に基づく不利な扱いや劣位化は、その特徴を理由とした同様の諸行為が歴史的または社会的に存在するという文脈によって、とくに差別として評価されるということである。単に不利に扱うことや単なる侮蔑や貶めや見下しは、それだけでは差別にはならない。

ある行為が特に不当な差別であるか否かは、個々の行為の不利益や害が大きいかどうかだけでは決まらないし、見下したり貶めているかどうかだけでも決まらない。そうではなく、歴史的・社会的また文化的な文脈を背景として、類似した諸行為の「セット」ないし「シリーズ」に分類されるか否かによって決まる。これを「諸行為のシリーズとしての差別」と略して呼ぶことができるとすれば、その対象になる人々は、当該社会において社会的少数者という意味でのマイノリティとほぼ一致する。これは、差別の典型例がほとんどの場合、「人種差別」や「性差別」「外国人差別」というように、「〇〇差別」という形式になっていることも説明する。

個々の行為は、社会的な文脈を前提として、理由の共通性を媒介にして過去または現在の関連する諸行為とともに「〇〇差別」というカテゴリーに分類される。逆に言えば、「〇〇差別」というカテゴリーが存在しない場合には、ある人々を選択できない特徴に基づいて不利益扱いするとしても、それをマイノリティへの差別と同等のものとして評価することは難しいということになる。

この「社会的な文脈」という言葉は曖昧に思われるかもしれない。だが、ある発言や行為の意味が、社会に共有されている文脈によって決まるということは、ありふれた事実である。体型に関する「サイジズム（sizism）」を考えてみよう。たとえば、「チビ」と「デカい」では相手に与える意味は変わるだろう。その意味は、相手の性別でも変わりうる。たとえば、男性に対する「お前は本当にチビだな」という発言と、「お前は本当にデカいな」という発言を考えてみよう。これらはいずれも、容易には変更できない特徴であり、また一定の集団性を示していると言える。だが、前者には何らかの侮蔑や侮辱、軽蔑等の意味が伴うだろう。それに対して、後者に同等の意味が伴うとは考え難いだろう。容姿や体型は選択が難しい特徴だが、そうした特徴に言及すること自体に問題があるというよりも（問題がないわけではない）、どのような体型が望ましいとされているかに関して、私たちの社会で支配的なものとなっている見解によって、これらの表現が帯びる意味は変わるからである。そして、こうした「望ましさ」そのものがジェンダーに対応しているということが、さらに難しくしている。

ある行為は、歴史的社会的な文脈を背景として「〇〇差別」とカテゴライズされるときに、「〇〇差別」という意味を付与される。そしてその対象となってきた人々は、当該社会でマイノリティ集団と呼ばれる人々である。これは実際の害からも、行為者の意図や動機からも独立している。ここから、「名字の頭文字」や「閏年生まれ」であること、「緑色の目」「白人男性」など、黒人差別や女性差別との違いも理解できる。「閏年生まれ」や「名字の頭文字」も、あるいは「社長の親族ではないこと」等も、選択できないもしくは選択が困難な特徴である。だが、これらの特徴に基づく不利益または劣等処遇は、歴史的にまたは現在、さまざまな文脈に存在するわけではない。たとえば、閏年生まれの人は数としては少数者（マイノリティ）だが、社会的にさまざまな文脈で不利益扱いや見下しを受けている集団ではない。したがって、これらに基づく不利益または劣等処遇も「悪い区別」ではあるだろうが、たとえば「女性」であることや「有色人種」であることに基づく不利益・劣等処遇と比べると、その悪質さの程度はより低い。他方、もし仮に、多くの場面でたとえば「閏年生まれ」に基づく不利益扱いが存在するようになれば、閏年生まれは社会的なマイノリティとなり、新しい差別のカテゴリーが作られることがあり得る、ということでもある。

また、以上は、差別だと明確に言えない行為について、「差別的」または「差別につながる」といった表現がなされることを理解するための手がかりも与える。たとえば、女性を「褒める」ような表現、「女性らしく整頓されている」「細やかな気配りができる」などの表現について、「女性差別的」である、または「性差別につながる」という指摘がある。こうした指摘に対してしばしば「細かいことを気にし過ぎではないか」とか「差別だとはっきり言えないならば問題はないのではないか」などと反論されることがある。個々の行為がもたらす不利益や害という観点からは、これらの発言のごこに問題があるのかを指摘することは困難だろう。また、発言者の意図や動機からもおそらくは困難である（少なくとも主観的には「褒める」ことを意図しているから）。しかし、他の諸行為との意味的な連関性を重視する観点からは、これらが、歴史的に広範な場面で女性を不利益扱いし劣位化する根拠とされてきた性別役割分業の慣習や発想を前提にして、そこでの「女性役割」を称揚し、間接的に是認しているところに問題があると言える。

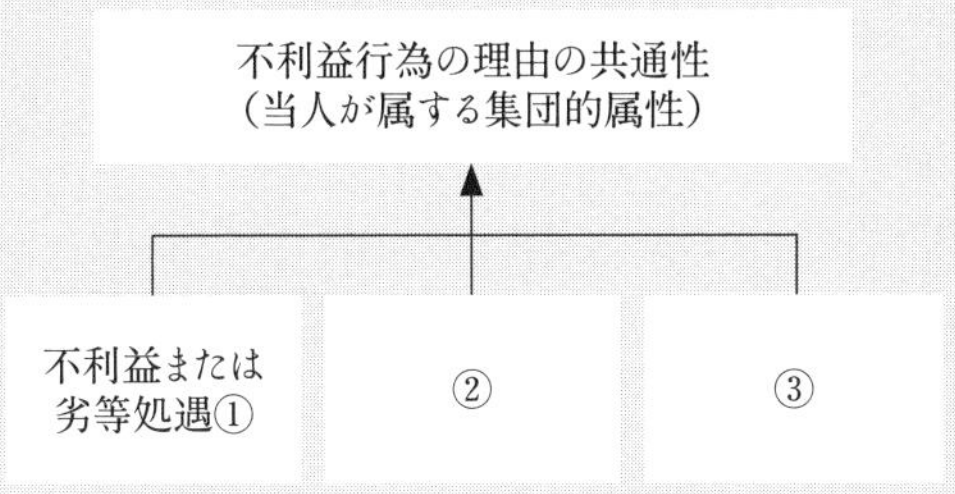

図1　個々の行為とは、「理由の共通性」によってグループ化される諸行為集合の一要素として、「〇〇差別」というカテゴリーに分類される。

もちろん、どれくらいの行為の数があれば特に不当な差別だと言えるようになるのか、という点は曖昧にならざるを得ない。また、同じ特徴を理由した不利益扱いや劣位化行為が単に複数存在していればよいのか、あるいはそれらが相互に意味的に連関している、ないしは間接的な因果関係があることなどが必要なのか、という問いは残る。さらに、仮に後者だとして具体的にどのように連関しているのかを明らかにするという課題はある。

6. おわりに――ヘイトスピーチと差別

最後にヘイトスピーチについて簡単に触れておこう。冒頭でも述べた通り、ヘイト・スピーチの中核には、差別の扇動という意味がある。

差別の扇動とは何か。まず一般的に「扇動」とは、その対象となる行為の単なる是認を超えて、それを積極的に推奨し、または鼓舞したり指示したり、促進しようとする行為である。差別の扇動も同じく、ある人々を差別することは「悪くない」とするだけでなく、むしろ「してよい」さらには「すべきだ」として推奨し、促進しようとする行為である。

以上から、差別扇動とは、具体的には次のような意味をもつと言えるだろう。すなわち、「〇〇人が、かつて入店拒否や雇用差別、居住差別等を含めてさまざまな不利益・劣等処遇、侮辱や貶め、さらにはリンチその他を受けたことは当然だったし、今後、〇〇人には同じ扱いをして当然だ」、と。その集団に属す個人は、その集団が過去に歴史的に受けてきた差別について、すべてそれを受けて当然の存在だと主張していることになる。

つまり、差別扇動としてのヘイトスピーチとは、当のマイノリティに対して、過去になされてきた、また現在行なわれつつある、そして将来行なわれる可能性のある、その人の特徴に基づく不利益扱いや劣位化処遇を総体として肯定し推奨し、正当化する行為である。そして、ある表現や言論が「差別の扇動」になるかどうかは、発話者や表現者当人の意図や動機とは独立して（また原理的には標的とされる人の具体的な不利益や害の大きさからも独立して）、社会的な文脈を前提として、その内容と公示の仕方によって判断される。

注

(1) 師岡(二〇一三、四八)。ヘイトスピーチと差別、差別扇動の関係については、堀田(二〇一六(a)(b))を参照されたい。

(2) 私は、「差別」という言葉の意味を理解するうえで、このような「差別的」とか「差別につながる」といった一見曖昧な言い方で表現されている内容が、むしろ重要であると考えている。

(3) 「差別」は、約束や命令、非難や賞賛、挨拶や侮辱などと同じく、行為の種類を指し示す言葉であるのに対して、「幸福」は(主に)人間のある種の状態を指す言葉であり、「美」も(主に)対象の性質を指す言葉であるという点で違いはある。ただ、この違いは以下の論点にとってはとくに重要性をもたない。

(4) アファーマティブ・アクションとポジティブ・アクションの異同も含めて議論はあるが、本章の文脈ではとくに必要ではない。ポジティブ・アクションをめぐる議論については、たとえば田村・金井編(二〇〇七)を参照。

(5) ジェレミー・ウォルドロンは、「取り扱いを受ける人の、自分がどのように取り扱われているかについての意識が必然的に制限されているような、通常とは異なる事例」として「きわめて高齢の人々」に対する発言を例示している(Waldron 2012=2015: 129)。

(6) 佐藤(二〇〇五)による。佐藤はこの事例を「象徴的差別」と呼んでいる。この例は重要であり、後述するように佐藤の分析も概ね妥当である。ただ、佐藤の差別論自体については、私は妥当だとは考えていない。佐藤の議論も含む日本の差別論の検討については堀田(二〇一四(a))を参照されたい。

(7) もちろん、これらは往々にして人種差別や民族差別と重なっており、宗教のみを理由にした差別はむしろ少ないかもしれない。ただ、宗教を主たる理由とした差別は実際に存在する。

(8) スコット(二〇一二)。事件の経緯に関しては第一章を参照。

(9) たとえばこの定義には、「その処遇を正当化する合理的な理由がないにもかかわらず」といった条件も必要かもしれない。

[付記]
本研究はＪＳＰＳ科研費16K02138による研究成果の一部である。

参考文献

前田朗編『なぜ、いまヘイト・スピーチなのか——差別、暴力、脅迫、迫害』二〇一三、三一書房
師岡康子『ヘイト・スピーチとは何か』二〇一三、岩波新書
西原和久「差別の複合性への視座——差別と排除の現象学的社会学のために」『差別の社会理論』栗原彬編、一九九六、弘文堂
堀田義太郎二〇一四（a）「差別論のためのノート」『生存学研究センター報告』二一号
——二〇一四（b）「差別の規範理論——差別の悪の根拠に関する検討」『社会と倫理』二九号
——二〇一六（a）「差別煽動としてのヘイト・スピーチの悪質さ」『生存学』vol. 9 生活書院
——二〇一六（b）「ヘイトスピーチ・差別・マイノリティ」『女性・戦争・人権』vol. 14
——二〇一六（c）「何が差別を悪くするのか——不利益説の批判的検討」『倫理学年報』第六五集
佐藤裕『差別論——偏見理論批判』二〇〇五、明石書店年
スコット、ジョーン・W『ヴェールの政治学』李孝徳訳、二〇一二、みすず書房
田村哲樹・金井篤子編『ポジティブ・アクションの可能性——男女共同参画社会の制度デザインのために』二〇〇七、ナカニシヤ出版
Hellman, Deborah, 2008 *When Is Discrimination Wrong?* Harvard University Press（池田喬・堀田義太郎訳『差別はいつ悪質になるのか』二〇一八年、法政大学出版局）
Lippert-Rasmussen, Kasper, 2014 *Born Free and Equal? A philosophical inquiry into the nature of discrimination*, Oxford University Press.
Waldron, J. 2012, *The Harm in Hate Speech*, Harvard University Press.（＝谷澤正嗣・川岸令和訳『ヘイト・スピーチという危害』二〇一五、みすず書房）

第六章 資本主義・国民国家・レイシズム
反レイシズム法の意義と限界

隅田聡一郎

1. はじめに

二〇一六年五月、欧州の極右がヘイトスピーチ規制のない国として羨《うらや》む日本においても、ようやく「ヘイトスピーチ解消法」が成立した。[1] もちろん、この法律は、二〇一三年以降に度重なる抗議活動を行なってきた、反ヘイトスピーチ・反レイシズム運動の成果であったと言える。とはいえ、市民団体や反レイシズムNGOは、この法律をヘイトスピーチ規制として評価する一方で、その問題点についても警鐘を鳴らしている。なぜなら、この法律は、規制されるヘイトスピーチの対象を「本邦外出身者」のみに限定し、さらに「適法に居住する者」という文言を含んでいるからだ。それゆえ、この法律は、人種差別撤廃条約（以下、ICERD）に違反するレイシズム規定を含んでおり、包括的な人種差別禁止法からはほど遠い内容であると言わざるをえない。今後、日本の反レイシズム実践は、「ヘイトスピーチ解消法」を発展的に解消し、ICERDが求める反レイシズム法を制度化する必要があると思われる。本稿では、レイシズムと国家の関係について、マルクスの資本主義分析の観点から先行研究を整理しつつ、国民国家における制度的改良としての反レイシズム法が、どのような実践的意義をもつかについて考察したい。

2. 資本主義国家とレイシズム

最初に、マルクス派の資本主義国家論を概観しておこう。伝統的マルクス主義において、国家は、資本家階級の「道具」として、あるいは経済的土台から「相対的に自律した」上部構造として論じられてきた。しかし、伝統的マルクス主義は、経済的領域と政治的領域の区別を実体化するため、両者の領域を一連の権力関係として把握することができない。それに対して、『資本論』の方法を重視する唯物論的国家分析によれば、国家は、単なる「物」（道具主義）や「主体」（国家中心主義）、あるいは「関係」（ニコス・プーランザス）としてではなく、特定の社会関係が帯びる「形態」として理解される（ホロウェイ／ピチョット二〇一七）。つまり、国家は、商品や貨幣、資本と同様に、諸個人の行為によって無意識のうちに維持・再生産される権力関係なのである。したがって、国家の概念を、政府や軍隊といった国家装置、あるいは徴税やインフラ権力といった国家機能に求めてはならない。ここで重要なのは、国家の制度（装置および機能）とは区別された、国家の「本質的形態」（ゲルステンベルガー二〇一七）、すなわち政治的な支配・権力関係の独自な形態である。(2) そして、マックス・ヴェーバーとは異なり、唯物論的国家論は、近代資本主義国家と、政治的支配の他の歴史的形態（原始共同体や都市国家、専制国家など）とを峻別する。つまり、国家は、国家一般としてではなく、資本主義的生産関係（商品生産が全面化した市場経済）に対応して、社会の経済的構造から分離・自立した「公的権力」として把握される。資本主義の政治的形態は、暴力的な支配・従属関係が社会的および直接的生産関係から分離しているため、社会の経済的構造を外的に総括する国家権力として形成される（隅田二〇一八）。

しかし、こうした唯物論的国家分析に対して、国家の「国民形態を資本主義的生産関係から「導出する」ことは全く実行不可能なことである」という批判が向けられるだろう（バリバール／ウォーラーステイン二〇一四、一三八）。じじつ、国民国家とレイシズムの関係を考察するためには、資本主義の政治的形態に関する抽象的分析を具体的に発展させなければならない。確かに、国民国家は、歴史的には資本主義の発展にともなって成立してきたし、現代においても、資本主義国家はたいていの場合、国民国家として構成されている。ところが、本性上グローバルな傾向をもつ資本主義は、「論理的には特定の単一の国家形態をともなっていない」（同上）。つまり、「なぜ資本主義が領土的およびナショナルな境界にそって政治的に特徴付けられるのか」（Lacher2006, 16）という問題は、資本主義の政治的形態に関する理論的分析ではなく、資本主義に先行する歴史的事象として説明されなければならないのだ。

それにもかかわらず、唯物論的国家論者のヒルシュが主張するように、「十分に発展した」国民国家は、グローバルな資本主義的生産関係の産物として考察できる（ヒルシュ二〇〇七、五九）。というのも、一定のナショナルな領域を統治する近代国家は、近代社会に固有の政治的形態であるだけではなく、資本主義世界が分裂したところの「政治的形態」にほかならないからである（Holloway 1995）。なるほど、歴史的には、資本主義に先行する「アンシャン・レジーム」期に、戦争をつうじて近代国家が形成され、特定の領土において国民形態をとった。しかし、近代国民国家は、十九世紀以降の資本主義諸国家システムのもとで、[3] 資本主義の「政治的形態」規定を新たに受けとるのである。

このように総体として把握された、「資本主義国民国家」は、社会の経済的構造から分離した「公的権力」として、「一般的利害」にもとづいて、社会内部の「特殊的利害」の対立を制御しうる。というのも、資本主義社会においては、諸個人が直接的な人格的依存関係にもとづく「現実的共同体」から切り離され、彼らの特殊的利害が対立しているため、「幻想的共同体」としての国家が社会の「政治的共同性」を担保せざるをえないからだ。もっとも、資本主義国家の「政治的共同性」は、諸個人が、商品所有者・私的所有者として個人化することを前提としている。そして、資本主義国民国家は、単にナショナルな次元で個人化に対応した「幻想的共同性」を生み出すだけではない。[4]

政治的なものの諸国民国家への分裂は、すべての国家が、特定の領土を定義し、それゆえその領土内で人民と特殊な関係をもつということ、すなわち、その人民のある部分を「市民」として、残りの部分を「外国人」として定義するということを意味している。(ibid, 124)

資本主義の政治的形態は、グローバルな世界市場に対応する世界帝国として現象するわけではない。「資本主義は、領土的に分割された諸国家システムを生み出さなかった」のである(テシィケ二〇〇八、三五八)。ところが、資本主義の政治的形態は、資本主義に先行する主権国家体制という制度的媒介をつうじて、社会の内外に対して、ナショナルな領土にもとづく「排他的共同性」を新たに生み出すのだ。つまり、すべての資本主義諸国家は、社会から自立化した「公的権力」として「政治的共同性」を担保するとはいえ、それと同時に「排他的共同性」という政治的形態を帯びざるをえない。この意味で、資本主義国家は、「人種的差異あるいはその等価物――すなわちエスニック的差異や移住者という条件――との関連で表象可能な、社会的不平等と紛争をはらんでいる」（バリバール二〇一二、二八四）。したがって、レイシズムを、たんに「労働者の階層化と極めて不公平な分配とを正当化するためのイデオロギー装置」（ウォーラーステイン一九九七、一〇八）、すなわち国家の機能として理解するだけでは不十分であろう。むしろ、レイシズムの近代的形態を資本主義国民国家の政治的形態として把握するべきである。

3. レイシズムの近代的形態と国家制度（国籍・公民権法）

さらに、より具体的な国家制度とレイシズムの近代的形態との関係を考察しておこう。ティリーらの「国家の歴史社会学」において強調されたように、近代国家は、十八世紀まで主として領域国家だったのであり、十九世紀になって本格的に国民国家へと転化した（佐藤二〇一四、第六章）。この軍事国家から民事国家への歴史的転換は、国家の「インフラ権力」に由来し、「社会の国家帰属化」（マン二〇〇五、一四七）をもたらしたとされる。ここで重要なことは、なぜ十九世紀以降の近代国家が、領域内の住民を、単に強制力によって収奪するのではなく、「国民」として組織する必要があったのかという点である。こうした「国家の国民化」を単に国家の機能・能力の拡大と理解するだけでは不十分なのだ。

この点について、唯物論的国家論者のレップレは、国家のインフラ権力を資本主義の政治的形態との関連で考察している（Läpple1973, 第二部第一章）。前近代の共同体（国家）は、社会の共同的利害にもとづいて、公共インフラなどの一般的生産条件を独自の権力で整備することができた。しかし、資本主義の発展にともない、一般的生産条件が株式会社の形態をとった資本によって担われるにつれて、近代国家は、ますます社会の共同的利害から切り離され、資本によって包摂された国家となる。したがって、十九世紀以降の国民国家は、まずもって資本主義の政治的形態として理解されるべきである。そうでなければ、国家行動の核心部分に、なぜ労働力再生産との関連で「家族政策」や「人口政策」が存在するのかを説明できないだろう。

近代国家は、資本主義のもとで、暴力的支配によって直接的生産者の剰余労働を収奪するのではなく、むしろ直接的あるいは社会的生産過程から撤退し、市場経済を外的に総括する形態をとる。というのも、資本主義は、人格的依存関係から切り離された無所有者を、「市場の命法」（ウッド二〇〇一、五二）に従わせて賃労働させることで、直接的な暴力支配に依拠することなく剰余労働を産出できるからである。その結果、十九世紀以降、国家の機能は、領域内部の成員（商品生産者および商品所持者）の「私的所有」を外的に補完し、競争する個別資本が全く配慮しない労働力再生産を（労働者階級の圧力のもとで）保障する機能へと特殊化した。このように成立した「社会的‐国民国家」（バリバール）のもとで、レイシズムの近代的形態は新たな機能をもつことになる。ここでは、社会から分離・自立化した国家が、もはや集権化した暴力装置として諸個人と対立するだけではない。国家は、社会から分離すると同時に、自らを社会化し、「異常者」や「退行者」から「社会を防衛しなければならない」のだ。こうした「国家の社会化」において、人間身体が生―権力の対象として「人種化」され、生と死を切り分けるレイシズムが国家機能に組み込まれる（フーコー二〇〇七、二五三）。資本主義国家は、社会成員の生命を、労働力再生産の観点から十全に保障するわけではなく、生物学的発想にもとづくレイシズムによって選別するのである。

また、資本主義国民国家の政治的形態としてのレイシズムは、社会内部に対してのみならず、社会外部に対しても「見知らぬ者、エスニック・マイノリティ」の排除という機能をもつ（ヒルシュ二〇〇七、六六）。このように社会の内外に対して機能するレイシズムは、国籍や公民権（シティズンシップ）に関する法律や国家制度に刻印されている。ブルーベイカーは、形式的な制度としての「国籍」に着目することで、国家をたんに領域組織としてではなく、成員（国民）組織として考察することの重要性を提起した。そして、国籍制度を理論的に分析する上で特に重要なのは、先に見たように、グローバルな資本主義世界が諸国民国家へ分裂するところの政治的形態である。

> 国籍（形式的に定義され、外的に境界づけられた成員資格の地位）は、近代国家の内的発展によって生み出されたのではない。むしろ、国籍は、地理的にまとまり、文化的に統合され、経済的に統一され、政治的に（緩やかに）統合された国家間システムの中で、国家間関係のダイナミズムから生まれた。（ブルーベイカー二〇〇五、一一九）

この指摘は、戦後の日本国家が、東アジアのポストコロニアル諸国家システムのもとで採用した「一九五二年体制（出入国管理令、外国人登録法、法律第一二六号）」を考察するうえでも決定的に重要である。知られるように、東アジア冷戦構造が形成される中で、サンフランシスコ講和条約の発効と同時に、旧植民地出身者の日本国籍が剥奪された。しかも、戦後日本では、植民地支配体制のもとで活用された戸籍制度によるレイシズムが、「国籍の壁」と癒着した結果、国家自身が、入管法制と国境管理それ自体によって、「公的」にレイシズム政策を実施できたのである（梁二〇一六、一一六）。この意味で、戦後の日本は、資本主義国民国家の政治的形態としてのレイシズムが貫徹した国民国家であると言える。じじつ、戦後の外国人登録法は、法文上外国人一般を対象としているものの、運用面では在日コリアンに対するレイシズム政策として機能していた。岡本も、こうした「日本のアパルトヘイト」が、国籍制度に依拠しつつ、外国人に対する合理的差別としてレイシズムを正当化している点を強調している（岡本二〇〇五、三九）。

ただし、理論的には、ナショナルな国境にもとづく「排他的共同性」というレイシズムの近代的形態（資本主義の政治的形態）と、その制度的媒介（国家制度）とを区別する必要がある。というのも、国籍制度が近代的レイシズムと癒着し、まったく「公的」にレイシズム政策を行いうる日本国家は、世界的にも極めて特異な国民国家だからだ。もちろん、すべての資本主義国民国家のもとで、形式的な国籍制度、そしてその実質的内容としての公民権（シティズンシップ）は、決して普遍的に実現されうる平等な人権を意味するわけではない。ここで注意すべきことは、「国家の社会からの分離」という資本主義の政治的形態こそが、近代社会における「公」と「私」の分離を生みだしたという点である(ヒルシュ二〇〇七、六七)。

資本主義社会における「私的」諸個人は、市場においてはじめて商品所有者として社会的に承認され、その限りにおいてのみ「自由で法的に平等な」人格である。すなわち、資本主義社会において諸個人の自由および平等は政治的権利として実現されるわけではない。なぜなら、カステルも述べているように、近代社会においては「市民の権利の承認ということに基盤をおいて成立した法=政治的な秩序と、大規模での物質的窮乏および道徳的退廃とをもたらした経済的秩序とが、ほぼ全面的に分裂」しているからである(カステル二〇一二、xiv)。つまり、賃労働者(主として男性)であれ、家内労働者(主として女性)であれ、私的所有者として市場において承認されることはじめて諸個人の権利が発生するのだ。じじつ、歴史的にも、無所有者である労働者階級は、資本主義社会の成立後も財産所有を資格とする「公民」権を付与されず、政治的市民として認められたのは十九世紀の国民国家(大衆社会)化以降のことであった。しかも、こうして国民国家のもとで実現した形式的な政治的平等は、市場を媒介とする賃労働-資本関係(階級的搾取関係)という経済的不平等に結びついているだけではない。実際には、国境の内外での「見知らぬ者」やエスニック・マイノリティに対するレイシズム、不平等な「ジェンダー・ヒエラルヒー」を前提としていたのである。

しかし、たとえ資本主義国民国家のもとであっても、階級や「人種」、ジェンダー対立などが絡みあった社会的闘争と妥協をつうじて、公民権の内容が、一定程度普遍化するなどして、歴史的に変化していったことは重要である(ヒルシュ二〇〇七、六七)。つまり、レイシズムの近代的形態がどれほど貫徹するかは、国籍や公民権法といった制度的媒介の内容に依存しているのだ。とりわけ、本稿の課題からすれば、戦後のアメリカを筆頭にして、各国民国家の公民権法に反レイシズム法(あるいは規範)が埋め込まれていった歴史的プロセスに着目すべきである。

4. 国民国家とレイシズム暴力

そして、資本主義国民国家と公民権法および反レイシズム法の問題を考える上で重要なのは、レイシズム暴力に対して国家がどういった行動をとるのかという点である。近代国家は、特定の領域内部で「正統な物理的暴力行使の独占を要求する」(ヴェーバー)政治的共同体であった。この定義で特に着目すべきことは、純粋な物理的暴力の独占ではなく、社会において「正統な」暴力を「定義する権力」の独占にほかならない(Gerstenberger1995)。しかも、暴力の正統性を定義する権力は、単に制度や言説に還元できず、本質的には社会的実践によって構成されるのである。じじつ、資本主義国民国家は、社会から自立化した「公的権力」という政治的形態をおびるため、レイシズム暴力の正統性を絶えず定義する必要性に迫られている。

> レイシズムの暴力は何よりもまず、正統な暴力行使を独占する国家に規定されるのである。それゆえ国家は暴力の発生に必然的に関与するし、また国家が暴力にごう対応するかによって、レイシズムの暴力の増大や減少が定まる以上、それに責任を負っている。
>
> (ヴィヴィオルカ二〇〇七、八四)

とはいえ、ヴィヴィオルカは、単に「私的」なレイシズム暴力から切り離された「公的」権力として国家を理解するあまり、すべての資本主義国民国家が、その本性上、「排他的共同性」を帯びるという形態規定性を看過している。たとえば日本のように、制度的媒介としての反レイシズム政策（法律や司法、行政措置など）が存在しない場合、あるいは反レイシズム実践が制度的改良に結実していない場合、国家が、レイシズム暴力を「不正なもの」として積極的に対処することはない。そもそも、資本主義国民国家が、反レイシズム実践に強制されることなく、レイシズム暴力および反レイシズム実践を積極的に禁止・抑制することなどありえないのだ。つまり、資本主義国民国家は、反レイシズム法及び規範が埋め込まれた公民権法を絶えず骨抜きにし、レイシズム国家としての形態規定性を貫徹させようとする。

5. 反レイシズム法と反レイシズム運動——アメリカの場合

しかし、それだからこそ、資本主義国民国家のもとでも、反レイシズム法などの制度的改良を積み重ねていくことは重要である。たとえば、十九世紀後半（南北戦争）以降のアメリカ黒人の歴史を見てみよう[5]（本田一九九一）。一八六六年から一八七五年にかけて制定された公民権法において、アフリカ系アメリカ人は平等な市民とされていたにもかかわらず、南部諸州では、交通機関、学校、レストラン、娯楽施設などにおけるレイシズムと隔離が法制化され、黒人の選挙権が巧妙にも剥奪された。特に、一八九六年の最高裁判決（プレッシー対ファーガソン事件）で「分離すれども平等」という原理が確立され、あらゆるレイシズム実践が法的にも正当化されたのは有名である。これは、いわゆる「ジム・クロウ」体制と呼ばれるもので、単に法律などのレイシズム制度だけからではなく、再建時代に猛威を振るった白人至上主義団体KKK（その構成員には保安官も含まれた）による非合法的制裁（リンチ）といったレイシズム慣習から成り立っていた。

したがって、戦後の公民権運動の反レイシズム実践は、こうしたレイシズム制度および慣習を非合法化し、既存の公民権法を反レイシズム法として制度的に改良するという意義をもっている。一九五〇年代には、公立学校における人種隔離を違憲とするブラウン最高裁判決が勝ち取られたことを皮切りに、ローザ・パークスに始まるバス・ボイコット運動が拡大し、その過程の中で数多くの公民権活動家が誕生した。また、KKKの再組織化といった南部白人の総抵抗にたいしても、黒人学生たちが、「自由乗車」運動、あるいはランチカウンターでの座り込み運動といった非暴力直接行動で対抗した結果、公民権運動の高揚は、バーミングハム闘争とワシントン大行進において頂点に達する。もっとも、六四年公民権法成立以降も、南部白人大衆や警察官によるレイシズム暴力が途絶えることはなかった。しかし、大学でのスピーチコード制定など、「反レイシズム規範」を更新するような反レイシズム実践が継続した結果、連邦レベルにおいても、レイシズム暴力が「不正なもの」として取り締まられ、九〇年代には一連のヘイトクライム法が制定されていく。

もちろん、七〇年代以降、「連邦政府は、反レイシズム法を実施することでマイノリティ一人ひとりの権利を保障するだけでなく、アファーマティブ・アクション関連のプログラムをも実施して、マイノリティ集団全体の権利を保障しようとしたにもかかわらず、黒人居住地域の状況は改善するどころか、悪化する一方だった」

（ウィルソン一九九九、二四五）。また、八〇年代のレーガン政権は、新自由主義政策を導入するために、七〇年代の白人大衆のバックラッシュ（主として、アファーマティブ・アクションに対する批判）の流れをうけて、彼らの反黒人感情を掻き立てて、大半の黒人支持層を抱える民主党を中心とするニューディール連合の解体を図った（上杉二〇一三、第五章）。さらに、新自由主義時代において、公民権運動は、一部は、エリート黒人政治家の体制内化（民主党への統合）として、一部は、大衆から乖離していった（松岡二〇〇六、一一〇）。象徴的な事例として、レーガン政権に合流した黒人保守派は、「すでに法的差別は解消されたのだから、〔……〕差別の克服は「肌の色に関わりのない」自由な競争、すなわち自由市場の原理に任せるべきだ」と主張していたのである（上杉二〇一三、一六五）。

確かに、すでに七〇年代に、アメリカ型福祉国家の発展を目指した「偉大な社会」（ジョンソン政権）構想が頓挫したなかで、公民権法やアファーマティブ・アクションだけでは、八〇年代の市場原理主義による、いわゆる「カラー・ブラインド」レイシズムに太刀打ちできなかったのは事実である。特に、九〇年代以降、「インナーシティ」に居住する黒人たちは、貧困、家庭崩壊、犯罪や疾病、麻薬汚染、警察官の暴力といった絶望的な状況にさいなまされてきた。また、近年、黒人や有色マイノリティの監獄収監者数が激増しており、「ジム・クロウ」体制のような人種隔離ではないものの、「犯罪者」の排除として間接的にレイシズムが機能している（デイヴィス二〇〇八、一〇二）。その一方で、既存の公民権運動団体は、黒人大衆の大量収監という問題を放置し、中産階級の権利擁護に取り組むだけであった（上杉二〇一三、二〇七）。

このように、現代アメリカの黒人社会は、かつてないほどに分極化が進んでいるし、言うまでもなく、「新移民法」改正（六五年）以降に大量に流入した、ヒスパニックやアジア系などの「新移民」との対立も看過できない（川島二〇一四、一二五）。

6. 反レイシズム法（および規範）の日本的文脈

とはいえ、「先進国」（多数の「途上国」を含め）の中でも、ＩＣＥＲＤが求める反レイシズム法を整備していない日本の文脈では、国民国家の制度的改良として、反レイシズム法（および規範）が重要であることは強調しておきたい。岡本（二〇〇五、第一章）によれば、そもそも、六〇年代半ばのＩＣＥＲＤ採択の背景には、欧米諸国におけるネオナチや反ユダヤ主義、白人至上主義に対する反レイシズム運動、公民権運動などが存在した。しかし、日本においては、自民党による長期単独政権下で、国外に対しては ＯＤＡや日韓条約などによって戦後補償を棚上げし、国内に対しては「企業社会」統合をつうじて「単一民族国家論」が普及するなど、ＩＣＥＲＤ批准が重要な政治課題とならなかったのである。しかも、日本がＩＣＥＲＤをようやく批准した九〇年代にも、（むろん、それ以前からも）朝鮮学校生徒へのヘイトクライムが多発していたにもかかわらず、広範な反レイシズム運動が展開されず、反レイシズム規範が社会的に形成されなかった。

それではなぜ、日本社会ではＩＣＥＲＤ批准が遅れ、かつ現在に至るまで人種差別禁止法が制定されてこなかったのか。この問いにたいして岡本（同上、第四章）は、そもそもその内発的契機の欠如を日本の市民社会の特殊性から説明している。第一に、そもそも人種差別禁止法制定に向けた、市民団体や反レイシズム団体のイニシアティブが日本においては脆弱である。先にみたアメリカの公民権運動などと比べたとき、日本においては、近年のヘイトスピーチ情勢のもとで多数の市民活動や法規制への動きが生まれてきたとはいえ、反レイシズム運動の力量が非常に弱い。

第二に、その背景として日本型企業社会の存在があげられる。日本においても、七〇年代には民族差別撤廃運動が高揚したが、日立闘争や指紋押捺拒否運動が提起した反レイシズム規範は、日本型雇用システムのもとで企業横断的な共通規範とはならず、欧米のように反レイシズム法として制度化することもなかった（梁二〇一六、二三八）。この点は、たとえ「表現の自由」が重視されているとしても、六四年制定の公民権法のもとで「職場」においてはレイシズム発言が罰せられるアメリカ社会とも根本的に異なっている。じじつ、三〇年代のニューディール期において、産業別組合会議（ＣＩＯ）は、すでに反レイシズム政策を打ち出しており、その後の公民権運動の先駆けであったとされる（上杉二〇一三、八九）。それに対して、日本においては、七〇年代に企業社会が確立し、欧米のような企業横断的な労働組合運動が存在しないため、労働市場規制はもちろん、女性や障がい者、エスニシティといったマイノリティ差別に対する「反差別規範」を制度化するような勢力が生まれなかったのだ。

7. おわりに

本稿では、戦後日本国家の特殊性として、①東アジア冷戦構造というポストコロニアル国家間システムのもとで、近代的レイシズムが国籍制度と癒着していること、②

広範な反レイシズム運動の不在と企業社会統合を背景に、日本社会の「公民権」においては反レイシズム規範が埋め込まれなかったことを論じてきた。このように、戦後の日本は、まったく「公的に」レイシズム政策を実施できるという点で、資本主義国民国家のなかでも特異なレイシズム国家であったといえるだろう。反ヘイト実践の圧力によって「ヘイトスピーチ解消法」が制定されたにもかかわらず、いまだ反レイシズム法（および規範）が不在であるゆえんである。もちろん、グローバルな資本主義諸国家システムのもと、新自由主義政策によって既存の社会国家体制が動揺するなかで、EUやアメリカにおける反レイシズム運動が、現行の反レイシズム法の限界に直面しているのは事実である。しかし、日本の文脈においては、資本主義国民国家と近代的レイシズムの形態規定性をふまえながらも、反レイシズム法の意義とその不断の更新を強調しておく必要があるだろう。

注

(1) 本稿は、二〇一七年七月時点で執筆されたものである。

(2) マルクスの「社会的形態」とは、商品や貨幣といった経済的形態そして法律や国家といった政治的形態のように、資本主義的生産関係のもとでの人びとの社会的行為から生じた権力関係を意味している。この社会的形態は、資本主義的生産様式のもとで賃労働を強制されるように、人びとの社会的行為を規定し、逆にそのような社会的行為によって再生産される。本稿では、ヒルシュにしたがって、こうした社会的形態と社会的行為の媒介物を「制度」と理解する（隅田二〇一五）。

(3) ナショナルな単位で独自に資本主義発展を遂げたのは、十七〜十八世紀にかけてのイングランドだけであった（ウッド二〇〇一、第二部）。フランスでは、十八世紀末の大革命によって近代「ブルジョワ」国家が成立したが（ゲルステンベルガー二〇一七）、資本主義が確立するまでにもう一世紀要したのである。したがって、資本主義に先行して十七世紀に成立した主権国家体制は、十九世紀になって資本主義諸国家システムとして再編された（テシィケ二〇〇八、二〇一三）。

（4）筆者は、渡辺（二〇〇〇）にならい、ネイションを「一定の領土において分裂した諸個人や諸階級を束ねる幻想的共同性」と把握し、十九世紀の国民国家化以降にネイション統合の思想として登場するナショナリズムから区別する。ただし、本稿では、ネイション（幻想的共同性）とレイシズム（排他的共同性）を本質的に同次元のもの（資本主義の政治的形態）として定義している。

（5）フレドリクソン（二〇〇九）は、アメリカ南部のポスト奴隷制社会、アパルトヘイト下の南フリカ、そしてナチ・ドイツとの比較において、「明示的」レイシズム体制を体系的に分析したが、本稿では植民地主義体制と関連する近代的レイシズムの起源については考察できない。

参考文献

バリバール、エティエンヌ「レイシズムの構築」鵜飼哲ほか著『レイシズム・スタディーズ序説』（二〇一二、以文社）

バリバール、エティエンヌ／ウォーラーステイン、イマニュエル『人種・国民・階級』（二〇一四、唯学書房）

カステル、ロベール『社会問題の変容』（二〇一二、ナカニシヤ出版）

デイヴィス、アンジェラ『監獄ビジネス』（二〇〇八、岩波書店）

ブルーベイカー、ロジャース『フランスとドイツの国籍とネーション』（二〇〇五、明石書店）

フーコー、ミシェル『社会は防衛しなければならない』（二〇〇七、筑摩書房）

フレドリクソン、ジョージ『人種主義の歴史』（二〇〇九、みすず書房）

Gerstenberger, Heide（1995）“La violence dans l'histoire de l'Etat, ou la puissance de définir”, *Lignes*, no. 25.

ゲルステンベルガー、ハイデ「固定化と脱境界化」『現代思想』六月増刊号（二〇一七、青土社）

ヒルシュ、ヨアヒム『国家・グローバル化・帝国主義』（二〇〇七、ミネルヴァ書房）

ホロウェイ、ジョン／ピチョット、ソル「唯物論的国家論のために：『国家と資本――マルクス主義の一論争』（一九七八年）序文」『マルクス研究会年誌第1号』（二〇一七）Holloway, John（1995）“Global Capital and the National State”, in W. Bonefeld, J. Holloway（eds）, *Global Capital, National State and the Politics of Money*, Macmillan, London.

本田創造『新版　アメリカ黒人の歴史』（一九九一、岩波新書）

川島正樹『アファーマティブ・アクションの行方』（二〇一四、名古屋大学出版会）

Lacher, Hannes (2006) *Beyond Globalization*, Routledge, London.
Läpple, Dieter (1973) *Staat und allgemeine Produktionsbedingungen*, VSA-Verlag, Berlin.
マン、マイケル『ソーシャル・パワーⅡ』下（二〇〇五、NTT出版）
松岡泰『アメリカ政治とマイノリティ』（二〇〇六、ミネルヴァ書房）
岡本雅享編著『日本の民族差別』（二〇〇五、明石書店）
梁英聖『日本型ヘイトスピーチとは何か』（二〇一六、影書房）
佐藤成基『国家の社会学』（二〇一四、青弓社）
隅田聡一郎「ヒルシュ　唯物論的国家論」市野川容孝・渋谷望編『労働と思想』（二〇一五、堀之内出版）
――「資本主義の政治的形態――マルクスの唯物論的国家論」（一橋大学大学院社会学研究科博士論文、二〇一八）
テシィケ、ベンノ『近代国家体系の形成』（二〇〇八、桜井書店）
上杉忍『アメリカ黒人の歴史』（二〇一三、中公新書）
ウォーラーステイン、イマニュエル『新版　史的システムとしての資本主義』（一九九七、岩波書店）
渡辺憲正「ネイション概念の二つの系譜」『関東学院大学経済経営研究所年報』第三二号（二〇〇〇）
ヴィヴィオルカ、ミシェル『レイシズムの変貌』（二〇〇七、明石書店）
ウィルソン、ウィリアム『アメリカのアンダークラス』（一九九九、明石書店）
ウッド、エレン『資本主義の起源』（二〇〇一、こぶし書房）

第二部

差別を支えるもの

第七章　ヘイトスピーチとナショナリズム

山崎　望

1. 憎悪と敵意のグローバル化

政治学はいかに人々が共存できる仕組みがあり得るか、を主要な課題としてきた。その中でも、近代以降に成立した、人々が住む一定の領土を主権という単一の権力を持つ国家が統治する仕組み（主権国家）、さらにその内部に住む人々に同質性を求める仕組み（国民国家）には強い関心が向けられてきた。

とりわけ二十世紀の二度の世界大戦において人々の共存を根底から破壊しつつも、その後も生き残り、世界に拡大して人々に受け入れられていった国民国家という政治共同体に、政治学はさらなる強い関心を向けてきた。

この国民国家という共存の仕組みはどのようにして出来あがったのか。またそれは望ましいものなのか。後述するように、政治学では、こうした問いに応えるべく、国民（nation）と国家（state）の関係をめぐる思想である「ナショナリズム」という概念からのアプローチが取られてきた。

では今日、人々の共存はどのような様相を呈しているであろうか。一つの風景に目を向けてみよう。日章旗を掲げながら「チョンコを殺せ」「ガス室に送りこめ」と絶叫する人々が街を練り歩く。二〇一二年秋から新大久保と鶴橋を中心に頻繁に行なわれたヘイトデモの風景である。その風景はルワンダの大虐殺を扇動したとされる「千の丘ラジオ」やナチス党による「水晶の夜」の風景さえ想起させた。「文脈が異なる」と考える人々もいるだろう。だが当時のルワンダやドイツにおいて、どれだけの人々が、その後に起きたことを正確に予測していたであろうか。またヘイトデモを制止することなく佇む警察官の姿が印象に残った。国家権力を構成する警察官が暴力を取り締まらないならば「万人が万人にとって狼」となる状態に陥るリスクがある。

今日、ヘイトデモに対する多様なカウンター運動と「ヘイトスピーチ規制法」(二〇一六年五月二十四日成立)の制定により、ヘイトデモは下火になりつつある(二〇二二年三月現在)。しかしヘイトデモを可能にした条件が消えたとは言い難い。

かかる現象は日本だけのものだろうか。日本において「敵」とみなされることの多い韓国や中国においても、憎悪と敵意をむき出しにした「反日デモ」が行なわれている。日本におけるヘイトデモと合わせ鏡になっているように、その敵意と憎悪は激しい。中国では二〇〇五年に反日行動が、二〇一〇年に尖閣諸島抗議デモが起きている。とりわけ二〇一二年の日本による尖閣諸島国有化に対して、中国で行なわれた反日行動は多くの都市に拡散し一部で暴動となり、日本企業や商店が「愛国無罪」「小日本」と叫ぶ群衆に破壊された。インターネット上にも日本に敵意をむき出しにした言葉が並ぶ。韓国でもたびたび「反日デモ」が生じ、日本の国旗を焼くパフォーマンスが繰り返され、「イルベ(日刊ベスト貯蔵所)」というサイトでは日本を憎悪し、敵視する言葉が溢れている。

こうした憎悪や敵意は、レイシズムとして把握することができる。レイシズムは人種（race）の間に優劣があると考え、差別を正当化する思想である。しかし今日ではより広く、生物学的な側面と結びつけられがちな人種のみならず、民族、宗教、国籍、性差、性的志向など、個人による変更が不可能もしくは極めて困難な差異に基づく差別を肯定する思想とされている。

こうしたレイシズムの噴出はアジア特有の現象であろうか。第二次世界大戦や冷戦の終焉においてアジア地域とは異なる道をたどったヨーロッパではどうだろうか。欧州では右派ポピュリズム政党が躍進している。国民連合（フランス）、進歩党（ノルウェー）、フィデス（ハンガリー）、自由党（オーストリア）、「ドイツのための選択肢」（ドイツ）、自由党（オランダ）など枚挙に暇がない。これらの政党はエスタブリッシュメントとみなすEUや既成政党を批判するだけではない。レイシズムも併せて主張され、移民、イスラム教徒、少数民族、同性愛者たちへの差別や排斥が肯定されている事例も多い。さらにシリアをはじめ中東・アフリカ地域の内戦による難民の大量流出と、イスラム過激派による欧州を狙ったテロは、これらの勢力を勢いづけている。

また、二〇一六年に大西洋の東西で起きた二つの事件は、世界秩序を揺さぶっている。大西洋の東では、欧州統合の歩みを根本から揺さぶる英国のEU離脱（Brexit）が起きた。この離脱において反EUとレイシズムの色彩が濃厚な移民規制を掲げ、離脱を主張したUKIP（イギリス独立党）の影響は無視できないだろう。また大西洋の西のアメリカでは、エスタブリッシュメント批判に加え、メキシコをはじめとする移民排斥やイスラム教徒排斥などレイシズム的な主張を繰り返したD・トランプが大統領選に勝利した。民族的・宗教的・人種的少数派を守る立憲主義が定着したはずの先進国で、なぜ、今こうしたレイシズムが同時多発的に噴出しているのであろうか。

2.……従来のナショナリズムの特徴

レイシズムにみる憎悪と敵意とは逆に、多くの人々が愛着や友愛を感じる対象は何か、と考えるならば、最も影響力が大きい単位として、自らが帰属する民族や国家が挙げられる。もっとも人々が民族や国家に独特の形で強い愛着を持つようになったのは、近代以降で、世界的に拡大した時期は二十世紀以降である。こうした国民国家を形成した政治原理が、冒頭に述べたナショナリズムである。

ナショナリズムとは何であろうか。例えばナショナリズム研究の代表的論者であるA・スミスは、ナショナリズムを「『ネイション』が、主権と一体性と国境をもつ共同体として存在すべき、というイデオロギー」と定義し、E・ゲルナーは「政治的単位と民族的単位が一致していなければならない、とする政治的原理」と定義している。レイシズムとの決定的な差異は、ナショナリズムは、一義的には政治共同体の在り方をめぐる思想である、という点にあろう。

従来のナショナリズムは、国境の外に外国という「敵」を作り出すと同時に、国内ではさまざまな人々を一つの国民（nation）として束ねて国家を形成することを目指す。その意味でナショナリズムは同化と排除の思想であり、レイシズムと同じく、外国人や他民族に対する憎悪・敵意と、自国民や自民族に対する愛着・友愛が表裏一体となりやすい政治原理である。歴史的にもたびたびレイシズムとナショナリズムは結びつき、「レイシズムなきナショナリズムが可能か」という問いが成り立つほどに両者は類似性を持っている。

レイシズムと同じく、ナショナリズムもまた時代により変化している思想である。まず既存のナショナリズムを以下の六つに類型化してみよう。

第一は、国民なき状態の国家が、国民国家形成を志向するナショナリズムである。すでに領域主権国家が成立しているが、内部で暮らす人々が国民となってはおらず、国民形成（nation building）を進めるナショナリズムである。

第二は、国家なき状態の民族が国民国家形成を志向するナショナリズムである。特定の民族共同体が新たに自らの国家建設（state building）を希求して生じるナショナリズムである。

第三は、国民国家の形成以後に、さらに植民地を求め、対外的に拡張する帝国主義的なナショナリズムである。自国の領土や国民の範囲を越えた拡張型のナショナリズムである点にその特徴を持つ。

第四は、植民地からの分離独立を目指すナショナリズムである。自分たちの国民国家の建設を目指すものであり、国家建設が主要課題となると同時に、国民建設もまた課題となる。

第五は、国民国家形成がなされた後、国民統合の機能を果たすナショナリズムである。いわば国民国家という形へ制度化されたナショナリズムである。国旗や国歌というシンボル、教育を通じた国民の歴史や国民文化の浸透を通じて不断の国民化を進めて行く。

第六は、既存の国民国家を解体し、当該国家の少数民族を基礎にして新たな国民国家形成を求めるエスニック・ナショナリズムである。植民地ではなく既存の国民国家からの独立を志向するところにその特徴がある。

このようなナショナリズムによって、明確な国境線の内においては最高で、対外的には独立した権力である主権をもった政治共同体である領域主権国家は、民族を基盤とする同質的な国民から成り立つ政治共同体である国民国家へと作り変えられていった。

国民国家では、主権が及ぶ国境線の内側で、階層、地方や民族によって分断されて暮らしていた多様な人々が「神話と記憶、大衆的な公的文化、明示された故国、経済的統一性、全成員に平等な権利と義務を共有する、特定の名前を持つ集団」(Smith, 1995)、すなわち同質的な国民へと変えられていった。こうした各国民国家が相互に承認しあい構成されたシステムが、国民国家システムである。

より時代と地域を限定し、冷戦体制下の自由民主主義体制の国民国家に着目しよう。ここでは国民国家は、他国との境界線によって明確に区切られた安全保障、社会保障、国民共同体、民主主義の四つの層(レイヤー)の結合によって形成されてきた。

安全保障の層では、実質的には米ソに対抗可能な諸国がなく、一国での安全保障は形骸化したにも関わらず、主権国家の存在は否定されず存続した。

社会保障の層では、自由主義陣営では欧州諸国を中心として多様な類型を持つ福祉国家レジームが形成され、国民の社会統合が進展した。

国民共同体の側面では、各国毎に公的(public)な、国民の歴史(national history)、記憶、文化、伝統が「創造」と「消費」を通じて共有されることで、人々の国民化が進展し、多数派民族を中心に国民としてのアイデンティティが定着していった。

民主主義の層では、選挙を通じた代表と政党間競争を中心とする代表制民主主義が定着し、国民の政治統合が進んでいった。

国境線によって他国と明確に区切られた内側で、四つの層が結合することにより、国民国家システムは自由主義世界では安定期を迎えたのである。それはナショナリズムによって（潜在的な）憎悪の対象と敵の範囲を、裏返せば愛着と友の範囲が確定されたことを意味する。レイシズムもまたこうしたナショナリズムの内部に組み込まれたといっても良いだろう。

3. 「境界線の政治」の活性化

しかし一九八〇年代から進展したグローバル化と新自由主義は、ナショナリズムにより形成された国民国家システムを変容させている。

安全保障の層では、すでに冷戦時代から米ソを除く他の国々では一国による安全保障の形骸化が進んでいたが、冷戦終焉はそれを加速させた。アメリカが唯一の超大国となると他国は実質的な安全保障の手段を失い、また九・一一対米同時多発テロに象徴されるように、アルカイダや「イスラム国」のような国境を越えるアクターに対して一国レベルの安全保障の限界が露呈している。他方で新自由主義は安全保障を民営化し、国家による暴力独占が崩れている。一介の私人であるホームグロウン・テロリスト（homegrown terrorist）、民兵、戦争を「代行」する民間警備会社など各国内部からも安全保障を脅かすアクターが台頭している。

社会保障の層では、世界大に広まっている新自由主義は商品化の領域を拡大し、福祉国家レジームを再編している。各国において格差社会化や社会的排除が進み、国民の社会統合は弛緩している。異なる国民の間のみならず、国民の内にも分断が生じている。さらに貧困が世代を越えて連鎖し「新たな身分制社会」が生成されることで、身分制を打破して形成された国民社会の一体性は過去のものになりつつある。

国民共同体の層では、各国毎の公的（public）な国民の歴史（national history）に対して、一方では歴史修正主義が、他方では地方から国家を越える地域まで、さらに私的とされてきた移民、女性などマイノリティの歴史など、多様な歴史観が台頭し「記憶をめぐる戦争」や「歴史認識論争」を惹起している。文化的同質性が強かった国民共同体は、いまや多様で流動的な文化が混交し、ときに衝突する場と化している。

政治的な層においては、世界大に拡大した代表制民主主義は、グローバル化と新自由主義の進展する速度と一国を越える範囲を前に機能不全に陥りつつある。グローバルな市場や国際機関に対して打つ手が乏しい政府に失望し、政治不信が増大し、国家と国民の間で乖離が生じている。また国民内部でも地域や階層、宗教などの属性を持つ集団を基盤に置いてきた政党により固められていた政治統合も揺らいでいる。「日々の人民投票」と言われるような政治的意思の統一体としての国民が可視化することは稀となっている。

まとめておこう。グローバル化と新自由主義により、第一に国民国家を、内／外の明確な境界線によって分離された閉鎖系の一元的な固定的な単位として描くことは難しくなっている。国民国家を他の国民国家から分かつ境界線は自明ではなくなりつつある。そして国民国家における安全保障、社会保障、国民共同体、政治という四層を結びつけてきた紐帯は弱体化し、国民国家を実態的な政治＝文化＝経済＝社会共同体として整合的に描く擬制も限界を迎えている。国民国家は安定期との比較において変容期にあり、融解しているのである。

国民国家の融解は、人々の生の在り方を規定してきた擬制の揺らぎであり、人々は予測不可能性や（自らの）コントロール不可能性に根ざした不安や危機の感覚に襲われ、生の脆弱性（vulnerability）に対する認識が増大していく。かかる状況においては、不安や危機の感覚を回避する新たな境界線を模索する政治、すなわち「境界線の政治」が活性化する。「境界線の政治」は以下の三つから成り立つ。

第一に、「われわれ／彼らの境界線をどこに引くべきか」をめぐる政治である。境界線の引き方の偶発性が高まるため、われわれ／他者を分ける境界線は論理的にはどこに引いても構わないことになる。ひかれる境界線の根拠が常に疑われる時代ゆえに、いかなる境界線をひくべきか、をめぐる政治は熾烈なものとなる。

第二に、境界線によって構築される「われわれ」にもさまざまな層が存在する。国民国家においては安全保障、社会保障、国民共同体、政治共同体の層が存在したが、各層の「われわれ」間の関係もまた偶発的である。新自由主義の進展で明らかになったように、安全保障の範囲と社会保障の範囲が一致する必然性はない。どの層の一致する程度を高めるか、も「境界線の政治」の課題である。

第三に、なぜその境界線の引き方が正当化されるか、をめぐる政治が展開される。そこではさまざまな理念を通じた正統化が試みられる。十九世紀後半から二十世紀にもっとも影響力をもった「境界線の政治」の政治原理であるナショナリズムが凍結してきた「われわれ」を形作る諸要素が溶け出し、「われわれの再定義」を求めて多様な理念や主義、たとえばリベラリズム、コスモポリタニズム、レイシズム、宗教的原理主義などに基づく「境界線の政治」が溢れだしている。レイシズムとの結合を強める現代のナショナリズムもまた、こうした「境界線の政治」の一潮流である。

4. 現代のナショナリズムの特徴

従来のナショナリズムと比較して、グローバル化と新自由主義という背景を持つ現在のナショナリズムは、以下のような特徴を持っている。

第一に、自らの基盤となる、いわば建物たる領域主権国家自体の解体や拡張を目指していないが、従来の制度化されたナショナリズムから逸脱し、国民の範囲・内容（「誰が国民か」「国民とは何か」）の再定式化を求めるナショナリズムである。新たな国家形成や独立を志向するナショナリズムではなく、また既存の国民国家において制度化されたナショナリズムをも逸脱するものである。

第二は、「被害者」としての「マジョリティ」によるナショナリズムという点である。換言すれば、少数派のナショナリズムではなくマジョリティが強い被害者意識を抱いている点に特徴がある。マジョリティこそが「被害者」（もしくは潜在的な被害者）であり、マジョリティが「力のない者」へ、さらには「マイノリティ」化しつつある、という自己定義を行なう傾向がある。「権威や権威のあるマジョリティ」は、次第に「権利や権威を奪われたマジョリティ」へと、さらに「権利や権威なきマイノリティ」と同一の境遇に陥る不安が蔓延しているのである。それが主観的なものであれ客観的なものであれ、「被害者としてのマジョリティ」はその要因を外部に求めるとき、われわれの権威や権利を侵害している「敵」を見出すことになる。そこではたびたび「不正に雇用を奪うマイノリティ」「治安を乱すマイノリティ」「われわれの国を乗っ取るマイノリティ」といった表象が用いられる。

第三は、現代のナショナリズムは「われわれ」に害を与える「敵」の存在を強調するものの、実態的な国民統合の追求には積極的ではない。「われわれ国民」の外部に「彼ら外国人」を設定するのみならず、「われわれ」を攻撃して被害を与えている多様な「敵」を強調しつつも、他方で「われわれ」の実態的な国民統合、たとえば社会的排除の阻止や生活全般に及ぶ文化的同質性の追求には消極的という特徴を持つ。いわば外に対しては「敵に対する友」としての一致団結を求めるものの、内においてはグローバル化と新自由主義により融解する「友の分解」に対する関心は希薄である。この包摂への関心の低さ、いわば脱包摂志向のナショナリズムという点に最大の特徴がある。

第四に、現代のナショナリズムは普遍性ではなく個別性を、作為を重視するシビックネスではなく変更不可能な「自然」の観点が強いレイシズムに重点がある。人々の同化による拡大ではなく、排除による国民の範囲の縮小を志向する点において、従来のナショナリズムとは異なる。従来のナショナリズムにおいてもレイシズムの要素は存在していたが、同化や統合ではなく、既存の制度化されたナショナリズムによる国民像からも乖離する形で、レイシズムに基づく排除が前面化している。その結果としてナショナリズムの特徴とも言うべき両義性が失われ、片方の要素（特殊性、排除、「自然」の強調）のみが重視されることになる。

第五に、現代のナショナリズムは「敵」とする外部の流動性が高い。敵という外部の設定によって定義すべき「友であるわれわれ」の輪郭と内容が定まるとするならば、「敵」の不安定さは、「友であるわれわれ」の不安定さを招いてしまう。とりわけ領域主権国家システムからなる国際関係において、従来のナショナリズムにおいては「敵」とされる「外部」は一定の継続性を持つことが多いが、現代のナショナリズムでは「敵」は多岐にわたるのみならず、その流動性が高い。

5. 主権国家と担い手たる国民の再生

こうした現代のナショナリズムの噴出は、グローバル化と新自由主義の時代を終焉させるのだろうか。またEUに代表されるような国境を越えるガバナンスから、再び主権を「取り戻した」国民国家による統治の時代を迎えつつあるのだろうか。一九八〇年代以降、冷戦構造の解体を経てグローバル化と新自由主義の進展により既存の国民国家システムが再編されていることを指摘した議論は数多い。たとえばS・ストレンジ『国家の退却』、S・ハンチントン『文明の衝突』、J・ハーバーマス『ポストナショナルな配置』、A・ネグリ&M・ハート『帝国』に至るまで、多くの人々の着目を集めた議論が、いずれも国民国家の再編に焦点を当ててきたことを想起して欲しい。

しかし今日のナショナリズムの世界的な噴出は、従来のナショナリズムとは異なっている点を忘れてはならない。現代のナショナリズムは、民族・宗教的多数派や人種といった属性に重心を置いて「真の国民」の再定義を求めるナショナリズムであり、同時に経済社会的な国民統合を志向しない脱包摂的なナショナリズムである。それは既存の国民国家を作り出した同化主義的で包摂を求めるナショナリズムとは異質である。むしろナショナリズムでありつつも、逆説的に、われわれが知っている国民国家を内側から解体していく自己破壊的なナショナリズムである。現代のナショナリズムが目指す友／敵、友愛／憎悪を分かつ境界線は、従来のナショナリズムが配置し、国民国家システムの中に組み込まれた友／敵、友愛／憎悪の境界線とは乖離している。もはや敵は国境の外ではなく社会の内部におり、隣人は友愛の対象ではなく憎悪（や無関心）の対象となりつつある。

ヘイトスピーチから看取できる、国家間戦争から内戦へ、国民統合から分断へと向かうベクトルを持つ現代のナショナリズムに対して、自由主義や民主主義と結びついた従来のナショナリズムが国民国家の「再建」を行なう政治原理となるのか。それとも新たな形の共生や統合の原理をもたらす、ナショナリズムの「克服」こそがレイシズムとの結合を強める現代のナショナリズムの歯止めとなるのか。グローバル化と新自由主義によって融解する国民国家の中で、レイシズムに典型的な憎悪と敵を生み出す流れに立ち向かう営みは、これからも続けていかなければならない。

政治学は「国民」「民族」「主権国家」といった諸概念を用い、従来のナショナリズムへとアプローチしてきた。その反面、必ずしも主権国家や国民国家という政治共同体の在り方と直結していない現象——たとえば、国民をめぐる文学、日常生活の中の民族差別、ネットを舞台にした他民族への憎悪など——への考察は難しかった側面もある。政治学もまた、他の分野と同じく、分野を横断した対話を重ねながら、人々の共存を妨げる差別を解消していくために新たなアプローチを生み出していかなければならないだろう。

本稿は一部、山崎望（編）『奇妙なナショナリズムの時代――排外主義に抗して』序章と重複している箇所があることをお断りしたい。

参考文献

上野千鶴子『ナショナリズムとジェンダー』青土社、一九九八年。

鵜飼哲ほか『レイシズム・スタディーズ序説』以文社、二〇一二年。

大澤真幸編『ナショナリズム論の名著50』平凡社、二〇〇二年。

大澤真幸『ナショナリズムの由来』講談社、二〇〇七年。

大澤真幸・塩原良和・橋本努・和田伸一郎『ナショナリズムとグローバリズム――越境と愛国のパラドックス』新曜社、二〇一四年。

姜尚中・森巣博『ナショナリズムの克服』集英社新書、二〇〇二年。

姜尚中・大澤真幸編『ナショナリズム論入門』有斐閣、二〇〇九年。

塩川伸明『民族とネイション――ナショナリズムという難問』岩波書店、二〇〇八年。

塩原良和『共に生きる――多民族・多文化社会における対話』弘文堂、二〇一二年。

橋川文三『昭和ナショナリズムの諸相』名古屋大学出版会、一九九四年。

吉野耕作『文化ナショナリズムの社会学――現代日本のアイデンティティの行方』名古屋大学出版会、一九九七年。

Benedict Anderson（1991), *The Imagined Community, Verso, 2nd.*（白石さや・白石隆訳『想像の共同体――ナショナリズムの起源と流行』増補版、ＮＴＴ出版、一九九七年）

Etienne Balibar and Immanuel Wallerstein（1990), *Race, nation, class*, Decouverte.（若森章孝ほか訳『人種・国民・階級』大村書店、一九九五年）

Rogers Brubaker（1996), *Nationalism Reframed:Nationhood and the National Question in the New Europe* Cambridge University Press.

Seyla Benhabib（2004), *The Rights of Others: Aliens, Residents, and Citizens*, Cambridge University Press.（向山恭一訳『他者の権利――外国人・居留民・市民』法政大学出版局、二〇〇六年）

Johan Gotlieb Fichte, *Reden an die deutsche Nation, 1807-8.*（1997）（石原達二訳『ドイツ国民に告ぐ』、玉川大学出版部、一九九九年）

Joseph Ernest Renan,（1882）*Qu'est-ce qu'une nation.*（鵜飼哲訳「国民とは何か」鵜飼哲・大西雅一郎・細見和之・上野成利訳『国民とは何か』インスクリプト、一九九七年、所収）

Ernest Gellner,（1983）, *Nation and Nationalism*, Oxford.（加藤節監訳、『民族とナショナリズム』、岩波書店、二〇〇〇年）

E・ルナン、J・G・フィヒテ、J・ロマン、E・バリバール、鵜飼哲・大西雅一郎・細見和之・上野成利訳『国民とは何か』インスクリプト、一九九七年。

Ghassan Hage（2003）, *Against Paranoid Nationalism: Searching for Hope in a Shrinking Society*, Melrin Press Ltd.（塩原良和訳『希望の分配メカニズム――パラノイアナショナリズム批判』お茶の水書房、二〇〇八年）

Eric J. Hobsbawm（1990）, *Nations and Nationalism Since 1780: Programe, Myth, Reality*, Cambridge University Press.（浜林正夫ほか訳、『ナショナリズムの歴史と現在』、大月書店、二〇〇一年）

Eric J. Hobsbawm, T Ranger（eds.）,（1983）, *The Invention of Tradition*' Cambridge UP.（前川啓二ほか訳『創られた伝統』紀伊国屋書店、一九九二年）

John Hutchinson and Anthony D. Smith (eds),（1995）, *Nationalism*, Oxford University Press.

David Miller, 1997, *On Nationality*, Oxford University Press.（富沢克、長谷川一年、施光恒、竹島博之訳『ナショナリティについて』風行社、二〇〇七年）

Anthony D. Smith, 1986, '*The Ethnic Origins of Nations*' Oxford Blackwell.（巣山靖司監訳『20世紀のナショナリズム』法律文化社、一九九五年）

Anthony D. Smith,1991, *National Identity*, Penguin.（高柳先男訳『ナショナリズムの生命力』晶文社、一九九八年）

Anthony D. Smith（1995）, *Nation and nationalism in Global Era*, Polity Press.

第八章

ヘイトクライム、あるいは差別の政治化について

アレントの全体主義論からレイシズムを考えるための試論

間庭大祐

1.……はじめに

二〇一三年二月、大阪市の代表的なコリアンタウン鶴橋の路上において、大勢のヘイトスピーカーらに混ざって、当時中学生の少女が不特定多数の在日コリアンらに向かって「鶴橋大虐殺を実行する」と絶叫した。このセンセーショナルな光景は、我われにただ差別の醜悪な様相を見せただけではない。その光景を観た我われは、実になんとも奇異の感に打たれるのだ。というのも、この少女の絶叫の容赦の無さを咄嗟には理解出来ないからである。

この少女は以前、在日コリアンらを「大虐殺」したいほどの仕打ちを受けたのだろうか。いや、おそらくこの少女の差別感情は、少なくとも現実の経験に根差したものではないだろう。在日コリアンらに対して「大虐殺を実行する」とまで言わせた彼女の憎悪は、本質的に非現実から生起したものに違いないのだ。こうした非現実性を色濃く纏った暴力的差別発言が意味するのは、今日の日本社会における差別扇動が個別具体的で経験的なコンテクストを飛び越え、もはや理解しがたいほどにイマージナル

ただみずからの観念の内部でのみ醸成した憎悪に縁ごられているということである。少女はこうした憎悪を自己回帰的に正当化することによって、もはや暴力の極限としての「死」について語っているのだ。この「死」を語る非現実感、あるいは人を人とも思わない虚無感——彼女の眼には、憎悪を向けられるべき「人間」はあたかも抹消されるべき「物」であるかのように映っているに違いない。これは、かつて全体主義体制下において経験された人間性の根本原理の破壊と同様のものである。そうであるがゆえに、我われはこの少女の憎悪にただならぬ戦慄を覚えるのである。

ハンナ・アレントを捉えた戦慄もまたこうしたものであった。アレントは、二十世紀を暴力の世紀と看做した。そこで彼女は全体主義の悪夢を、換言すればその暴力支配の極限状況（強制収容所体験）を理解しようとしたのである。そのため、アレントは否応なく強制収容所体験を普遍化させたニヒリズムの理解し難さに向き合わねばならなかった。彼女がその理解の過程において見出したもの、それは人間を「物」へと変容させることで成り立つ暴力経験、その人間の人間に対する感覚の鈍麻である。そこでアレントは確信する。新たに構想されるべき知の起点は、こうした人間性の根本原理の破壊、もしくは主題としての暴力を直視するところから始めなければならない、と。こうした洞察は、二十世紀から二十一世紀に引き継がれた思想史における社会哲学的思考のアクチュアリティを決定するものである。

アレントをはじめ、思想としての強制収容所を経験した多くの思想家たちの洞察によって二十世紀の暴力経験は理解され、そのうえでかつて起こった惨禍を再び繰り返さないための新たな知的営為が蓄積されてきたはずだった。しかし、今日の日本社会に蔓延るヘイトデモやレイシズムの動きは、かつての全体主義運動を彷彿とさせる。もはや全体主義は、あるいは二十世紀の暴力経験は時代錯誤のものではない。なぜなら、今日の日本社会における人種差別は、すでに実行されるべき政治的プログラム（ヘイトクライム）へと変貌しつつあるからである。よって、本稿では日本社会におけるヘイト、レイシズムの今日的状況を念頭に置きつつ、改めてアレントを捉えた戦慄に眼を向けてみたい。

本稿の主題は、暴力の問題である。人種差別はまさに暴力なのだ。現在の日本社会におけるヘイトスピーチやレイシズムの背景について、アレント的な思索をもとにしたひとつの解釈を示したい。それによって、ヘイトデモやレイシズムを考察するうえでの理論的・思想的な導きの糸となりたいと考える。

2.……二十世紀の経験と暴力の主題化

さて、二十世紀の暴力経験はアレントに、そしてまた我われに暴力固有の際立った特有の性格へ眼を向けさせる。では、暴力固有の性格とはどのようなものか。次のアレントの一節から議論を始めてみよう。ここには暴力を主題化するうえで見過ごすことのできない、ある根本的な経験についての問いが示唆されている。

> ユダヤ人は絶滅しなければならぬ寄生者であるという何百回も繰り返された言明の結果、人びとは組織的な絶滅のプログラムを信じるようになったのだ。（OT: p. 347／Ⅲ 二三四頁）(1)

この一節は、全体主義体制下における差別扇動およびそのプロパガンダとそれを受け入れた大衆の関係について述べたものという意味にのみとどまるものではない。たしかに、全体主義のプロパガンダは大衆からの支持を獲得するうえで少なくない効果を発揮したであろう。また差別扇動はごく一部の狂信的な差別主義者を喜ばせたであろう。しかし、それはしょせん外部世界に向けられるものに過ぎない。したがって、「ユダヤ人は絶滅しなければならぬ」といくら扇動されようとも、実際に多くの人びとが絶滅のプログラムを信じることはない。にもかかわらず、ユダヤ人絶滅のプログラムは実行に移された。では、絶滅のプログラムを人びとに受け入れさせた背景には何があるのか。我われはどこを思考の出発点としなければならないのか。ここで主題となるのが暴力固有の問題連関である。

アレントは、暴力の本性を道具的(instrumental)であると看做す。彼女にとって道具的であるとは、あるなんらかの目的のために行使される手段があたかも正当であるかのように振る舞われる、そのあり方のことである。この正当化原理に支えられ発動するのが暴力である。ただし、実存論的に解釈するならば、暴力の特異な性格は目的——手段のカテゴリーに固有のものではない。

ここで注意しなければならないのは、道具はそれを使用する人間の行使によってはじめて暴力となるということである。道具そのものが暴力というわけではない。たとえば、地面に杭を打ちつけるハンマーそれ自体を指して「ハンマーは暴力である」とは言わないであろう。あくまで我われが暴力と言う場合、人間の人間に対する意識された行為を前提としているのだ。それゆえに、ある人間がある人間をハンマーで殴りつけた場合に初めて我われは「暴力が振るわれた」と言うのである。すなわち、暴力の問題は人間固有、ということはしたがって政治固有の問題であり、そうであるがゆえに人間関係の遮断——暴力が行使されるためには人と人との「間」を切断する冷酷さと無情さ——という人間存在の根本的な破壊に由来するのである。いわば暴力は人間的カテゴリーに属するものなのだ。しかし、暴力はそうやすやすと人間の間で行使され得るものではない。では、そういった冷酷さを意識的かつ積極的に受け入れさせるもの、もしくは暴力の行使を正当化する様態とは何か。それは、人間の人間に対するある種の感覚の欠落、もしくは麻痺である。暴力には本質的に人間の人間に対する感覚麻痺が随伴しているのだ。(2) では、それはどういうことか。

人間(我)は、彼我としての他者と出会うことによって根源的な次元においてこれまで生きてきた「世界」を揺動する。人間存在の固有性、もしくは人間の自己意識の原理は、みずからの主体性を認知すると同時にあらゆる人間を同様に主体として認知される。したがって、他者の他者性——それはみずからの主体を相互的に認知するという意味において各人の「唯一性」を逆説的に認知することでもある——を認知する場合、いわば人間の連帯性もしくは相互性の関係が原理として打ち立てられている場合暴力が振るわれることはない。暴力は人を人として取り扱う場合には生起し得ないのだ。つまり、暴力が振るわれるためには、人間を「物」、もしくは人間以外のなにかに変容させ、その関係性を切断しなければならない。こうした人間の人間に対する感覚の麻痺、言い換えれば、人間性についての経験を根底的に挫折させるところに暴力は生起するのである。

暴力が人間の人間に対する感覚麻痺を伴った関係切断——人間と「物」との二分法

――によって為されるものである以上、人種差別主義はまったく暴力的である。アレントもこの点を指摘している。曰く、「人種差別主義は、いかなる説得も権力も変えることのできない自然な有機体の事実を嫌うものである以上、ほんらい暴力に満ちたもの」であり、「いざという時にできることといえば、その肌の色の人びとを絶滅させることだけ」だ、と(CR : pp. 172-173/一六三頁)。人種差別は、人間を「物」や人間以外のなにかとして扱って顧みない冷酷さという暴力固有の問題と分かち難く結びついている。そのため、「自然生活における諸民族の生活のなかにも〈寄生者〉がいるということを本気で受取ると、この寄生者たちをも南京虫や虱と同じように扱ってもいいという結論が出てくる。周知のように南京虫や虱は毒ガスで退治するのである」(OT : p. 347/Ⅲ二九〇頁)。

この点、現今の日本社会において「在日特権」のような根拠なき妄想を信じ、さらに在日コリアンらに対して害虫の名を当てつけるヘイトスピーカーやネトウヨ、ならびに彼らを許容する現代社会の特徴を実に見事に言い当てているように思われる。彼らの暴力性は、人間の人間に対する感覚の麻痺に由来しているのだ。とすれば、二十世紀に遍満した強制収容所体験を普遍化させたニヒリズムは、二十一世紀の日本社会に明らかに継承されている。二十世紀の経験がアクチュアリティを持ち、人間固有の問題として主題化されるのはこのために他ならない。

ところで、こうしたニヒリズムは二十世紀を決定づける精神史的主題ではあるものの、むろん、これのみによってユダヤ人絶滅のプログラムが遂行されたわけではない。単なる差別扇動が「ユダヤ人問題の最終解決」へと至るには、さらに暴力行使の正当化原理、あるいは絶滅プログラムを積極的に肯定する意識回路が必要なのである。暴力を正当化し、その冷酷さを人びとの意識に積極的に受け入れさせるもの、それがイデオロギーである。

アレントは人種差別主義をイデオロギーだと看做す。彼女の理解では「人種差別主義は、人種そのものと違って、生の事実ではなく、イデオロギーであり、それに導かれてなされる行ないは反射的な行為ではなく、似非科学理論にもとづいた意図的な活動」なのである（CR：p. 173／一六三頁）。イデオロギーとしての差別は、社会的次元での差別とは異なり、政治的に利用された差別だと言えよう。のちにイデオロギーとしての差別は全体主義へと引き継がれ、最終的にユダヤ人の絶滅プログラムを可能とした条件の一つになるのだが、この議論の前に、イデオロギーとしての差別がいったいどのような文脈で生まれ、その実態は如何なるものであるのか、そしてそれはどのような機能を果たしたのかという点について確認しておきたい。

3. イデオロギーとしての差別——政治的反ユダヤ主義とは何か

ユダヤ人を憎むのにユダヤ人を全く必要としないという、この経験的裏付けを欠いたユダヤ人憎悪こそ、二十世紀の反ユダヤ主義を十九世紀のそれから分かつものである（OT：pp. 365-366／Ⅱ 一九四頁）。

アレントが眼差したのは、無経験的であるがゆえに非現実性を帯びた人種憎悪、とりわけ強制収容所を可能にした全体主義における反ユダヤ主義の悪夢性である。アレントは、かかる反ユダヤ主義を「二十世紀の反ユダヤ主義」、または政治的反ユダヤ主義と呼び、社会的な文脈でのユダヤ人差別から明確に区別する。それは、政治的反ユダヤ主義が全体主義体制下においてユダヤ人に振るわれた極限的な暴力を準備するための必要条件だったからである。では、アレントは「二十世紀の反ユダヤ主義」をどのようなものだと分析しているのか。

アレントの理解では、「二十世紀の反ユダヤ主義」の萌芽は汎民族運動のうちに現われている。この場合、汎民族運動とは、原理的に国民国家の法的枠組みを超越し、超国境的な民族共同体の成立を目指す、ある種のナショナリズム運動（「種族的ナショナリズム völkisch nationalism」）のことである。この運動の特徴は、ネーションの再構築を求め、国民国家と敵対し、それを超越しようとした点にある。ただし、汎民族運動はそれ自体なんらかの具体的成果を上げるものではない。しょせん、それは旧秩序の動揺と解体過程のなかでなんらかの帰属感を得たかのように錯覚する一種の政治的気分の表現以外のなにものでもない。

しかし、かかる運動は多くの人びとに既存体制への敵視を直接的に伝播することに成功する。それはなぜか。彼らは人びとに世界観――現実に存在しない架空の観念および「血」という虚構に依拠し、そこから現在の政治的諸制度や自民族の過去と現在とを審判し、現在が自民族にとって相応しくないものとして非難・断罪することと同時に、現状を変革することによって将来実現し得るであろう、自民族にとって都合の良い仮想現実――を提供したからである。この世界観の中核となったのが反ユダヤ主義である。

差別を是とする世界観は、迷信やデマ、もしくは半可通な教養によって支えられるものである。多くの人びとが常識的な見識によって本気で信じなければ、それは無害である。が、しかしひとたび世界観がまじめに受け取られてしまうと、それは奇妙な論理体系へと発展する。というのも、ユダヤ人陰謀説のような世界観それ自体は実にバカげたものであるが、しかしそれは虚構的であるがゆえに逆説的に現実的な経験からの反論を受け付けない力強さを帯びるからである。こうなれば、もはやユダヤ人憎悪は経験から解き放たれ、世界観の提示する一元的な世界像のなかに回収されてしまう。かくして、「ユダヤ人を憎むのにユダヤ人を全く必要としない」という特殊な世界観としての反ユダヤ主義が成立するのである。まさにこれが「二十世紀の反ユダヤ主義」である。

では、なぜ世界観としての反ユダヤ主義が必要とされたのか。それは、汎民族運動の本質に関わっている。この運動の本質は、既存の政治体制への嫌悪にあり、その目的は既存の政治体制との「闘争」である。彼らは、既存の政党や政治システム、および階級を超えた政治結社としてみずからを組織化する際に、その組織統合の象徴として社会的文脈における反ユダヤ主義――国民国家と同一視されたユダヤ人への不信と憎悪――を既存の政治体制への不満を吸収し組織化するための重要なモメントとして利用した。これこそまさに反ユダヤ主義の政治的利用、いわば差別の政治化に他ならない。

とはいえ、汎民族運動における差別の政治化は、のちに全体主義へと継承されるわけだが、少なくともまだこの時点ではただちにユダヤ人の生命にかかわる政治的危険をもたらすものではなかった。もちろん、世界観としての反ユダヤ主義はこれまで多くのユダヤ人を苦しめたであろう差別や偏見と同様に、それ自体ユダヤ人にとって精神的苦痛や実存的な苦悩を惹き起こしたに違いない。しかしアレントの理解では、そうした社会的な次元での差別は、必ずしもユダヤ人に対する直接的な政治的攻撃や排斥といった行為に直結するわけではない。一般的に、全体主義体制下におけるユダヤ人絶滅作戦は、社会的な文脈におけるユダヤ人憎悪の直接的な帰結だと看做されやすい。しかしながら、アレントは次の点を強調する。すなわち、かつて古くから存在したユダヤ人憎悪ないし偏見、もしくは差別それ自体が全体主義へと必然的に結実したわけではない、と。そのうえでアレントはこう問う。なぜ、差別はユダヤ人絶滅にまで発展したのか。言い換えれば、単なる差別扇動、もしくは世界観的嘘言であったものが、なぜ実行されるべき絶滅のプログラムへと変化したのか。――結論を先取りすれば、それは、世界観から錬成した人種主義イデオロギーを現実化することによって可能となったのである。

たしかに、世界観としての反ユダヤ主義を掲げたという点では汎民族運動と全体主義には大きな違いはない。ただし、この両者の分水嶺は、「イデオロギー自体の相違というよりはむしろ、汎民族運動がそのイデオロギーを直接組織的に実行し得ず、イデオロギー的嘘言を現実へと変えるところまで徹底する力がなかったという点」にあった（ET: p. 366／II 一九四頁）。問題はこの点である。イデオロギーの現実化とは何か。またそれは暴力とどのように結びつくのか。これらの点を理解するにあたって、次に、差別の政治化の極限状態としての全体主義について確認しよう。

4. ……差別の政治化と全体主義――イデオロギーとテロル、そして無世界

差別の政治化の行きつく極点が、（とりわけナチズム的）全体主義である。かかる

全体主義体制のきわめて重要な性格は、現実性（リアリティ）と事実性（ファクト）を蔑視し、みずからが掲げた世界観――自閉的な観念体系――をどこまでも追究し練り上げ〈超意味〉とでも言うべきものを打ち立てることのうちに見出される。すなわち、全体主義体制は本質的に虚妄の体系であり運動なのだ。そしてそのフィクティヴな運動を支える装置がイデオロギーである。

全体主義のイデオロギーは、イデー（観念）の対象についての科学的ロジックではない。言うなれば、その実体は観念を利用した単なる似非科学的な支配装置に過ぎない。アレントの理解では、全体主義支配においてイデオロギーは以下の三つの特徴的な要素を示す。第一に、イデオロギーは現実に「存在するもの」を説明するのではなく、もっぱら生成消滅するものを扱うこと。第二に、与件のイデオロギーからすべてを演繹的な思考様式によって「存在するもの」として処理すること。第三に、現実に対して〈より正しい〉リアリティを打ち立てること。要するに、イデオロギーはその無矛盾的な首尾一貫性によって、経験された、あるいは経験され得る現実から人間を解放し、運動法則――ナチズムの場合はダーウィニズムを応用した適者生存法則――の主張に適合するようにあらゆる現実を捻じ曲げるための重要な装置なのである。全体主義はこうしたイデオロギーをみずからの組織原理としたことに特徴がある。

では、なぜイデオロギーは全体主義体制の組織原理たりえるのか。それは、イデオロギーが人びとに〈超意味〉をもたらすからであり、全体主義はその形態において〈超意味〉の世界を実現しようとする運動体だからである。アレントの理解では、強制収容所体験を普遍化させたニヒリズムが指示するのは、世界そのものの無意味性に他ならない。彼女は、経験としての強制収容所の核心をこの世界の無意味性に見出すのである。では、世界そのものの無意味性のなかで人びとが味わわねばならないものとは何か。それは自己の無用性である。もし世界がまったく意味を持たないのであれば、社会的な行為にしろ人間的な感情にしろ、すべては原則的に無意味なものとなる。とすれば、人間はそれ自体無用なものとなろう。世界の無意味性は、人間の無用性をもたらすのだ。しかし、このような実存的苦悩の蔓延のなかにおいても人びとはみずからの生きるなんらかの意味を求めねばならない。そこで、世界の意味を失い、実存的苦境に立たされた人びとが求めるのは、純粋な所与性としての多元的な世界像ではなく、〈論理的〉かつ一義的に世界を説明してくれる〈超意味〉なのだ。言い換えれば、イデオロギーはありもしないユダヤ人陰謀説を信じるような、経験的で現実的な世界を蔑視し妄想的で観念的な世界に生きようとする者に対して〈超意味〉を用意するのである。アレントは、このような〈超意味〉を欲する人間のことを指して、世界から「見捨てられた人間」だと述べる。

アレントから見れば、「見捨てられた人間 Verlassenheit ／ loneliness」は、他者との共同性から見捨てられ無世界であるがゆえに、虚妄な世界観あるいはすべてを説明し尽くしてくれるかのようなイデオロギー的〈超意味〉に頼らざるをえず、きわめて能動的に自己の観念へ閉じこもる。なぜなら彼らには、イデオロギー的な世界観と矛盾することで自分自身の寄る辺（自己の有用性）を失ってしまうのではないかという不安の心理が働いているからである。この心理によって、彼らはさらに現実から逃避し、イデオロギー的世界観から生まれる自己観念を養うために、常に多様性と多元性に満ちた現実性と事実性とを蔑視――人種差別の場合、自分の憎悪の対象を生産し続けること――し続けるのだ。

もちろん、イデオロギーの前提、その世界観は非科学的迷信や半可通な教養によって自閉的に観念されたものである。が、しかしそれが仮にも人びとに真面目に受け取られた場合には壮大な論理体系として発展するとともに、その前提から推論される論理は必然的な一貫性を帯び始める。なぜなら、そもそもの前提が公理として受け取られているからである。こうして彼らは、みずから進んでイデオロギーを拡散する一個の拡声器へと変貌する――みずからを〈超意味〉による内的強制のなかに嵌め込み自己同調すると同時に、亢進的に観念のなかに自閉する――のである。

この生成変化は、すでに彼らが、イデオロギー的世界観に基づいた妄想をあらゆる手段を用いて非現実を現実化しようとする能動的な態度を獲得していることを意味する。彼らは、あたかも自分たちこそが新たな世界――もはや如何なる事実性によっても攪乱されないフィクティヴな世界――の建設者であるかのように振る舞うのである。所与の世界の事実性の否定は、そのための重要な「プロセス」なのだ。彼らはこう言うであろう、「間違っているのは〈現実〉のほうだ、我われの行為こそ〈真理〉である」、と。そして彼らが「プロセス」を遂行するための組織的な運動体を形成するとき、暴力が行使される道が拓かれる。暴力を正当化し、その冷酷さを人びとの意識に積極的に受け入れさせるものがイデオロギーなのだ。その運動体は、暴力を用いてでもイデオロギーを現実化しようとするのである。こうした暴力が全体主義体制下においてはテロルとして発動される。

アレントは全体主義に固有の統治形態を、それがある特有の構造を持ったテロルによって支えられているという点に見出す。これまでテロルは歴史上にまま見られた政治的暴力の一形態である。しかし、アレントにとって全体主義支配は、これまで蓄積されてきた人文社会科学の伝統的諸カテゴリーの知的営為をもってしても把握しきれない、まったく新しい統治形態なのである。この新しさは、テロルのある特有の性格と構造に由来する。では、テロルに特有の性格とは何か。それは、このテロルが「すべての組織的反対勢力が死滅し、全体主義の支配者がもはや恐れる必要のあるものが何ひとつないことを知ったときにはじめて解き放たれる」という点である。テロルは、人間が自発的に考え、行為し、発言する自由を徹底的に破壊するものである。が、しかし、それは全体主義支配に対する「組織的反対勢力」に向けられるというよりも、むしろ「内部の敵」を常に見つけ出すという自己増殖性によって本領を発揮する。注目すべきは、テロルがイデオロギーの執行形態として現れるという点である。

テロルは、イデオロギー的世界観を現実化すると同時に、逆説的に非現実を産出せねばならない。というのも、全体主義はイデオロギー的世界観を実現する運動体であらねばならないからであり、そのための「プロセス」をほぼ永続的に維持し続けねばならないからである。アレントによると、全体主義の「法」は、我われが通常考えるような立憲主義的な意味での法ではない。それはあくまでも「法則」なのだ。すなわち、全体主義の運動に内在する不可抗的な「プロセス」と同様のものなのである。テロルは、全体主義のイデオロギーが指し示す必然的な「プロセス」に従って「法則」を執行するものであり、そうすることによって現実を非現実化すると同時に、非現実を現実化する。これはテロルを発動することによってのみ為される。その意味でテロルは、イデオロギーを現実化するものであると同時に、イデオロギーを回帰的かつ亢進的に存立ならしめるものなのである。そうであるがゆえにテロルは、「ユダヤ人」にとどまらず常に「内部の敵」を創出せねばならない。いわばテロルは、全体主義の

「法」であると同時に、みずからを「法」たらしめる能動性によって「法」たる地位にとどまり続けるのである。

こうした自己増殖的で自己亢進的な構造によって、テロルはあらゆる人間に常に同じ行動をとらせるように仕向け、したがってパブロフの犬よろしく人間を「動物ですらないもの」に変えようとするのである。換言すれば、それは人間を外部から全体主義支配へと強制するものであり、その抑圧的機能は人間の非人間化にある。より政治哲学的に言えば、テロルは人間の自由の領域を破壊――人間の「間 in-between」に存在する空間を破壊――することによって、すべての人間を融合させ巨大な一つの存在へと変貌させるのだ。そうすることによって現実に対する人間のあるがままのパースペクティブを完全に破壊し、ぴったりとくっつけられていながらまったく切り離された者同士をイデオロギー的世界観と符合させようとするのである。その意味で、テロルは人間から特定の自由を除去するのでも、人間の自由への愛を失わせるのでもなく、あるがままの人間を無理矢理にテロルの鉄の箍のなかに押しこみ、自由の空間を消滅させてしまう。そこで立ち現われてくることは、「種のために個人を陶治し、人類のために人間を犠牲にする」こと、すなわち「プロセス」のまえにすべての人間の生命を犠牲にすることなのである。

こうした極限的な差別の政治化は、排除し抹殺すべき「内部の敵」を意識的かつ能動的に創出しなければならない原理と構造を内包している。イデオロギー的「プロセス」に飲み込まれた人間はさらに現実から逃避し、イデオロギー的世界観から生まれる自己観念を養うために、常に自分の憎悪の対象を生産し続けねばならなくなるのである。こうなれば、もはや「ユダヤ人」が現実的に何であるのかはまったくどうでもよいことになる。というのも、あくまで「ユダヤ人」は差別の政治化のためのシンボルにすぎなくなるからである。そうであるがゆえに、彼らは「ユダヤ人」を絶滅させると次の格好の餌食を見つけ出し、限りなく「プロセス」を維持し続ける。差別の政治化の最終地点は、人類の絶滅なのである。

5. 結びにかえて――アレントの洞察と日本社会のレイシズム

全体主義体制は、テロル支配の純度という点において極めて特異な政治現象である。しかしながら、アレントは見捨てられ無世界に生きざるをえなくなったという人間共存の基本的経験を現代の政治的土台と看做す。とすれば、全体主義の悪夢は決して過去のものではない。彼女の見るところ、世界の喪失は現代に生きる人間すべての精神史的問題の凝集点なのだ。したがって、我われの社会においていまだ消えざる潜在的な差別意識もまた、無世界によって政治化される危険性をもつ。現在の日本社会では一部のメディアやタブロイド紙がその回路の役目を務めている。また、あろうことか明確に排外主義、レイシズムを標榜し、みずからを超政党政治的な利害を代表するかのように僭称する政治結社まで誕生する始末である。こうしたとき、現今の日本社会のヘイトデモも、ナチズムがその力を発揮しえた差別の政治化と極めて近似した現象として見ることができよう。とすれば、現在もなお、アレントの言う「暗い時代」であるに違いない。ここにアレントの洞察を参照する今日的意義がある。

アレントは、人工物としての「世界」が「世界」それ自体として人びとの前に現前化すること、そして「世界」において複数の人びとがコミュニケイティヴでパフォーマティヴな共同性を生成すること、この二つの根源的な連関に視点を据える。そうであるがゆえに彼女は、二十世紀の暴力経験を乗り越えてゆくために、「複数」の人びとによる世界の共有を、すなわち隣人とともに生きること――他者とのコミュニケーションを通して、それまでの自分の行為を反省し、新たに自分を創造し定位し直すこと、したがって常に他者の誕生によって揺動される「世界」に根を下ろし生きること――を人間としての最低限の矜持、もしくは人間の根源的な倫理性と看做す。それは制度の面から見れば、複数性の相互承認としての基本的権利、すなわち市民として共に世界を共有する権利を付与し合うために、世界を創設する共同の責任を引き受けること、これのみによって新たな公的世界（政治）の可能性が開かれる、ということなのだ。

ここで問われていることは、アレントが眼差したように、世界喪失と無世界状態から惹き起こされる危険な状況に警告を発し、リアルな現実世界を他者と共有することの重要性である。それは翻って、自己観念への逃避を自覚的に拒否することであり、人間一人ひとりの「かけがえのなさ」への想像力を保つことであろう。これこそ、「世界」の共有を可能ならしめる原理である。この原理を、人間が人間であるかぎり破壊しないことなのだ。

注

（1）本稿では煩雑さを避けるために、アレントの著作から引用する際は略号を用い、各著作と略号は文末の参考文献リストに示した。なお、『全体主義の起原』からの引用は一巻本ペーパーバック版（Harcourt, Brace & Co, 1973）を用い本文中にその頁数を（p）として示し、邦訳の該当箇所についてもⅡ

ないしⅢで巻数を、漢数字で頁数を併記した。

（2） 清眞人は暴力を実存論的に解釈することに際してサルトル『弁証法的理性批判』から「人間を一匹の犬として取り扱うためには、まずはじめに彼を一人の人間として認知しておかねばならない」という一節を引用し、暴力が人間関係の切断に生起するものであることを論じ、暴力が本質的に人間の人間に対する感覚麻痺を随伴するものであり、そうであるがゆえに、主題としての暴力が「人間にいわば存在論的に課せられた問題」であることを指摘している。本稿は、人種差別における暴力の問題を考察するにあたり、この清の実存論的暴力分析の議論に大いに影響を受けた。

参考文献

Arendt, Hannah, 1973. *The Origins of Totalitarianism*（*New Edition with added Prefaces*）Harcourt, Brace & Co.（大久保和郎・大島通義・大島かおり訳『全体主義の起原』みすず書房、二〇〇六）（OT）

——, 1972. *Crises of the Republic*. Harcourt Brace & Co.（山田正行訳『暴力について』みすず書房、二〇〇〇）（CR）

Canovan, Margaret, 1992. *Hannah Arendt: A Reinterpretation of Her Political Thought*, Cambridge University Press.（寺島俊穂・伊藤洋典訳『アレント政治思想の再解釈』未来社、二〇〇四）

川崎修『アレント——公共性の復権』講談社、二〇〇五

清眞人『実存と暴力——後期サルトル思想の復権』御茶の水書房、二〇〇四

牧野雅彦『精読アレント『全体主義の起源』』講談社選書メチエ、二〇一五

師岡康子『ヘイト・スピーチとは何か』岩波新書、二〇一三

Tsao, Roy T, 2002. '*The Three Phases of Arendt's Theory of Totalitarianism*', "Social Research: An International Quarterly" 69 (2): 579-619.

安田浩一『ヘイトスピーチ——「愛国者」たちの憎悪と暴力』文春新書、二〇一五

第九章 国籍と戸籍

遠藤正敬

ヘイトスピーチやレイシズムが社会のなかで胎動するとき、国籍の違いを根拠とすることが多い。例えば、在日コリアンが日本政府から認められている特別永住権を不当な「特権」であるとして攻撃する場合、それは「外国人」であることが非難の前提となっている。また定住する外国人に参政権を付与することに反対する人々は、参政権は「国民主権の原理」に基づく「国民」固有の権利であり、参政権を獲得したいなら国籍を変更しろという。

だが、ヘイトスピーチが持続的に憎悪の標的とするのは、国籍以上に人種、民族、いいかえれば「血」であると考えられる。それこそレイシズムに拠って立つ憎悪である。つまり、国籍は同じであるにもかかわらず、移民の子であったり、帰化者であったりすれば、「敵」とみなされる場合がある。二〇一六年におけるトランプの米国大統領選での勝利は世界中に衝撃を与えたが、彼の移民に対する度重なる憎悪的発言は、同じ「国民」でありながら、その出自を根拠に排除の対象を特定するレイシズムの発露にほかならない。

日本では、そうしたレイシズム的心情を喚起する効果が戸籍にある。それというのも、戸籍は「日本人」のみを登録するものであり、かつその出自を冷徹に記録するものだからである。つまり、現在は国籍上「日本人」であっても、帰化者であったり、旧植民地出身者の子孫であったりする者は、戸籍に表示される「血」によって、公私において差別的な視線を浴びることになりやすい。一体、戸籍に記載されている「日本人」とは何なのか。

本稿では、日本のレイシズムを論じる上で、「国民」という国籍を基準とするカテゴリーのなかに、「人種」や「民族」に由来する差別を戸籍がいかに醸成してきたかを考えてみたい。

国籍は「国民」としての法的な資格であり、個人が一定の国家に帰属していることを示す標識である。

欧米では「国籍」はシチズンシップ（citizenship）と表現されることが多い。シチズンシップというと「市民権」という意味が強くなる。一方、「国籍」をナショナリティ（nationality）という場合も少なくないが、この表現の場合は、国民／外国人の境界を画定することを念頭に置いている。米国ではシチズンシップとナショナリティが区別されており、「国民」（national）であっても「市民」（citizen）でない者も存在する。

国籍は出生と同時に取得した後、自己の意思で変更したり、離脱することができる。ただし、だれを「国民」として選定するかは国家の主権に属し、また国民が無国籍となって無権利状態に置かれることを防ぐため、個人の国籍の変更は国家の許可が必要とされるというのは国際法上の共通理解である。

一方の戸籍は、日本人の身分関係―親が誰、子が誰、配偶者が誰―を登録する登録簿である。そして、戸籍は日本国籍であることを公証する資料である。したがって、戸籍をもたないということは、日本国籍を証明するためのひとつの手段がないという意味であり、必ずしも日本国籍をもたないということを意味しない。

しばしば、国籍と戸籍を混同する人々も見受けられる。だが、両者は〝似て非なるもの〟などといった関係ではない。戸籍は、あくまで国家による国家のための身分登録であり、個人のシチズンシップとは次元の異なる存在である。ただ、戸籍と国籍は深い接点をもっている。それは、戸籍は日本国民の証明という点である。このため、日本国民に対象を限定している権利（旅券の発給、国会議員選挙への立候補など）については、その申請において国籍の公証資料となる戸籍が必要とされてきた。だが、戸籍はあくまで国籍保持に付随する証明書であり、戸籍それ自体が国民としての権利の享有を保障するものではない。

それに、個人がどの戸籍に入るかは出生時における父母の意思や家庭環境などによって決まるものであり、当然ながら生まれて間もない嬰児の意思など介在する余地はない。戸籍に登録されてからも、国籍のように個人が自由意思に基づいてこれを変更したり、離脱したりというような個人の選択権は戸籍法において基本的に認められていない。

それというのも、戸籍は氏を基にして編製されるので、どの氏を名乗るかはそのままどの戸籍に入るかを意味し、氏の変更が当然に戸籍の変更になる。つまり、当事者の意思や現実の生活環境に反して一定の戸籍に登録されることがある。外国人と日本人が婚姻した場合、日本人の配偶者のみの戸籍が編製され、外国人の配偶者はその戸籍には記載されないが、それは外国人が氏をもたないことにも由来している。

1.……差別の温床となる戸籍

戸籍は国民を管理するという国家の目的に資する制度である。

戸籍が個人単位ではなく、家族単位で編製されていることの合理性、利便性として唱えられるのが、戸籍は一括一覧して広範囲の家族情報が効率的に把握しうるという点である。これが、前述した索引的機能である。

しかし、戸籍上には人によっては公開を望まない情報が数多ある。離婚歴、「非嫡出子」、帰化といった事項である。古い除籍簿には「私生子」「庶子」の記載、族称などの現在は記載の廃止されている事項が含まれていることもある。これらの事実が無制限に検索され、公表されるようなことがあれば重大な人権侵害を誘発・助長するのは目に見えている。

さらに、戸籍法施行規則第三十九条には、婚姻・養子縁組によってつくられた新戸籍、または転籍した後の戸籍に、従前の戸籍に記載されていた事項で引き続き記載しなければならない事項（これを「移記事項」という）が定められている。例えば、性転換によって戸籍上の性別を変更した者が旧戸籍を出て新戸籍を編製した場合にも、新戸籍に性別の変更を移記すべきものとされている。婚姻や養子縁組によって新しい戸籍をつくっても、〝特殊〟とみなされる個人情報は権力による監視が続くのである。

かつては、外国人が帰化した場合もそうであった。帰化を許可された者は新たに戸籍に記載されるが、帰化したという事実も一九六〇年まで新戸籍編製後も移記されるものとなっていた。帰化者の戸籍には終生、元「外国人」という事実が公示され、戸籍を一見すれば帰化者であることが判明した。

その上、戸籍は過剰といえるほどの個人情報を掌握したものであるにもかかわらず、一九七六年まで公開の原則が維持され、手数料さえ収めれば何人にも閲覧が許されてきた。これによって戸籍が身許調査の道具として使われ、出自をめぐる社会的差別の温床となったのである。

2. 旧植民地をめぐる国籍問題

国籍を同じくする「国民」であっても、すべからく平等な処遇を受けるわけではない。それを如実に示すのが、日本の植民地統治における国籍と戸籍の関係である。「大日本帝国」の時代、日本の植民地であった朝鮮、台湾、樺太の出身者はすべて日本国籍をもつ「帝国臣民」として扱われた。

ただし朝鮮に限り、国籍法を施行せず、朝鮮人に日本国籍の離脱を許さないという方針が貫かれていた。これは、一九世紀後半から中国の間島に移住していた朝鮮人を「日本人」として統制するために日本国籍に縛りつけておく目的からであった。

しかし、同じ「日本国籍」でありながら、戸籍については境界線が設けられた。日本は植民地における「旧慣調査」に基づき、内地の法を画一的に適用することを避け、植民地固有の民族的慣習に適合する特別立法の制定を認める「旧慣尊重主義」を採った。その結果、朝鮮、台湾、樺太といった植民地は帝国日本における異法地域としての「外地」となった。

こうした統治方針は戸籍制度に象徴的に表れた。日本は植民地に内地の戸籍法を統一的に施行するのではなく、異法地域ごとに個別の戸籍法令を制定していった。

朝鮮では、日本の保護国であった一九〇九年に身分登録として民籍法（隆熙三年法律第八号）が制定されたが、一九二二年にこれに替わって朝鮮戸籍令（一九二二年総督府令第一五四号）が公布され、内地の戸籍法に準じた朝鮮戸籍が実施された。

また台湾では、一九〇五年に戸口規則（一九〇五年総督府令第九三号）に基づき、戸口調査簿が編製された。これは警察や憲兵による治安取締りのための住民台帳に近かったが、一九三二年「本島人ノ戸籍ニ関スル件」（一九三二年律令第二号）により台湾戸口調査簿は公式に台湾人の「戸籍」として扱われるようになった。ただし戸口調査簿には漢族（「本島人」と呼ばれた）のみを登録し、漢族以外の原住民（アミ、タイヤルなど）については「蕃社台帳」などによって管理した。

樺太は朝鮮、台湾と異なり、住民のおよそ九割を内地人が占めていた関係から一九二四年に植民地では唯一、内地の戸籍法が施行され、一九四三年から内地に編入された。樺太アイヌは内地人との同化が進んだものとして一九三三年から戸籍法が適用された。それ以外の原住民（ニブヒ、ウィルタなど）は戸籍法の適用外に置かれ、「樺太土人戸口規則」（一九〇八年樺太庁令第一七号）に基づく戸口調査簿によって管理され、「樺太土人」と総称された。

かくして異法地域ごとに個別の戸籍制度による管理が行われた結果、「日本臣民」のなかで内地籍・朝鮮籍・台湾籍といった区分が生まれ、本籍がいずれにあるかが「内地人」「朝鮮人」「台湾人」という「民族」の認証（「民族籍」）となった（表1）。つまり、いずれかの戸籍に登録された者は、その本籍のある地域に民族的にも帰属する者として管理されたのである。例えば、日本人（内地人）でも、朝鮮人との婚姻に

表1　「帝国臣民」の区分－戸籍を基準とした「民族」の境界（1933年以降）

	「民族」の区分		識別の基準	根　拠　法
内地人	日本人		内地戸籍	戸籍法（1872年壬申戸籍～）
	樺太アイヌ（1933年～）			
外地人	台湾人	本島人	台湾戸籍	戸口規則
		蕃人（高砂族）	蕃社台帳	蕃社台帳様式
	朝鮮人		朝鮮戸籍	民籍法・朝鮮戸籍令
	樺太原住民（アイヌ以外）		土人戸口簿	樺太土人戸口規則

より、朝鮮戸籍に入籍すれば「朝鮮人」が公式の身分とされた。

これらは同じ「帝国臣民」の枠内で被支配民族を重層的に差別するものであり、他にあまり類例をみない登録体制であった。だが、注意しなければいけないのは、決してそこで引かれる境界線は血統に基づくものではなく、まさしく戸籍に基づくものであったということである。

敗戦により「大日本帝国」が解体するが、旧植民地出身者は平和条約による国籍確定までの時期、「日本国籍」を保持するも、参政権の喪失、外国人登録令の適用など、その実効性は停止されるという不安定な地位に置かれた。

一九五二年四月二十八日、サンフランシスコ平和条約が発効し、朝鮮・台湾・樺太が正式に日本領土から独立したが、同条約には分離する領土に帰属すべき者の国籍については何ら規定がなかった。だが、条約発効の九日前である一九五二年四月十九日付で「平和条約の発効に伴う朝鮮人、台湾人等に関する国籍及び戸籍事務の処理」と題した法務府民事局長通達（以下、「一九五二年通達」とする）が発せられた。これにより、内地に居住していた朝鮮人・台湾人は平和条約発効日をもって一斉に日本国籍を喪失するものとされた。

これを正確にいうならば、同通達のいう「朝鮮人」「台湾人」は朝鮮戸籍、台湾戸籍に入るべき扱いを受けた者を指し、元は内地人であってもいずれかの戸籍に入籍する扱いを受けた者は、「朝鮮人」あるいは「台湾人」とされ、日本国籍を失うものとなった。つまり、血統や民族を根拠とするのではなく、内地、朝鮮、台湾のいずれの戸籍に属しているかで、「日本国民」と「外国人」の線引きがなされたのである。

3. 戸籍における〝排外主義〟

戸籍は日本国籍の証明である。なぜかといえば、戸籍は登録の対象を「日本国民」に限定しているからである。つまり戸籍は〝排外主義〟をそのひとつの主柱としているのである。

したがって、日本人が日本国籍を喪失したら戸籍から抹消される。現行国籍法では、次の場合はいずれも日本国籍を喪失するものと定めている（第一一、一二、一三条）。

A、自己の志望により外国籍を取得した者、

B、国外での出生により日本国籍と同時に外国国籍も取得しながら、日本国籍を留保する旨を届け出なかった者、

C、法務大臣への届出によって日本国籍を離脱した者、

D、日本と外国の国籍を有していたが、外国の国籍を選択した者

これらの理由により日本国籍を失った者は、国籍喪失の事実を知った日から一ヵ月以内（届出人が外国にいるときは三ヵ月以内）に在外公館または本籍地市区町村へ国籍喪失

届を提出することが義務づけられている（現行戸籍法第一〇三条）。国籍喪失届が受理されれば、その者は現在記載されている戸籍から除籍される。

だが、戸籍に記載されるのは日本人のみであるという旨の明文規定は現行戸籍法のどこにも見当たらない。これは、外国人は戸籍をもたないということが自明の原則であるという意味なのであろうか、

そこで、外国人と戸籍の関係をめぐる歴史的経緯を、明治初年に成立した壬申戸籍にさかのぼって考えてみたい。

一八七一年の太政官布告第一七〇号に基づき、「全国総体ノ戸籍法」（同布告前文）として制定された壬申戸籍は、現在の戸籍法の源流である。この太政官布告の前文には、「戸籍人員ヲ詳《つまびらか》ニシテ猥《みだり》ナラサラシムルハ政務ノ最モ先シ重スル所ナリ。〔略〕去レハ其籍ヲ逃レテ其数ニ漏ルルモノハ其保護ヲ受ケサル理ニテ自ラ国民ノ外タルニ近シ。此レハ人民ノ戸籍ヲ納メサルヲ得サルノ儀ナリ」〔傍点、筆者〕と述べられていた。つまり、戸籍の記載から外れた者は「国民」として保護を受けられず、それが困るならば戸籍をつくるべしという趣旨であった。

さらに同布告の第一則において、「臣民一般（華族士族卒祠官《しかん》僧侶平民迄ヲ云以下準之《これにじゅんす》）其住居ノ地ニ就テ之ヲ収メ専ラ漏《もら》スナキヲ旨トス」〔傍点、筆者〕と定めていた。壬申戸籍は「臣民一般」、すなわち「日本人」を余すところなく登録することを志向するものであった。ここで初めて公式に「日本人」の定義が宣明されたわけであり、その意味で壬申戸籍は「元祖日本人」の登録となった。

明治国家において戸籍は家制度と不可分に結びつくものとなった。一八九八年に施行された明治民法をもって家制度が確立した。明治民法は、その第七三二条において

「戸主ノ親族ニシテ其家ニ在ル者及ヒ其配偶者ハ之ヲ家族トス」〔傍点、筆者〕と規定した。これは戸主の「家ニ在ル者」が明治民法上の「家族」とされるという重要な条文である。問題となる「家」の意味であるが、これについては民法起草委員の一人である富井政章が「家ハ戸籍ノコトヲ云フ」（一八九六年十月十六日法典調査会。『民法議事速記録五』、五〇四頁、法務大臣官房司法法制調査部監修『日本近代立法資料叢書五』商事法務研究会、一九八四所収）と端的に説明していたように、家すなわち戸籍を意味した。家は戸主を主軸として、同一の氏をもち、同一の戸籍に記載される親族集団である。かかる制度としての家が日本国家の基盤とされ、日本人は必ず一つの家に属することが求められた。

これをいいかえるならば、日本の家に入れるのは日本人のみであるということになる。明治民法の第九六四条第一項には、家督相続の発生する事由として「戸主の死亡、隠居または国籍喪失」を定めていた。つまり、戸主が日本国籍を喪失したら、戸主でなくなるわけである。換言すれば、外国人は戸主になることができないのであり、家督を継ぐ資格のない者は家の一員ではない。それに加えて、外国人は戸籍の編製基準となる氏というものを持たない。まさしく家＝戸籍は日本人にしか生存を許さない空間なのであった。

これを裏打ちするように、明治民法施行日と同じ一八九八年七月十六日に施行された明治三十一年戸籍法は、次のように戸籍を作成されるのは日本国籍者に限られるという〝純血主義〟を宣明した。

第一七〇条　戸籍ハ戸籍吏ノ管轄地内ニ本籍ヲ定メタル者ニ付キ之ヲ作成ス日本ノ国籍ヲ有セザル者ハ本籍ヲ定ムルコトヲ得ズ〔傍点、筆者〕

これは、外国人と日本人が一つの家を構成することを否定するものであり、家の〝純血〟を貫徹させる趣旨から周到に挿入したものであった。

この明治三十一年戸籍法第一七〇条第二項の規定は、一九一四年の改正戸籍法の第九条「戸籍ハ市町村ノ区域内ニ本籍ヲ定メタル者ニ付戸主ヲ本トシテ一戸毎ニ之ヲ編製ス」（傍点、筆者）という規定に一本化される形で削除された。これは、日本の家において外国人は戸主となりえないことが当然の了解事項とされていたからである。戸籍法を貫く純血主義は自明の不文律として確立され、今日まで維持されている。

4.……戦後における戸籍の〝純化〟

「日本人」として戸籍が創設される最初にして最も基本的な機会は出生届である。周知のように日本の国籍法は血統主義であるから、「日本人の子」としての出生届はその子に生まれながらに日本国籍を取得させるものでとなり、たとえ届出期間を経過している場合でも届出によって戸籍に記載すべきものとされてきた。

だが、一九五九年八月二十七日付で各法務局長、地方法務局長あてに発せられた法務省民事局長通達は、届出期間を経過した出生届について、子が学齢（六歳〜十五歳）に達した後に届け出られた出生届については今後、市町村長はまずその受理・不受理について監督法務局、地方法務局の指示を求めるべきものと指示した。

この通達は、子が相当の年齢に達した後に出された出生届は、朝鮮人など日本国籍ではない者が「日本人」と偽って届け出たものであり、これを市町村長が受理して戸籍に記載された例が少なくなかったことから、そのような虚偽の出生届を監督法務局の慎重なる調査に付することによって防止するのが主たる目的であった。

また、なぜ子が学齢に達した後の出生届についてこのような扱いとしたのかというと、一般に出生届を出していないことに気づくのは子が学齢に達した時が最も多いという実情を考慮したものであった（『戸籍先例全集（六）』日本加除出版、七五五頁）。

つまり、出生届の審査を厳格化したその底意には、学齢に達して以後の年齢になって出生届を出してくるのは不自然であり、それは「日本人」を偽装した朝鮮人などの仕業であるという判断があったのである。同旨の通達はこの後も一九六一年、一九六二年と再三、法務省から発せられている。

一九五九年という時期にこのような通達が出されたのは、一九五二年通達による「旧帝国臣民」の国籍喪失がその背景にある。植民地支配における戸籍の区分に基づいた「民族」の線引きをそのまま「国民」の線引きに利用して朝鮮人、台湾人は元「内地人」も含めて一斉に「外国人」に追いやられた。そして平和条約発効日と同日に公布施行された外国人登録法（一九五二年法律第一二五号）の管理下に置かれた。

一夜にして「外国人」いう身分に追いやられた旧植民地出身者の中には、これを日本国籍の〝剥奪〟と受け止めた人々も当然あろう。

しかも外国人になったとはいえ、在日朝鮮人の「国籍」というのも、その実効性には問題があった。一九四八年に朝鮮半島の南北分断が固定化して以降、外国人登録の国籍欄の「朝鮮」は、実体としての国籍を意味するものではなくなった。一九五〇年に駐日韓国代表部の要請を受けて日本政府が在日朝鮮人のうち、韓国国籍への変更を希望する者については外国人登録の国籍欄を「朝鮮」から「韓国」に変更することを認めたのであるが、「韓国」に変更しなかった人々の国籍欄は「朝鮮」と記載されたままになっているにすぎない。したがってそれは日本政府が未承認の朝鮮民主主義人民共和国の国籍を意味するものでもない。

その上、周知のように外国人登録法は一九五五年から指紋押捺義務が実施されるなど個人の尊厳を毀損する内容であった。そして参政権、公務員就任のみならず、民間の就職においても国籍の壁が大きく立ちはだかった。かかる国籍差別による不利益と苦痛をせめて我が子には味わせたくないと親が切願するのは不自然なことではない。

そもそも旧植民地出身者に対して日本国籍留保の選択権を与えることなく、平和条約発効を境に一斉に日本国籍を喪失させるという戦後処理の方法に問題の元凶があるのは多言を要さないであろう。

戦後、帝国解体を受けて日本が「国民国家」として再編されていく過程は、旧植民地出身者が「国民」の構成員から除外される過程であった。その支柱となったのは、「国民」の地位を有するのは戸籍に登録された「日本人」であるとする戸籍原理主義であった。

5. 今なお残る国籍の壁

外国人に対しても、日常生活のなかでさまざまな行政サービスの給付を受ける権利と機会がどれほど保障されるかは、滞在する国家の裁量にゆだねられてきた。日本では国民に開かれた一般的な社会保障制度が成立するのは、戦後になってからである。生活保護、国民健康保険、国民年金などがそうである。だが、その大半は、外国人は適用対象としないという国籍条項を設けていた。とりわけ戦前から日本に在住していた旧植民地出身者は、高齢者となっても国民年金をはじめとする社会保障の受給を受けられなかった。さらに、一九五〇年代から復活した戦争犠牲者援護も、戦傷病者戦没者遺族等援護法、恩給法をはじめとして、被爆者援護関係を除いてことごとく国籍条項を有し、かつて旧日本軍において軍人・軍属となった朝鮮人、台湾人の元日本兵は蚊帳の外に置かれた。

こうした差別が是正されるようになるのは、日本が一九八一年に難民条約に加入した時であった。同条約は難民として認定した者に対して、社会保障について自国民と均等な待遇を与えることを定めており、日本もこれに対応するよう国内法の改正が必要となった。かかる〝外圧〟の効果として、国民年金法、児童手当法などから国籍条項が撤廃された。

これ以降、日本では国籍の有無によって生じる行政サービスの差別は徐々に解消する方向に動いてきてはいる。

しかし、就職の面ではまだ国籍の壁が厳然と残されている領域がある。現在、日本国籍者であることを採用または免許交付の要件として法律上規定しているのは、国会・地方議会議員、外務公務員、公証人、水先人、無線局の開設者などである。もっとも、このうち応募や受験申請にあたって戸籍の提出を法令上義務づけているのは国会および地方議会の議員と水先人のみである。なお、重国籍者についてはどうかというと、これらの職種および資格においては、外務公務員を除けば、いずれも重国籍者の採用および免許取得を禁止されていない。よって、二〇一六年九月に民進党代表に選出された蓮舫参議院議員が日本と中華民国（台湾）の〝二重国籍〟であるとして大きなバッシングを受けたが、国会議員が複数の国籍をもっていようと違法ではないのである。

一般の国家公務員の採用については法律上の国籍条項はない。だが、一九五三年三月二十五日に内閣法制局により「公務員に関する当然の法理として、公権力の行使または国家意思の形成への参画にたずさわる公務員となるためには、日本国籍を必要とするものと解すべきである」とする見解が示された。これに従い、国家公務員となる者は日本国籍が必要であることが「当然の法理」として日本社会を規律し続けている。

6.……おわりに

二十一世紀を迎えてからほぼ二十年あまりが過ぎ、グローバル化の波に乗って国家の支配領域の境界を往来する人の移動は、移民、出稼ぎ、転勤、留学、そして難民など時間軸も長短さまざまに常態化している。無国籍者や重国籍者など、国籍の谷間に生きる人々が珍しいものではなくなり、「国民」の内実は多様化・流動化の一途をたどっている。

今や「国民」「外国人」の別を画する境界線は希薄化したかにみえる。

しかしながら、日本の国籍法は一八九九年の制定以来、一貫して血統主義を維持している。世界各国の国籍法をみると、血統主義・出生地主義のどちらかを原則としつつ、もう一方を補完的に採用して「国民」の範囲を拡大する方向にあるが、日本は比較的単純な血統主義を維持している。日本の国籍観念においては、家の思想に基づく血縁の尊重が根強く、地縁による国家との結合性を「国民」の要素とする観念が薄い。

戸籍は依然として「日本人」の血統証明という擬制的な存在意義をもって生きながらえている。日本国内でも、国際結婚が増加し、外国人が世帯主となっている「混合世帯」も決して特殊な例ではなくなっている。だが、戸籍の上では、こうした国際家族は引き裂かれる。

そして前述の通り、戸籍への届出の審査を厳格にすることにより、戸籍を「日本人」の登録簿として純化するとともに、「日本人」の門戸をなるべく狭めることで、内向きな国民国家としてあり続けようというのが、今日の日本国家が理想とするところなのであろうか。

戸籍は、民族、文化、ジェンダーといったさまざまな差異をもつ個人のアイデンティティをその硬直した規格に押し込んで「日本人」として画一化するものである。その規格への適合を拒む者は「まつろわぬ者」や「非国民」として貶められる。かくして日本国家への同調圧力がつくり出される。これが戸籍のもつ権力性をもってきた。レイシズムの厄介なところは、「国民」という表装的な同質化を強要する裏面で、その内なる「血」をも取り沙汰して排撃する点である。戸籍は出自にまつわる境界線を「日本人」のなかに設定し、かつ公示することによって社会的な差別や格差を再生産する効果をもってきた。これは支配権力が国民を階層的・分断的に統治するという目的に役立ってきたものといえよう。

参考文献

遠藤正敬『戸籍と無戸籍――「日本人」の輪郭』人文書院、二〇一七
遠藤正敬『戸籍と国籍の近現代史――民族・血統・日本人』明石書店、二〇一三

佐藤文明『戸籍がつくる差別――女性・民族・部落、そして「私生児」差別を知っていますか』現代書館、一九八四
田中宏『在日外国人　第三版』岩波新書、二〇一三

第一〇章　日本型ヘイトスピーチを支える一九五二年体制
「在日特権」を生み出す戦後日本の入管法制

梁 英聖

1.……はじめに

嗤いながら「殺せ」などと叫ぶ、極度の反人間性に象徴される二〇〇〇年代後半以降の日本で頻発するヘイトスピーチ(1)は、過去の在日コリアンへのレイシズム(2)と共通性を持ちつつも、それらと比べても段違いの酷さをもつものであった。そのなかでも最も酷いといえる言説が「在日特権」(以下カッコ略)である。それは「水道代がタダ」等に代表される、在日コリアン(3)という民族的マイノリティが日本で特権を享受している等とする、稚拙かつ悪質なデマだ。

しかしいったいなぜ、在日特権論は、未だに強力な差別煽動効果を持つヘイトスピーチとして機能できるのか。しかも在日特権論は巷のレイシストだけでなく、地方・国会議員を含む極右政治家が活用できるのか。

というのも、在日特権論はあらゆる観点から考えてみても、大きな影響力を持つことがあり得ないはずのデマ・差別だからだ。それは後述する通り日本という、差別禁止法制も、マイノリティ法／政策も、多文化主義政策も、二重国籍容認も、移民政策も、それどころか公的な外国人政策も、何一つ存在しない国で起きている「バックラッシュ」だからだ。[4] レイシストが攻撃対象とするほどのたいした勝利も、法律も政策も存在しないのに、なぜか「バックラッシュ」だけは欧米よりも酷いという事態を、私たちはどう説明したらよいのだろう？

さまざまな要因を分析しなければなるまいが、短い本稿ではそのうち最も基本的だと考えられ、かつ在日特権の代表格とみなされている特別永住資格を定める、入管法制を取り上げたい。[5] 一九五二年体制と呼ばれる戦後日本の入管法制の構造こそが、在日コリアンはじめ在日外国人への差別を助長してきた法制度であったし、その理解なしに在日特権論を理解することは困難である。

2. 一九五二年体制とは

一九五二年体制とは「出入国管理令〔①入管法〕、外国人登録法〔②外登法〕、法律第一二六号〔③法一二六〕を柱とする入管法制」（大沼保昭『単一民族社会の神話を超えて』東信堂、九四頁）のことである。つまり戦後日本がGHQ占領下から独立した、サンフランシスコ講和条約が発効日である同年四月二十八日（四・二八）に整った外国人管理制度だ。

後述する通り、五二年体制は最初から在日コリアンの弾圧目的に、官民挙げて米国に協力した朝鮮戦争下の日本で作られた。それだけでなく、四・二八という日本独立の日に在日コリアンの日本国籍を剥奪することで、朝鮮植民地時代からの戸籍を駆使したレイシズム法制を、入管法制として継続したという側面をもつ。

構造に注目すると、五二年体制は一般法としての入管法（①②）と、その例外を規定する特別法（③）という、二つの異なるタイプの法律から成る。

①入管法は、国境を往き来する人の管理を規律する法律であり、②外登法は、国外から入国した外国人を出国するまで管理する法律であった（二〇〇九年の大改正で②が廃止され、①の入管法に統合）。この①②のレベルの入管法制は基本的に外国人を、外国のパスポート（旅券）を持ち、入国前にビザ（査証）を取り、上陸・入国を経て、定められた在留資格・在留期限で在留した後は、期限内に出国する、というやり方で管理する。

右の一般法に対し、③法一二六は特別法の関係にある。正式名称「ポツダム宣言の受諾に伴い発する命令に関する件に基く外務省関係諸命令の措置に関する法律」（昭和二十七年法律一二六号）といい、長いので関係者が「法一二六」と呼ぶそれは、四・二八に成立した、朝鮮人・台湾人という旧植民地出身者にのみ特別に在留資格なしでも在留してよいと定めた特例法であった。これこそ在日特権の筆頭に数えられる入管特例法の淵源である。

すでに五二年体制が、外国人は原則日本に入国する権利も在留する権利もないはずなのに（①②）、在日コリアンだけは入管法上の特別に優遇されている、という論理を内包している。特別永住資格が特権であるとする発想は、五二年体制の構造に由来するのである。本稿の議論を理解する一助として左図を挙げておく（図1）。

この五二年体制が重要なのは、今日まで日本の外国人政策の代理物として用いられて続けてきたからである。日本にはアパルトヘイト体制のような公的で明示的なレイシズム政策はないのかもしれない。しかし、どの国にもある入管法制が、在日コリアンはじめ民族的マイノリティへのレイシズム政策の代理物として用いられてきたのだ。

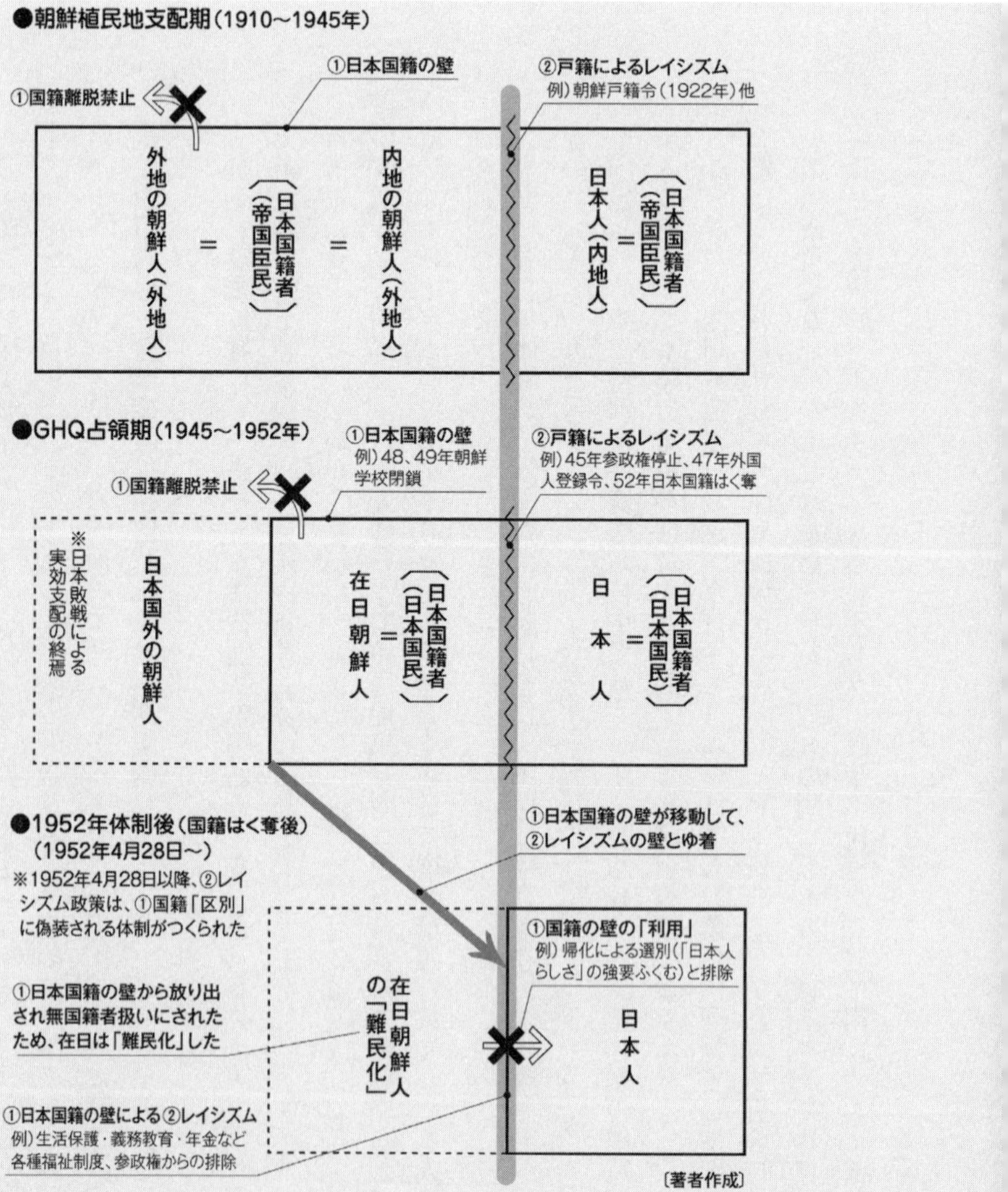

図１　1952 年体制の成立（レイシズムの壁の連続性）

この政策なきレイシズム政策のからくりを理解することが、日本のレイシズム・ヘイトスピーチを理解するうえで決定的なのである。

五二年体制の成立過程を理解するため、その元となった朝鮮植民地支配のレイシズム法制にさかのぼって確認していこう。

3. 朝鮮植民地支配における国籍とレイシズム

植民地支配時代の日本の朝鮮人支配の法的枠組みは次のようなものであった。「朝鮮人の地位は、①「韓国併合ニ関スル条約」を根拠に朝鮮人を帝国臣民として一律日本の統治権に包含する、②朝鮮人の日本国籍離脱を防止するため朝鮮に国籍法を施行しない、③臣民内の支配民族と被支配民族の差異を維持するために戸籍で朝鮮人・日本人を峻別しつづける、という三本の柱でできていた」(鄭栄桓『朝鮮独立への隘路』五頁)。一九一〇年の韓国併合によって①「日本国籍の壁」によって朝鮮民族を囲い込み、②「国籍の壁」から出られないようにカギをかけ、③そのうえで戸籍という「レイシズムの壁」を法制度として貫く、ということである。

朝鮮植民地支配は国籍の壁とレイシズムの壁を巧妙に使い分けたレイシズム法制でもあった点に注意されたい。

国籍の壁によって日本政府は、一九一〇年の韓国併合によって朝鮮民族全員を大日本帝国臣民として法律上の支配の対象にすることができた。たとえば中国東北地方の在中朝鮮人(植民地支配による生活破壊によって生み出された離散朝鮮人)を、一方では「邦人」(日本国籍者)保護を名目に侵略の口実に利用するとともに、他方では朝鮮独立運動を行なう彼らを軍事的に「討伐」することを正当化する口実にも利用した。朝鮮人にとって日本国籍はいわば植民地支配に閉じ込めるための「壁」であった。

しかし第一次世界大戦後に急増する在日朝鮮人人口により、日本政府は「内地」で朝鮮人と日本人の間に法的な区別がなくなるリスクに直面した。ゆえに一九二二年に大日本帝国は朝鮮戸籍令を制定し、内地戸籍と外地戸籍を峻別することで法的に両者を区別するレイシズム法制をつくった。

つまり朝鮮植民地支配において朝鮮人の法的な支配は、①日本国籍の壁に囲い込み義務を押し付けると同時に、②戸籍というレイシズムの壁によって権利を剥奪し差別する、というやり方をとった。この国籍・レイシズムの二重の壁を組み合わせる方法が敗戦後のGHQ占領期にも、基本的に引き継がれるのである。

4. GHQ占領期の国籍とレイシズム

右の植民地支配の法制は、日本敗戦/朝鮮解放後、朝鮮半島では実質的に効力を失ったが、しかし日本に取り残された在日コリアンについては継続した。GHQは当初から在日コリアンの国籍問題についてはあいまいな態度をとり、事態の推移にともなって在日の日本国籍保持による法的拘束を追認し、日本政府による支配権限を認めていった。引き続き国籍とレイシズムの壁に沿って経緯をみていく。

国籍については、一九四五年十一月の有名なGHQの「初期の基本指令」(日本占領及び管理のための連合国最高司令官に対する降伏後における初期の基本指令(一九四五年十一月一日))に、「台湾系中国人及び朝鮮人を、軍事上安全の許す限り解放民族として取り扱う。彼らは本指令に使用されている『日本人』という語には含まれないが、彼らは、日本臣民であったのであって、必要の場合には、貴官は、敵国民として処遇してよい」と明記されていた（以下、梶村秀樹「在日朝鮮人にとっての国籍・戸籍・家族」『梶村秀樹著作集第六巻在日朝鮮人論』より）。

つまり基本的には「解放民族」＝日本臣民ではないが、あくまでも「軍事上安全の許す限り」のことであって「必要の場合には」「敵国民」＝日本国籍者として扱ってよいということであった。ＧＨＱが玉虫色の解釈を可能にしたことは、在日朝鮮人の国籍問題に自らは立ち入らないという建前を崩さないまま、その後日本政府が在日コリアンを戦前となるべく変わらない形でレイシズム政策の対象とすることを可能にする重要な条件となった。

このように日本国籍はＧＨＱ占領期も変わることなく在日朝鮮人を拘束し続けた。これは朝鮮人を従来通り支配する権限を日本政府が出来るだけ維持しようとした結果、事実上、ＧＨＱに追認されたものだった。

日本政府によって維持されたのはレイシズムの壁も同じだった。たとえば一九四五年十二月、改正された選挙法の附則では、「戸籍法の適用を受けざる者」という表現で参政権が「停止」されている。女性の参政権を初めて認めたその選挙で選出された議員によって日本国憲法が審議され、一九四七年五月三日に施行された。新憲法の誕生時から、レイシズムによって旧植民地出身者（と米軍占領下の沖縄も）は排除された。

また外国人登録令（外登令）はその新憲法施行の前日、一九四七年五月二日に天皇最後の勅令（勅令第二〇七号）として制定された。戦後入管法制の起点となった四七年外登令は後の外登法と入管法を兼ねる法律だったが、それは外国人の入国を原則禁止し、国内にいる外国人の登録を義務付けた。

これだけでは外登令は外国人一般を対象とした入管法でしかない。しかし第一一条で「朝鮮戸籍令の適用を受けるべきもの」の「適用については当分の間外国人とみなされる」とされた。たった一行の挿入によって外登令は朝鮮人弾圧法になった。外登令は在日コリアンを日本国籍の壁に閉じ込めたまま、その内部ではレイシズムの壁により差別政策の対象とすることを可能にした。このことは「国籍選択権を行使しないまま〔四・二八に〕日本国籍から離れてゆく直接の法的端緒となった」（梶村秀樹前掲二五六頁）(6)。

ちなみに一九五一年に制定された出入国管理令についても日本政府は外登令と同じく「外国人とみなす」という条項を入れようとしたが、このときばかりはGHQの反対にあって挫折した（前掲大沼）。レイシズムを維持したい日本政府と反共主義のGHQの立場はかならずしも一致せず、場合によっては対立している。

このように戦後もGHQ時代を通じて、日本政府は在日コリアンを国籍の壁に閉じ込めながら、レイシズムの壁によって差別政策を行なうという法制は維持されたのである。

5. 一九五二年四月二十八日の日本国籍喪失措置

そして四・二八のサンフランシスコ講和条約発効時に日本政府は外地戸籍者を一律日本国籍喪失させるという暴挙に出た。いわく、サ条約は朝鮮の独立を認めている、だから原状復帰が必要で、だから国籍も元に戻した、という暴論であった。しかもそれは一九五二年四月十九日付の通達（法務府民事局長通達第四三八号）によってなされた。

この通達による国籍剥奪措置は幾重にも問題だった。列挙すると、①そもそもサンフランシスコ条約にはなんら在日朝鮮人の国籍について規定がない。②サ条約を議論した講和会議には一人の朝鮮人も出席しておらず意志も反映されていない。③国籍選択権が一切認められない（他国の事例では認められた）④憲法違反である（法律で国籍を定めるとする憲法一〇条）。

日本国籍を奪われた在日コリアンの法的地位はどうなったか。今度は日本国籍という壁の外に放逐された者という意味での「外国人」として、出入国管理令（入管令）の全面的な適用対象となった。つまり生存権を根底から支える在留権を奪われ、些細な口実で強制送還を強いられる不安定な立場に追いやられた。朝鮮人・台湾人はこれによって無国籍者扱いとなり、事実上の「難民以下」の法的地位に落とされたのである。

6. 法一二六という元祖在日特権

右の事態を入管法の立場からみると、その別の深刻さがみえる。

一般に入管法が想定する外国人とは、日本国が認めた外国の旅券を持ち、ビザ発給を受け特定の在留資格を認めた者だ。逆に言えば旅券もビザも持たない外国人は入管法が基本的には在留資格がないということで、原則として日本に入国することができない。

ところが植民地支配によって日本に居住することになった朝鮮人は、当然ながら旅券もビザもない。旅券・ビザ・在留資格などあるはずがない在日コリアンを、入管令上は国籍の壁の外にいる「外国人」として「平等」に全面適用するとどうなるか。入管令上のどの在留資格にも当てはまらない不法滞在の「外国人」が、一夜にして六〇万も増えることとなった。

そのためにつくられた特別法が法一二六だった。在日旧植民地出身者については当面（「別に法律で定める」まで）在留資格なしで在留してよい、という措置をとったが、これは断じて優遇措置ではなく、在留資格ゼロという極めて不安定な状況に追い込むレイシズム政策であった。

また不当なことに、法一二六の対象にはすべての在日コリアンは含まれなかった。法一二六の対象は、①一九四五年九月二日から五二年四月二十八日まで引き続き日本に在住した朝鮮人と、②その朝鮮人が五二年四月二十八日までに出生した子に限定された。このカテゴリが決して在日朝鮮人の定義になりえないことはいうまでもあるまい。第一、一度でも朝鮮半島と往き来した者は含まれない。朝鮮戦争の難を逃れ日本にやってきた者も、である。植民地支配を通じて朝鮮半島と日本との間に生活圏がつくられ、頻繁に行き来してきた植民地出身者にとって、あまりにも実情に合わない、無理のあるカテゴリであった。

そして、法一二六として在留資格なしで滞在できた在日の子については、何らの規定もなかった。それでも「平等」に入管法を適用すれば「不法滞在」になる。政府は法一二六の対象とは認めず「特定在留」という三年に一度更新しなければならない不安定な法的地位に追いやった。さらにその子（孫）は在留期間の更新期限が「一年もしくは三年」とさらに不安定となる「特別在留」とされた（朴鐘鳴編『在日朝鮮人の歴史と文化』明石書店、一五八頁)。

つまり法一二六は、在日朝鮮人の歴史と実情を踏まえ、その存在を公認して生活の権利を保障した政策ではまったくない。その反対に無理やり国籍を失わせた在日を当面いてよいとする極めて場当たり的例外的な措置にほかならず、そのためこの法一二六は、法律上の「離散家族」をつくりだす機能を果たした。家族・親族内部で法的地位がばらばらになるように、しかも子・孫と代が下るごとに法的地位はより不安定になるように仕組まれていたのである。

ここに在特会らがいう在日特権のロジックをみることは容易だろう。日本政府はこのときから国籍剥奪をしたうえで、一般外国人と在日の形式的「平等」を口実に使うことによって、事実上、在日コリアンへのレイシズム政策をつくることができたのである。

7. 今日からみた一九五二年体制の意味

公的な反差別・外国人政策ゼロのまま、外国人政策として代用される入管法制

以上説明した五二年体制は、今日も生きている。五二年体制の一般法部分については二〇〇九年の大改正によって外登法が廃止、入管法に吸収一本化されている。在日旧植民地出身者を例外扱いする特別法部分は法一二六の後も、六六年の入管特別法(日韓法的地位協定時の協定永住)、八二年の改正入管法(難民条約締結時の特例永住)を経て、一九九一年の入管特例法によって今日の特別永住資格がつくられている。

今日まで戦後日本社会で五二年体制が果たした役割を、改めて三つの観点から整理

しよう。

1 レイシズム法を入管法に偽装する体制の成立

一九五二年の国籍はく奪措置がそれじたい不当であることはいうまでもない。だが問題はそれ以上に、①日本国籍の壁の位置が、一夜にして②戸籍の壁の位置にまで、移動したことにある。「日本の場合、一九八〇年代半ばまで在日外国人＝在日旧植民地出身者の朝鮮民族と漢民族であり、政府による旧植民地出身者に対する民族政策が国籍制度とその後の国籍条項、同化を要求する帰化制度によって行われ、民族差別が『国籍区別』によってカモフラージュされ、民間でも外国人差別＝民族差別として行われてきた」（岡本雅享編『日本の民族差別』明石書店、三八頁）のだが、これは五二年体制なしにありえなかっただろう。レイシズムの壁が国籍の壁と癒着し、政策・法律レベルでの②レイシズムが①国籍「区別」に偽装されることで、非常に見えにくくなる、ということでも大きな意味を持つようになる。

2 戦後日本の外国人政策として代用された入管法制

レイシズム法を入管法制に偽装した五二年体制は、次の社会的条件が重なったため、悪いことに戦後日本政府の外国人政策の代用物として、今日まで用いられ続けた。

第一に、反レイシズム法も、その発展としてのマイノリティ・多文化主義政策もつくられなかった。ゆえに在日コリアンの場合、国からマイノリティとして公認されてもいないばかりか、国籍以外にその政策上の定義さえ存在しないままである。

第二に、国籍法が血統主義のままであり続けた。その結果、出生地主義国籍法と移民受け入れを想定した米国の移民国籍法のうち、厳しい入管法部分だけが、戸籍に紐づけられた血統主義国籍法のある日本の法制度に接木された。そのため定住外国人は原則として、法務大臣の裁量による帰化に成功しない限り、日本で生まれても五二年体制の管理下から逃れられない。しかも代を下るごとに法的地位が一層不安定になった。

第三に、戦後日本には公的な外国人・移民政策がつくられず、担当省庁さえ存在しなかった。

3 在日特権論を支える入管法制

そのため五二年体制が、戦後日本政府が在日コリアンを扱う際のほぼ唯一のモノサシとなった。非日本国籍者であればだれもが潜在的に退去強制の対象とみなされる入管法がモノサシになる以上、定住外国人が一定の権利を認められて生きることじたいが「特権」とみなされることになる。差別禁止法もマイノリティ政策がとられない以上、在日の権利も入管法制に例外・特別規定を設けるよりほかに達成しようがない。

その結果、在日の権利向上も、差別禁止法制の整備や、マイノリティ政策に結実することがなく、せいぜい五二年体制の特別法部分の改正にとどまるか、あるいは朝鮮学校補助金はじめ革新自治体の名目も制度もまちまちの、非常に限定的かつ権利性に乏しい諸措置にとどまったのである。在日特権論は入管法制の一般法部分をモノサシにして、右の権利性の薄い諸措置を「特権」とみなし攻撃するものであった。これは米国やEUなど他の先進諸国でみられる差別禁止法制や積極的差別是正政策、多文化主義政策へのバックラッシュと、新自由主義のなかで増大するレイシズムという文脈を共有しているといえよう。しかし、勝ち取られた反差別諸制度へのバックラッシュというよりも、むしろ反差別法制のないまま、五二年体制の一般法を用いて特別法・例外規定の諸措置を徹底的に攻撃するという位置づけをもつ日本の在日特権論はそのレベル・酷さという点では、まったく異なるのである。

8. 国籍・国境の壁とレイシズムの壁

以上述べた五二年体制の特徴は、国民国家が成立する以上不可欠でどの国にもある入管法制が、アパルトヘイト（南ア）やニュルンベルク法（ナチドイツ）やジム・クロウ法（米国）のようなレイシズム法制と同じ次元で機能してきた点にあった。これを今まで国籍の壁とレイシズムの壁の癒着と表現してきたが、ここでその意味をもう少し整理してみたい。

レイシズムの壁という言葉で表現してきたのは、人種差別撤廃条約で廃止することが義務付けられているレイシズム法制のことである。ナチドイツのニュルンベルク法や米国のジム・クロウ法、南アのアパルトヘイトなどである。朝鮮植民地支配時代の戸籍を用いたレイシズム法制もこれに入るであろう。

それに対して国籍の壁という言葉で表現してきたのは、人種差別撤廃条約が違法だと言い切れなかった次元でのレイシズム法制、つまり国籍法・入管法制のことであり、それなくして国民国家が成り立たない次元に位置づけられる法制である。グローバルな資本主義社会が二百近い諸国家に分裂している以上、国境をまたぐ労働力移動をコントロールする出入国管理を、国家は規律せざるを得ない。だからこそ基本的にどの国も国民を（非国民も）規定する国籍法を持ち、また非自国民には原則入国の権利を認めず、旅券とビザと在留資格によって厳格に在留を管理する限りで入国を認める方式をとる入管法制をもつ。そしてそれらは国籍・国境を用いた近代的なレイシズム法制でもあるのだ。それはEUの「難民危機」で非常に露骨になっている。

しかし国籍の壁は国民国家の根幹でもあるからこそ、人種差別撤廃条約さえ違法だと言い切れない。国籍法・入管法制は、レイシズム法制であるにもかかわらず、現代の国民国家が違法化することができないレイシズム法制なのである。

他方でレイシズムの壁はそうではない。人種差別撤廃条約が廃止・禁止を求めている次元のレイシズム法制なのである。

このように整理してみると、五二年体制の巧妙さがみえてくる。もう一度前掲図1をみてほしい。五二年体制はレイシズムの壁であるにもかかわらず、南アのアパルトヘイトや米国のジム・クロウ法のような猛批判を浴びることがなかった点で際立った特徴を持つ。なぜか。それは国籍の壁に癒着し、いわば国籍の壁にコーティングされたレイシズムの壁だったからだ。世界のどこにでもあるはずの国籍法・入管法制がレイシズムの壁で機能している点にレイシズム法制の不可視化の原因があった。

また別の視点からみると、五二年体制は、資本主義国民国家であれば米国だろうがEUだろうが不可避的にとる、国籍の壁を使ってレイシズム政策を行なうというレイシズム国家の形態が、具体的な法制度として体現されるにあたって、それに対抗する反差別規範に妨害されることなく、極めて純粋に自己を貫徹させたレイシズム法制だともいえるだろう。(7) 米国やEUは、もちろん入管法制が存在し国籍・国境の壁をつかって難民や非正規滞在者の人権を著しく制限しているという意味でレイシズム国家である。だが他方で差別禁止法制・マイノリティ政策・多文化主義などを諸制度において実現させている。だからこそ、国籍の壁次元ではレイシズム法制をなくすことができていないものの、レイシズムの壁次元では差別法をなくし、逆に反差別法制を整えることで、一国レベルではあるものの、差別を抑制するシステムをつくることができている。しかし日本の場合、EU、米国ほかどの国にもある国籍の壁に加え、レイシズムの壁が存在し、しかもそれが入管法制という国籍の壁という形をとって機能しており、おまけに差別禁止法制・マイノリティ政策・多文化主義といった差別を抑制する諸制度も存在しない。

米国やEUなど他の先進諸国で問題となるレイシズムは、レイシズムの壁の次元ではとっくにない。国境管理や国籍法といった国籍の壁をどうやって克服するかといったレベルにある。だからこそ社会科学の理論も国籍の壁への批判や、差別禁止法制・多文化主義の批判をテーマにしている。だがレイシズムの壁をどうやってなくすのか、あるいは差別禁止法をどうつくるかが問題となっている日本で、国籍の壁批判に焦点があたっている諸外国の理論を輸入するだけでは、実践的な課題をことごとく見誤ることになるだろう。

9. 五二年体制下での在日の権利

このような一九五二年体制が、以後あらゆる領域のレイシズムの基礎となった。一例として教育でのレイシズム政策についてみよう。

四・二八以後は、むしろ日本国籍がないことをフル活用して朝鮮学校をさらに排除する。一九四八、九年の朝鮮学校閉鎖時の在日コリアンによる猛烈な抵抗によって、東京ではわずかに公立校として存続がはかられたはずの、都立朝鮮人学校の場合がそれであった。四・二八以後、日本政府は手のひらを返したように、「外国人」には学校への就学義務はなく就学はあくまで「恩恵」という立場に変わった。そして五三年二月十一日には通知を出してこの方針を固めた。そして東京では「外国人」の為の教育に税金を使うべきでないとのロジックで、都立朝鮮人学校が廃校に追い込まれた。一九五五年のことである。

結果、朝鮮学校と朝鮮人（外国人）の教育政策上の扱いは次のようになった。

第一に、教育の義務と権利はあくまで日本国籍保持者のみに認められ、外国人が学校に通うのは「恩恵」である。だからいつでも入学や就学を拒否できた。じっさい朝鮮人であることを理由に学校に入れてくれない事例が続発した。「騒がない」などの誓約書を書かなければ入学が認められないというケースもあった。

第二に、朝鮮人学校・外国人学校は日本の教育体系からは体系的に排除されている。つまり朝鮮人は（日本国籍でない限り）日本学校にも通えないし、民族教育を受けようと思えば教育体系・保障の外で自主的な教育を行なう以外にない。これは事実上レイシズムによる隔離政策といっても差し支えないが、これは現在まで基本的に継続している。このことがわかってはじめて、朝鮮学校補助金の位置づけのあやふやさが理解できるだろう。つまり中央政府が朝鮮人の教育権を日本の公教育でも認めないし、民族教育の権利も認めないがゆえに、在日朝鮮人は革新自治体に働きかけて何とか朝鮮学校の権利を向上させる闘いを行なわざるをえなかった。その闘いが一定の成果を収めたのが六〇年代以後であり、補助金もその獲得物の一つだったのである。

10.……おわりに

今日も五二年体制は生きている。五二年体制が外国人政策の代用物とされる限り、言い換えれば、最低でも差別禁止法制、マイノリティ政策・多文化主義政策がとられ、在日コリアンがマイノリティとして公認されることがない限り、政策なき差別政策は継続されるであろう。そして在日特権論は機会があればいつでも助長・煽動されるであろう。

（二〇一七年六月脱稿、二〇一九年三月修正。なお本研究はＪＳＰＳ科研費１８Ｊ２７９６の助成を受けたものです。）

注

（1）ヘイトスピーチの定義はさまざまであるが、本稿では「人種、民族、国籍、性などの属性を有するマイノリティの集団もしくは個人に対し、その属性を理由とする差別的表現」となる。その本質には「差別、敵意又は暴力の煽動」（自由権規約二十条）「差別のあらゆる煽動」（人種差別撤廃条約四条）があるとする（師岡康子『ヘイト・スピーチとは何か』岩波新書、四八頁）。

（2）レイシズムの定義も一義的でないが、日本の民族差別を他の先進諸国内で半世紀以上も法規制の対象とされている人種差別と同次元で把握する志向をもつ本稿では、人種差別撤廃条約第一条にいう「人種差別 racial discrimination」として現象する差別のこととする。

（3）本稿では、朝鮮民族の総称として「朝鮮」あるいは「コリア」を用い、日本に在住する朝鮮半島にルーツを持つ人々を指す言葉として「在日コリアン」を用いる。これは「在日朝鮮人」と同義である。

（4）詳しくは梁英聖『レイシズムとは何か』（ちくま新書）第四章を参照のこと（二〇二一年三月加筆）。

（5）本稿は拙著『日本型ヘイトスピーチとは何か――社会を破壊するレイシズムの登場』（影書房）の

第三章第二節中の「一九五二年体制の成立」を再構成し加筆したものであることをお断りしておきたい。また拙著『レイシズムとは何か』（ちくま新書）の第五章とも一部重複する箇所がある。

（6）当時日本国籍に閉じ込められたまま外国人登録を強要された在日朝鮮人は、その国籍欄に一律「朝鮮」と記入された。これが今日の「朝鮮籍」であり、日本政府がこれを「記号」だとしている。

（7）重要なのはレイシズムが資本主義社会でとる近代的形態と、具体的な制度を区別した上で、両者の関係を考察することだ。資本主義社会である限り国家レイシズムという形態に枠づけられるものの、反レイシズムのシティズンシップ闘争次第では、具体的な法制度のなかに反差別規範を埋め込むことは可能である。詳しくは本書第六章の隅田聡一郎論文と、梁英聖『レイシズムとは何か』第二章、四章参照（二〇二二年三月加筆）。

参考文献

大沼保昭、一九九三年、『新版　単一民族社会の神話を超えて――在日韓国・朝鮮人と出入国管理体制』東信堂

金尚均編、二〇一四年、『ヘイト・スピーチの法的研究』法律文化社

鄭栄桓、二〇一三年『朝鮮独立への隘路――在日朝鮮人の解放五年史』法政大学出版局

朴鐘鳴編、二〇〇六年、『在日朝鮮人の歴史と文化』明石書店

徐京植、二〇一二年、『在日朝鮮人ってどんなひと？』平凡社

梁英聖、二〇一六年、『日本型ヘイトスピーチとは何か――社会を破壊するレイシズムの登場』影書房

梁英聖、二〇二〇年、『レイシズムとは何か』ちくま新書

第一一章 「左翼的なもの」への憎悪

ヘイトスピーチを増幅させるもの

百木 漠

1. 憎悪の転移

「ネット右翼」を自称する大学院の先輩からこんな話を聞いたことがある。

「ネット右翼にとっての一番の敵は、実は中国や韓国じゃなくて、中国や韓国に味方したり告げ口したりしようとする日本の左翼のほうだからね」と。

初めてこの発言を聞いたとき、なるほどそういうものか、と思って妙に納得してしまった記憶がある。つまり、彼らが敵視しているのは、実は中国や韓国（の人々）そのものであるというよりも、「中国」や「韓国」に名を借りた「左翼的なもの」のほうなのではないか。

もちろんこの先輩の発言によって「ネット右翼」全体の考えを代表させることはできないだろう。「ネット右翼」のうちにもさまざまな思想の持ち主がおり、一概にその傾向をまとめることはできないからだ。しかし上記の発言が「ネット右翼」と称される人々のひとつの典型的な思考パターンを示していることはおそらく確かである。

また、現実に行なわれているヘイトスピーチの実態に目を向ければ、そこには本気で在日の人々に対して憎悪を抱いているとしか思えない非人道的な言動があふれていることは言うまでもない。すでに多くの論者によってくり返し論じられてきたとおり、そのようなヘイトスピーチがいかなる意味でも許し難いものであり、強く非難されるべきものであることは、まず初めに確認しておかねばならない。

あくまでそのことを前提にしたうえで、筆者がここで論じてみたいのは、ヘイトスピーチを増幅させる「左翼的なものへの敵視」のムードについてである。

近年のインターネット上では、多少なりとも「左寄り」な発言を行なった者に対して、「ネット右翼」の側から「在日」や「反日」のレッテル貼りがなされることが恒常化している。ヘイトスピーチへの批判のみならず、安倍政権に対する批判や、ネット右翼的な言説に異を唱える者にはすべて「在日」あるいは「反日」の認定がなされるという、極度に硬直化した思考がなされているのである。

こうしたレッテル貼りが、何よりも在日の人々に対しても失礼極まりないものであることは言うまでもないが、ここで重要なのは、その人が実際に在日であるかどうかにかかわりなく、「在日」という言葉がネット右翼たちによる侮辱を意味する記号として用いられているという事実である。つまり、ヘイトスピーチを行なう者やネット右翼たちの間では、「在日」という言葉がその実体から乖離して、彼らにとって気に食わない発言・主張を行なう者はすべて「在日」であるという判定が自動的になされるという構造が存在しているのだ。

こうして昨今のヘイトスピーチを支えているのは、在日の人々への直接的な憎悪であると同時に、より広範な「左翼的なもの」に対する敵意でもある。この両者が混ざりあうことによって、互いの憎悪がさらに増殖・拡散され、もはや現実の在日の人々に対する批判・非難としてほとんど実体をなさないところにまで、「在日」バッシングが膨れ上がってしまうという構造が形成されているのである。[1]

ここで筆者が「左翼的なもの」と呼んでいるのは、たとえば「(旧)民主党」や「朝日新聞」や「岩波知識人」などの記号によって象徴される左派的な(あるいはリベラルな)思想・言説のことである。そうした思想・言説への敵視は、近年のネット上における(あるいはネット上に限らない世論全般における)「民主党」や「朝日新聞」へのバッシングの状況を見れば、一目瞭然であろう。ネット右翼的言説においては、「民主党」や「朝日新聞」は「在日」や「反日」と並ぶ侮辱語のひとつである。

ここで興味深いのは、伝統的な「左翼」の代表である共産党やしんぶん赤旗ではなく、むしろ中道左派寄りの民主党や朝日新聞こそが最も敵視されているという事実である。つまり、ネット右翼が「サヨク」として敵視している対象にもまた、本来的な「左翼」の実体からの乖離が存在しているのだ。言うなれば、彼らが憎悪(ヘイト)しているのはより広範な「リベラル」の思想であり、さらには「戦後日本の民主主義体制」そのものである。近年、「反知性主義」と呼ばれているのも、おそらくこれに類似した事態であろう。ある意味では、在日の人々はそうした「左翼的なもの」への憎悪の巻き添えを食っているのだ。[2]

このような「憎悪」の歪んだ構造は、間違いなく戦後日本の特異な言説空間に由来するものである。日本のヘイトスピーチ問題が、西洋的なレイシズム(人種差別)の観点だけからでは解けない理由はそこにある。戦後長らく左派(リベラル)寄りに展開してきた日本の言説空間は、九〇年代後半以降、急激に右派(保守)寄りの状況へと反転しつつある。ヘイトスピーチの顕在化も、このような言説空間の転換とともに生じてきた問題のひとつだ。こうした言説空間の反転がいかにして生じてきたのか、昨今の日本を取り巻く「左翼的なもの」への憎悪がどこから生じているのか、そのような憎悪を鎮め無効化させるためには何が必要とされているのか、という問いへの考察をめぐらせるところにこそ、ヘイトスピーチ撲滅への鍵が隠されているはずである。

本稿では、ここ二十～三十年間の国内外の思想的潮流を大掴みに振り返ることによって、二〇〇〇年代後半から日本でヘイトスピーチが突如として盛り上がりを見せた原因を探ってみたいと思う。左／右という対立図式はもはや古くなった、とよく言われるとはいえ、形骸化しつつも、その対立図式は未だに一定の意味と政治的影響力を持っているのではないか、というのが筆者の考えである。思想史的アプローチ、というにはあまりに期間も短いかもしれないが、筆者の個人的体験や雑感も含めてこの四半世紀あまりの思想潮流を振り返り、その流れのうちにヘイトスピーチ・レイシズムの問題を位置づけて考察し直すことによって、鳥瞰的観点から問題状況を把握するための一助となれば幸いである。

2.……「左」から「右」へ

筆者は一九八二年生まれだが、中学生二年生のとき（一九九六年）に「新しい歴史教科書をつくる会」が結成され、高校一年生のとき（一九九八年）に小林よしのりの『戦争論』が発表されて、世間の雰囲気が徐々に切り替わり始めたときの空気を身をもってよく覚えている。高校時代の同級生にも、いち早くそうした言論に感化され、「これまでの日本の歴史教科書は『自虐史観』だった」「かつての戦争で日本が謝罪してばかりいるのはおかしい」「あの当時の日本には戦争に踏み切らざるをえない事情があった」といったことを熱く説き始める輩がいた。筆者自身も多感な時期にそういうものを読んで、少なからず影響を受け、しかし何か割り切れないモヤモヤとした感情を抱いていた。そうした経験が大学に進んでから思想や哲学を学ぶきっかけにもなったのだと思う。

また筆者が大学に進学した二〇〇一年四月には小泉純一郎が内閣総理大臣に就任し、八月には靖国神社参拝を行なって、中国や韓国からの抗議が相次ぐとともに、国内でもその是非をめぐって論争が起こることとなった。これに対して国内外で批判の声が多く上げられたが、一方で「一国の首相が戦争で亡くなった人々に追悼の意を示すために靖国神社に参拝することがなぜ悪いのか」「なぜ中国や韓国に国内の事柄に関して文句を言われなければならないのか」「そもそも中国や韓国はいつまで日本に謝罪を要求してくるのか」といった不満も公然と聞かれるようになった。インターネットの普及とともに、2ちゃんねる掲示板などで「愛国」を名乗る「ネット右翼」が登場し始めたのもこの時期であった。

大学二年目の二〇〇二年には日韓サッカーW杯が開催されて大盛り上がりを見せ、筆者も友人らとともに熱心に試合を観戦していたのだが、全体で四位という好成績を収めた韓国チームの誤審・ラフプレー疑惑が遺恨を残すことになった。悪名高き『マンガ嫌韓流』をはじめとして、この事件に「嫌韓」の源流を見出す言説も多い。またその二年後に中国で開催されたAFCアジアカップは、日本代表チームに対する中国ファンからのブーイングや反日行為がくり返され、これに反発する日本人の反中感情も高まっていった。こうして韓国や中国への敵対感情が徐々に明確なかたちを取るようになっていく。

二〇〇五年四月には、中国で大規模な反日デモ運動が起き、日本企業が経営する店舗への破壊行為が起きて、国際問題へと発展した。同年九月には山野車輪『マンガ嫌韓流』が出版され、一週間で約二十万部、シリーズ累計で百万部を売り上げたとされている。この頃からテレビのワイドショーや報道番組でも中国や韓国に対してあからさまな批判・罵倒を表明するコメンテーターも現われ出した。こうして反韓・反中感情が堂々と公の場に現われ、ネット空間にもますますそのようなヘイトスピーチの言説が増えていった。二〇〇六年十二月には在特会（在日特権を許さない市民の会）が設立されるに至り、街中でも汚い言葉を撒き散らすヘイトスピーチデモが行なわれるようになっていったことは周知のとおりである[3]。

この流れにあわせて、日本の戦争責任や謝罪責任を強調する左派メディア・左派知識人への批判も高まっていくことになる。特に戦時中の慰安婦強制連行に関して偽りの証言を創作した「吉田証言」を掲載して特集記事を組んでいた朝日新聞へのバッシングはすさまじいものがあった。先にも述べたように、これ以降、「朝日」は「反日メディア」であるというレッテルが貼られるようになっていく。日本の戦争責任を強調していた他のメディアや知識人への批判・非難も同様のものであった。日本の戦争責任を強調した「河野談話」や「村山談話」の発表にも多くの批判・非難が集まり、村山政権の運営の拙さへの批判も相俟って、この頃から社会党／社民党は急速に求心力を失っていった。

さらに決定的だったのは、二〇〇九年に国民の大きな期待を背負って成立した民主党政権の失敗であった。政権交代時の民主党への支持率（二〇〇九年九月）は四一・〇%

まで高まっていたものの、民主党政権の混乱が明らかになるにつれて、国民の期待は急速に萎《しぼ》んでいき、やがて民主党への批判・非難・失望・呪詛ばかりが膨らんでいくことになる。こうして、一九九〇年代後半から徐々に高まりつつあった「左翼的なもの」への批判傾向は、民主党政権の成立と失敗という混乱期を経て、二〇一〇年代以降には決定的なものとなった。民主党の流れを汲む諸政党は今もその打撃から立ち直ることができておらず、「民主党政権時代に比べれば、自民党政権のほうがまだマシ」という印象が、阿部政権を存続させる要因となっていることは否定しがたい。

このように、筆者が十代から二十代、三十代へと歳をとるなかで、日本の世論は急速に「左」（リベラル）から「右」（保守）へと触れてしまったという実感がある。今日の日本は、在日・中国・韓国の人々へのヘイトスピーチと、左翼的なものへの罵詈雑言と、日本の礼賛番組がテレビにあふれる社会になってしまった。もちろん筆者が生まれるよりもずっと前から、在日の人々や、中国・韓国の人々に対する反感や差別意識はこの国に少なからず存在していたのだろう。しかし仮にそうした感情を持っていたとしても、それを公の場で決して口にしてはならない、それは社会的にも倫理的にも正しくない感情だ、という「常識」がかつては存在していたように思う。その最低限の「常識」がこの十〜二十年の間に急速に崩れ、私的な場だけでなく、公的な場ですらそうした醜い発言が飛び交う状況にわれわれは陥ってしまった。

筆者が大学の非常勤などで最近の大学生と接していると、「僕／私は保守的な思想の持ち主なので……」といった発言を堂々とする学生が少なからずいることに驚かされる。良い悪いの判断は別として、筆者が学生の頃は、自分が「保守的」「愛国的」な思想の持ち主であるということを人前で堂々と発言するのは憚《はば》られることであった。

しかし、今や良くも悪くも、そのような躊躇は学生たちのうちになくなっている。むしろ保守的・愛国的な価値観をもっているほうが多数派で、左派的・リベラルな価値観をもっているほうが少数派、という雰囲気にすらなりつつあるように思われる。二〇一七年の衆院選では、十八・十九歳と二十代の約半数が自民党に投票していたという調査結果も出ている（比例区、NHK出口調査）。一体なぜこのような価値観の反転が生じてしまったのだろうか？

3.「置き去りにされた人々」からの反撃

しかもこうした傾向はいまや日本だけに留まらない。トランプ大統領が誕生した米国や、国民投票でEU離脱が決まった英国をはじめとして、近年、欧米諸国で排外的な政策を掲げるポピュリズム政党／政治家が台頭し、大きな支持を獲得するようになっていることは周知の事実であろう。その背景には、イスラム過激派によるテロの脅威や、移民に雇用を奪われることへの不安、自国の文化が移民によって冒されているという不満・苛立ちなどがあるとされているが、それに加えて、「左翼的なもの（リベラル派）」への不満の高まりがここでも影響を及ぼしているのではないかと考えられる。

その象徴が、米国大統領選でドナルド・トランプに敗れたヒラリー・クリントンであろう。事前予想ではヒラリーのほうが圧倒的に有利と言われ、トランプが多くの失言・問題発言を繰り返していたにもかかわらず、蓋を開けてみると、ヒラリー優位とされていた複数の州でトランプが勝利し、世界中に衝撃を与えるトランプ大統領が誕生することになった。このような逆転劇が生じた理由についてはさまざまな解釈や分析が行なわれているが、その一つに「エリート」「特権層」の代表者としてのヒラリーへの反感があったことは確かだろう。「今回の大統領選はトランプが勝ったというよりも、クリントンが負けたと捉えるべきだ」という声も数多く聞かれた。政治的正しさからすればヒラリーのほうが言ってることが正しく、トランプの言動に問題があることは明らかであり、おそらくほとんどのトランプ支持者もそのことを理解しているだろう（隠れトランプ・隠れ離脱派の多さがその証左である）。にもかかわらず、なぜヒラリーが負け、トランプが勝ったのか。なぜ近代的理念の象徴であるような米国においてすら「左翼的なもの（リベラル）」が批判され、移民・外国人を排斥しようとする動きが支持されるような社会になってしまったのか。

しばしば報じられているように、今回の米大統領選で注目されたのは、中西部から北西部にかけて広がるラストベルト（Rust Belt、さびついた地域）と呼ばれる旧工業地帯の人々の投票行動であった。かつて鉄鋼業や製造業が盛んで、二十世紀のアメリカ経済を牽引してきたこれらの地域は、労働組合が強い影響力をもつ民主党の地盤であった。しかし、産業構造の転換やグローバル化などの影響を受けて工場の閉鎖や産業の空洞化が生じ、一九九〇年代以降は失業の増加、貧困の広がり、犯罪や麻薬による荒廃が進むようになった。こうして地域の衰退が進むなかで、労働者たちの間では民主党への失望が広がっていったという(5)。

そこに現われたのが、「アメリカを再び偉大にしよう」と訴え、保護貿易を志向して自国産業の復活を訴えたトランプだった。地域の衰退への危機感、既成政治の無策への反発、グローバル化への違和感を巧みにすくい上げたトランプは、民主党代表のヒラリーは結局のところ「エリート」や「特権層」の権益を守っているにすぎないと主張し、これがラストベルトの労働者層からの支持を得たのだった。同時にトランプは移民労働者や海外企業の製品をグローバル化の産物と見なし、外国移民や海外企業の排斥を訴えることによって、製造業における雇用を取り戻すことを主張した。これらの主張が支持を得て、ラストベルトの諸州のほとんどをトランプが制し、大統領選の勝敗を決することになったのである。(6)

また英国のEU離脱を問う国民投票においても、事前予想ではEU残留が圧倒的に有力とされていたにもかかわらず、その予想が覆されたのは、地方の荒廃した旧工業地帯や旧炭鉱地域の白人労働者層が大量の離脱票を投じた影響が大きかったと言われている。これらの旧工業地帯・旧炭鉱地域で働く白人労働者層もまた、かつてはその多くが労働組合に属しており、左派である労働党の支持基盤であった。しかしこれらの地域でもグローバル化の進展や産業構造の転換とともに、次第に産業と地域の衰退が進み、労働者たちの間に不満が蓄積されていくようになった。(7)

そのなかで、旧工業地帯・旧炭鉱地域における「置き去りにされた（left behind）」人々の不満を巧みにすくい取ったのが、反EU・反移民を政策に掲げたイギリス独立党の党首ファラージであった。ファラージ自身は富裕層の家庭出身であり、エリート校を卒業し、金融業界で成功した人物であるにもかかわらず、メディア上であえて庶民的な言葉遣いをしたり、パブで労働者とともにビールを飲んだりするパフォーマンスを行なうことで、次第に白人労働者層の心を掴んでいった。さらに、トランプと同様に、ファラージは既存の政治システムに対する不満や既存政党に対する批判を全面的に展開するとともに、移民受け入れの制限を分かりやすい目標として掲げることによって支持を拡大していったのである。[8]

こうして現在のポピュリズム政党の有力な支持層となっているのは、旧工業地帯・旧炭鉱地帯などの衰退地域における「置き去りにされた」人々であると『ポピュリズムとは何か』（中公新書、二〇一六年）の著者、水島治郎は分析している。皮肉にも彼らは、かつては労働組合に所属し、左派政党の支持基盤となっていた人々であった。しかし九〇年代以降、グローバル化や産業構造の転換が進むなかで、これらの地域の人々は次第に社会から「見捨てられ」「置き去りにされ」ていると感じるようになっていた。そして、そのように感じている労働者層の不満を吸収したのが、反グローバリズム・反移民政策・既存政党批判・エリート批判を過激に展開するポピュリズム政党だったのである。

エマニュエル・トッドは、トランプを選んだのは「虐げられたプロレタリア」だと述べている。[9]資本家や富裕層に搾取されるだけでなく、既存の労働組合や左派政党からも「見捨てられ」「置き去りにされた」と感じている人々（プロレタリア）が、既存政党を見捨てて、トランプ支持に走ったのだと。トランプやファラージに投票した人々を「政治的正しさ」（ポリティカル・コレクトネス）の観点から批判するのは簡単だが、おそらくそれだけでは問題はいつまで経っても解決しないだろう。重要なのは、なぜそうした人々の多くがトランプやファラージに少なからず問題があることを理解しつつも、トランプやファラージに投票するに至ったかを考えることなのである。なぜなら、それはトランプ・ファラージ側だけの問題ではなく、左派・リベラル側の問題でもあったのだから。

4.……「戦後」体制の反転

翻って日本の場合には、今のところ、欧米諸国のような移民労働者に対する大規模な排斥運動はまだ起きていない。（とはいえ、近年、外国人技能実習制度をめぐる数々の問題や入国管理局での不当な扱いが顕在化しており、二〇一九年四月から改正入管法が施行されたこともあって、今後日本でも同様の移民排斥運動が生じてくる可能性は十分にある）。

むしろ、日本におけるヘイトスピーチとしてより深刻なのは、グローバル化に伴う移民労働者に対する差別よりも、すでに長年日本で生活を営み、数々の困難を抱えながらも日本社会に溶け込みながら暮らそうとしている在日の人々に対する憎悪のほうである。言うまでもなく、その背景にはかつての日本による侵略と植民地支配、そして「あの戦争」にまつわる複雑な歴史認識と戦争責任をめぐる問題がある。今日「在日」と呼ばれているのは、その多くがかつての日本の植民地支配に際して、さまざまな事情から日本へ移住してきた（移住を余儀なくされた）人々であり、そこには重い「歴史」の影が横たわっている。日本のヘイトスピーチ問題は、こうしたかつての戦争をめぐる「歴史」問題と切っても切り離せない関係にあり、そのことが日本独自の根深く歪んだ差別構造をもたらしている。

日本での「左翼的なもの」に対する嫌悪もまた、このような「歴史」認識をめぐる問題にその端を発するものであった。「新しい歴史教科書をつくる会」（一九九六年〜）や小林よしのりの『戦争論』（一九九八年）をはじめとする日本の「右傾化」（言説ヘゲモニーの「左」から「右」への転化）が、いずれもかつての戦争や侵略を正当化し、理想化するところから出発していたことを思い起こしておこう。慰安婦問題や南京大虐殺の責任をめぐる歴史修正主義的な見解が現れ始めたのも九〇年代後半からであった。二〇〇〇年代から暴走を始めるヘイトスピーチの前に、こうした歴史認識をめぐる議論が過熱し、「左翼的なもの」への憎しみが高まり始めていたことにわれわれは注意を払っておかなければならない。

それまでほとんどタブー化されていた「あの戦争」を肯定し、理想化する言説が、九〇年代後半以降、突如として雨後の筍のように生まれ始め、しかも多く人々の共感や支持を獲得するようになっていったのである。それ以前にも林房雄の『大東亜戦争肯定論』(一九六四―六五)などの著書は存在したが、九〇年代半ばまではそれらの言説が世間的に大きな支持や共感を獲得するという事態は生じていなかった。少なくとも表向きには、そのような言説を大きな声で主張するべきではない、という常識・共通理解のようなものが存在していた。そうした前提が大きく崩れ、これまでの歴史観は「自虐史観」であった、そのような歴史観をもつことは「左翼的」であり欺瞞的である、とする見解が大手を振るって主張されるようになったのが九〇年代半ば以降からだったのである。

なぜこのような世論・言説空間の反転が生じたのか。いくつかの解釈が可能であるが、一九九〇年代における日本の「戦後」体制の実質的な終焉が最も基底的な要因ではないか、というのが筆者の考えである。すなわち、九一年の冷戦終結とバブル崩壊という二つの出来事によって、アメリカの核の傘のもとでの一国平和主義と内需を中心とした長期的な経済成長という日本の「戦後」体制を規定してきた外的・内的条件が失われ、「軽武装・経済重視」という基本方針(吉田ドクトリン)を維持することが不可能になり、それに伴って日本の「戦後民主主義」の理念（＝左翼的なもの）じたいが疑義に晒されるようになっていった、と捉えることができるのではないか。[10] さらにその結果として、九〇年代半ば以降、日本の「戦後」が前提としてきた歴史認識をめぐる問題や論争が噴出し、隣国との関係が急激に緊張を帯びるようになっていったのだと考えられよう。

日本の戦後社会は、かつての戦争・侵略・植民地支配に対する痛烈な反省と平和への決意から出発したはずだった。しかし残念なことに、いまやその前提じたいが疑われ始めている、と言わねばならない。先に見たように、日本の場合には、九〇年代にかつての戦争・侵略を「悪」とする戦後の公式言説への異議申し立てがあり、それに伴う「左翼的なもの」への憎悪の高まりがあり、さらにそれに連動するかたちで二〇〇〇年代以降に在日の人々や隣国の中国や韓国に対する憎悪が高まっていったという経緯がある。それゆえ、今日のヘイトスピーチの根源にあるのは、日本の「戦後民主主義」に対する懐疑と憎悪であり、またそれを支えてきた「左翼的なもの」に対する憎悪なのである。

5. 結語

こうした状況に対して、筆者が何か明快な処方箋を持ち合わせているわけではない。まずは「左翼的なもの」（リベラル）が今日の社会で少なくない人々に憎まれる存在になってしまったこと、そしてそのことがこの国におけるヘイトスピーチを増幅させることに繋がってしまったことを認めるところから出発するしかないのではないか、というのが筆者からのささやかな提案である。しかも、こうして「左翼的なもの」が嫌悪される状況は、今後も当分のあいだ（おそらく世界的に）続くことが予想される。

厄介なことに、左翼的な人々がヘイトスピーチの「正しくなさ」を強調すればするほど、右翼的な人々はそれに対する反発を強め、いっそうヘイトスピーチ的な言動を強めていくという悪循環の構造がある。右翼的な人々は、左翼的な人々が「正しくあること」それ自体に苛立ち、それと反対の方向へ過剰に触れていく傾向があるように見えるからである（たとえば、ネット上での左翼・リベラルな人々の「政治的に正しい」発言に対するクソリプの嵐を見よ）。言うでもなく、われわれは不当なヘイトスピーチに対して断固として抗議の声を上げていくべきであるし、その政治的・倫理的な過ちを徹底的に、粘り強く指摘していくべきである。ただし、そのようにヘイトスピーチの間違いを指摘し、相手を非難するだけでは、問題の根本の部分はいつまで経っても解決しないのではないか、とも筆者には思われてしまうのである。

ヘイトスピーチに対して断固たる反対の声をあげながら、その一方でなぜ「左翼的なもの」（リベラル）がこれほど多くの人々から嫌われるようになってしまったのかをわれわれは謙虚に分析し直してみる必要があるのではないか。なぜ「右傾化」の傾向が強まっているのかという分析だけでなく、なぜ「左翼的なもの」が人々からの信頼を失い、嫌われる対象になってしまったのかという分析がもっとなされても良いのではないか。そのうえで失われた信頼をどのようにすれば取り戻せるか、日本においても「左翼的なもの」が「置き去り（left behind）」にしてきたものがなかったのかどうか、をわれわれはもう一度考え直してみなければならない。筆者自身もまた「左翼的なもの」の末端に属する人間ではあるのだが、九〇年代以降の国内外の潮流のなかで

「左翼的なもの」が嫌われるようになってしまった理由も、それなりに理解ができる気はするのである。

右翼（保守）が過去にその理想を見出すのに対して、左翼（リベラル）は未来にその理想を見出す。だとすれば、現状の「左翼的なもの」の苦境は、未来にその理想を描き出す力を失ってしまったところにあるのではないだろうか。今日、左派は批判ばかりして対案を出さない、あるいは対案を出してもそれを実現するだけの政治能力がない、というイメージが一般にも定着してしまっている。そのイメージを覆し、これからわれわれが向かうべき社会像（ビジョン）を「左翼的なもの」の観点からもう一度描き出し、そのビジョンを着実に実現していく政治力を育てていくことが、現状の苦境を脱する一番の近道ではないだろうか。ヘイトスピーチの問題にどう立ち向かうかは、われわれ「左翼的なもの」にとってのあるべき社会像を描き出し、それを実現していくうえでも重要な試金石になるはずである。

注

（1）そもそも、在日の人々への直接的な憎悪じたいが実体に基づかないものであることについては、野間易通『在日特権の虚構　増補版』（河出書房新社、二〇一五年）を参照のこと。

（2）二〇一六年に話題となった『日本会議の研究』（扶桑社新書）を発表した菅野完は、日本会議を形成する「なんとなく保守っぽい」有象無象の各種団体・各種教団をまとめあげているのは「左翼嫌い」「リベラル揶揄」というメンタリティであると述べている（一三一―一三二頁）。「改憲」にむけて全国活動を展開し、政権にも強い影響を及ぼしていると言われる「日本会議」だが、その内部を構成している各種団体・各種教団は、必ずしも同じ思想や志向を共有しているわけではなく、ときには対立する側面すら備えている。しかしそのような面々も、民主党／民進党や朝日新聞に代表される「左翼的なもの」を揶揄しバッシングするという姿勢においては一致団結しうる。こうしたバッシングがさらに「在日ヘイト」へ転移されているのである。

(3) 内閣府が毎年行なっている「外交に関する世論調査」によれば、一九八五年には中国に対して「親しみを感じる」とする者の割合が七五・四%(!)を占めており、「親しみを感じない」とする者の割合は一七・八%に過ぎなかった。それが二〇一六年の調査では、「親しみを感じる」とする者の割合が一六・八%、「親しみを感じない」とする者の割合が八〇・五%となり、この三十年間で中国に「親しみを感じる者」と「親しみを感じない者」との割合はほぼ反転したことになる。同調査での韓国に対する感情を見てみると、一九八五年時点で韓国に対して「親しみを感じる」とする者の割合は四五・四%であったが、二〇〇四年にはいわゆる「韓流ブーム」の影響を受けてその数字が五六・七%にまで上昇する。しかし、その十年後の二〇一四年にはその数字が三一・五%まで急落し、今日へと至っている。

(4) 実際に、内閣府がほぼ毎年行なっている「社会意識に関する世論調査」によれば、「国を愛する気持ちが強い」(「非常に強い」と「どちらかといえば強い」と回答したものの合計)と答えた若者の割合は、二〇〇〇年十二月時点で男性二二・一%、女性二三・四%であったものが、二〇一七年一時点では男性四五・八%、女性三四・八%にまで上昇しており、他の世代でも程度に差はあれ、同様の傾向が認められる(ただし、二〇〇〇年の数値は二十～二十九歳、二〇一七年の数値は十八～二十九歳の若者が対象)。

(5) 一九九三年から二〇〇一年まで続いたクリントン政権のもとでは、IT産業の育成と、IT化による生産性向上(ニューエコノミー)政策が進められ、製造業(第二次産業)から情報・サービス産業・金融業(第三次産業)への産業構造の転換が図られた。この政策の結果として米国経済は大きな成長を遂げ、二〇〇〇年代以降、アメリカ発の、IT産業や金融業がグローバル経済のなかで覇権を握っていく土台を作り出した。しかしこうした華々しい「ニューエコノミー」出現の影で、かつてアメリカ経済の繁栄を支えたラストベルト地域では産業の衰退と地域の荒廃が進み、そこで働く人々の心は民主党から離れていくようになったのである。

(6) 水島治郎『ポピュリズムとは何か——民主主義の敵か、改革の希望か』、中公新書、二〇一六年、第七章参照。

(7) イギリス労働党は、一九九七年に成立したブレア政権のもとで「ニュー・レイバー」「第三の道」と称する党改革を進め、都市部の中間層をターゲットとする政策を転化していく。社会学者アンソニー・ギデンズをブレーンに迎えて構想された「第三の道」政策は当時世界中から大きな注目を集め、中間層からの支持を集めることには成功したが、その反面として旧工業地帯・旧炭鉱地帯の労働者層からの支持は次第に失われていくことになったのである。

(8) 水島、前掲書、第六章参照。
(9) 「朝日新聞」二〇一六年十一月十日付インタビュー記事より。
(10) 白井聡『永続敗戦論――戦後日本の核心』、太田出版、二〇一三年、を参照。

第一二章 ネット右派の起源
九〇年代後半のネット右派論壇の成り立ち

伊藤昌亮

1. 九〇年代後半のネット右派論壇

ネット文化の右傾化という現象は、一般にはゼロ年代前半に始まったものとして理解されている。そのきっかけとなったのは、二〇〇二年六月から七月にかけて開催された日韓共催ワールドカップサッカーだったというのが定説だろう。以後、2ちゃんねるでは「嫌韓」という動きが盛んになり、その後、〇五年七月には「2ちゃんねらー」出身のマンガ家、山野車輪の『マンガ嫌韓流』（晋遊舎）が出版されることになる。また、この年の五月にはジャーナリストの佐々木俊尚により、「『ネット右翼』は新保守世論」という記事が産経新聞に寄稿された。「ネット右翼」という語がマスメディアに登場した最初のケースだった。

しかし実際には2ちゃんねるが立ち上げられる以前、九〇年代後半から、草創期のネットメディアの中には「ネット右派論壇」とでも言うべき独自の言説の場が存在していた。「ネット右翼」という語もすでにそこで用いられていたし、また、ネット上のいわゆる嫌韓ヘイトスピーチ、つまり在日コリアンを対象とする民族差別的な発言が一部の人々の間で横行するようになったのもそのころからのことだった。

本稿ではメディア研究、とりわけ歴史社会学的なアプローチに基づくその方法により、「ネット右派」という存在、およびネット上の嫌韓へイトスピーチという現象の成り立ちを明らかにすることを目指す。それらがネットというメディアの中で成立したことを考えれば、そこに形作られていた言説の場の成り立ちを明らかにすることは、それらの成り立ちそのものを明らかにすることにつながると考えられる。元来ネットというメディアは、ごく最近登場した新しいものと考えられてきたため、歴史社会学的なアプローチの対象とされることはほとんどなかったが、本稿ではそこにあえてこのアプローチを適用してみたい。

この言説の場、ネット右派論壇は、一九九六年八月にインターネットに移行した「あやしいわーるど」、九八年八月に開設された「あめぞう」、そして九九年五月に開設された2ちゃんねるへと受け継がれながら、九〇年代後半のネットメディアの中に形作られてきた「アングラ掲示板文化」の中から生み出されたものだった。また、八九年五月に創刊された雑誌『SAPIO』（小学館）を中心に、九〇年代を通じて出版メディアの中に形作られてきた保守系の新しい論壇、「新保守論壇」とでも言うべき場の延長上に生み出されたものだった。『諸君！』（文藝春秋）、『正論』（産経新聞社）を中心とするそれまでの「既成保守論壇」を革新するものとして形作られてきたこの新保守論壇で、当時絶大な存在感を持っていたのがマンガ家の小林よしのりだった。

さらにこの時期には、いわゆる右翼・民族派の中にもさまざまな動きが見られた。冷戦体制が終結し、九一年にソ連が崩壊すると、いわゆる既成右翼系の勢力はそれまでの「反共右翼」としての存在意義を問われることになり、にわかに混迷を深めていく。そうしたなか、野村秋介、鈴木邦夫、見沢知廉など、いわゆる新右翼系の言論人によって「右翼のイノベーション」(鈴木)が推し進められていく。一方、八八年にイラン・イラク戦争が停戦を迎えると、大量に流入してきたイラン人労働者をめぐり、外国人労働者問題や外国人犯罪問題がにわかに取り沙汰されるようになる。当時、ヨーロッパでは東欧革命後の難民問題をめぐり、いわゆるネオナチ系の勢力が勃興していくところだったが、それを受けて日本でも同様の勢力が形作られていく。

「保守」と「右翼」の両者の陣営のこうしたさまざまな動きを受け、草創期の混沌としたネットメディアの中に形作られていったのがこの言説の場、ネット右派論壇だった。そうした経緯から、そこは大きく分けて二つの系統のサイトから構成されていたと見ることができる。それらを「保守系セクター」「右翼系セクター」と呼ぶことにしよう。さらにそれぞれのセクターの中にはその担い手の傾向により、いくつかの「クラスタ」が存在していた。それらの関係を図1に示す。以下、それぞれのセクターについて見ていこう。

2. 新保守論壇の流れを汲む保守系セクター

まず「保守系セクター」は、『SAPIO』を拠点に形作られてきた新保守論壇の流れを汲むものとして定義される。

その母胎となったのは新保守論壇の読者、とりわけ小林の「信者」のコミュニティだった。それまで彼らが『SAPIO』編集部宛てに書き送っていた手紙をネットメディアの中に向け替え、いわば読者投稿欄のネット版となるものとして自らの手で作り上げていったのがこのセクターだったと言えるだろう。その嚆矢となり、九六年八月に立ち上げられた「新ゴーマニズム宣言（一四章問題）その行方を探る！」では、実際に読者からのメールがサイト上で公開されるという仕組みが取り入れられていた。

その後、九七年三月ごろに立ち上げられた「日本ちゃちゃちゃ倶楽部」（「日本茶掲示板」）から本格的な掲示板システムが導入され、メンバー間の意見交換が盛んに行なわれるようになる。同時に「帝國電網省」「週刊言志人」「南京大虐殺はウソだ！」などの個人サイトがいずれも九七年のうちに次々と立ち上げられ、関連する情報発信も盛んに行なわれるようになる。その結果、早くも九七年のうちにはこのセクターはすでにその大枠を形成し終わっていたと見ることができる。それは出版メディアの中からネットメディアの中への新保守論壇の拡張、もしくはその重心移動を意味するものでもあった。その後、このセクターは九八年から九九年ごろにかけてその最盛期を迎えることになる。

このセクターはその担い手の点から見ると、大きく分けて二つのクラスタから構成されていたと見ることができる。それらを「サブカル保守クラスタ」「バックラッシュ保守クラスタ」と呼ぶことにしよう。

まず「サブカル保守クラスタ」は、小林のほかにも歴史小説家の井沢元彦、民俗学者の大月隆寛などを主なイデオローグに、九〇年代半ばの新保守論壇

ネット右派論壇
└ 保守系セクター
　　└ バックラッシュ保守クラスタ
　　└ サブカル保守クラスタ
　　└ ビジネス保守クラスタ（ゼロ年代に登場）
└ 右翼系セクター
　　└ 既成右翼系クラスタ（ゼロ年代に消滅）
　　└ 新右翼系クラスタ（ゼロ年代に消滅）
　　└ ネオナチ極右クラスタ

図１　ネット右派論壇を構成するセクターとクラスタ

の中に形作られてきた思潮を引き継いだものだった。いわゆる戦後民主主義のもとでの左派的な言説という権威、その暗黙の支配という状況に抗うために、あえて右派的な言説を支持するというスタンスから形作られてきた思潮だ。左派的な言説の空疎さや尊大さをあぶり出すために、そこでは若い世代に特有の生のリアリティを担保するものとして、とりわけサブカルチャーの濃密な世界が引き合いに出される。小林の市民運動批判、大月の市民主義批判などを受け、「反リベラル市民主義」というアジェンダがそこから形作られていった。その原点にあったのはある種の反権威主義の精神だったと見られる。

一方、「バックラッシュ保守クラスタ」は、九三年八月に設立された「歴史・検討委員会」、九七年二月に設立された「教科書議連」、九七年五月に設立された「日本会議」など、保守派の政治団体のネットワークの影響のもと、九〇年代後半の新保守論壇の中に形作られてきた思潮を引き継いだものだった。その根幹に置かれていたのは、「東京裁判史観」を見直そうとする考え方、つまり「第二次大戦での敗戦を受け入れがたい、だからその前の日本に戻したい」(小林節)という復古主義的な思いだった。九七年一月には、教育学者の藤岡信勝を中心に「新しい歴史教科書をつくる会」が設立されることになる。そこから「歴史修正主義」というアジェンダが形作られていった。そこに強くみなぎっていたのはある種の権威主義の精神だったと見られる。

このように、一方にはサブカル保守クラスタに固有の進歩主義的な反権威主義の精神があり、他方にはバックラッシュ保守クラスタに特有の復古主義的な権威主義の精神がある。その結果、そこではいわば権威主義と反権威主義との野合という奇妙な状況が実現することになる。

そうしたなか、出版メディアの中の新保守論壇で主導権を握っていったのはバックラッシュ保守クラスタだったが、一方でネットメディアの中のネット右派論壇で主導権を握っていったのはサブカル保守クラスタだった。彼らは一様に若く、新しいメディアとしてのインターネットに高い親和性を持っていたためだろう。さらにサブカルチャーへの志向が強かったことから、アングラ掲示板文化との親和性も高かったためと考えられる。一方でバックラッシュ保守クラスタも彼らの動きに引っぱられ、徐々に議論に参加するようになる。たとえば日本茶掲示板ではサブカル保守クラスタの若い運営メンバーが、バックラッシュ保守クラスタの年長の論者のアドバイスを仰ぎながらモデレーターとしての任務に当たっていたという。

こうした経緯から、そこでは「従軍慰安婦」問題や南京大虐殺問題などの歴史認識問題、そして歴史教科書問題に関する議論が交わされることが多かった。また、市民運動批判や朝日新聞批判などが訴えられることも多かった。いいかえればこのセクターは、反リベラル市民主義と歴史修正主義という二つのアジェンダを新保守論壇から引き継ぎ、ネットメディアの中で発展させていくための場として出発したものだったと言えるだろう。前者のアジェンダのための最初の拠点となったのが「新ゴーマニズム宣言（一四章問題）その行方を探る！」、後者のアジェンダのためのそれが日本茶掲示板だったと位置付けられる。

とりわけ若い世代を中心とするサブカル保守クラスタの間には、当時のもう一つのセクター、右翼系セクターに対する親近感はほとんどなく、いいかえれば右翼・民族派の思想や文化に対する理解はほとんどなく、いわゆる街宣右翼の粗暴なイメージ、あるいは任侠右翼の古臭いイメージなどから、右翼・民族派という存在そのものをむしろ強く忌み嫌う傾向が強く見られた。そのため彼らは「右翼」と呼ばれることに対して強い拒否反応を示し、一方で「保守」と呼ばれることを好んだ。しかし2ちゃんねるが立ち上げられると、そこで彼らは皮肉交じりに「J右翼」などと称されるようになる。それは右翼・民族派の旧来のイメージに、「Jリーグ」や「Jポップ」などに通じるよりライトなイメージを掛け合わせた呼称だった。また、小林の信者がやや嘲笑気味に「コヴァ」などと呼ばれることもあった。

3. 右翼・民族派の流れを汲む右翼系セクター

次に「右翼系セクター」は、いわゆる右翼・民族派、つまり明治期以来の日本独自の右翼勢力の思想や文化の流れを汲むものとして定義される。

保守系セクターがその大枠を形成し終わったと見られる九七年末ごろから、右翼・民族派の思想や文化に関連するさまざまなテーマを掲げた個人サイトが続々と立ち上げられていった。「国防研究会」「SAMURAI」「九九九のホームページ」「思想と言論」「日猶同祖論を考察する」「日本国と日本海軍の栄光」「悠久の神州」「倭國蒴國趣味同志會」「ガオガオ戦略情報研究所」「街宣車ぎゃらりー」「神風」「神国の森」などだ。また、やはりこの時期から、それらのテーマに関連する掲示板サイトが次々と立ち上げられていった。「右翼共和派」「朝日新聞をみんなで叩き潰す掲示板」「憂國掲示板」「民族の掲示板」「八紘一宇」「サロン神風」「日本論・思想の十字架」などだ。そうした過程で形作られていったのがこのセクターだった。

さらにその後、各種の右翼団体のホームページも続々と立ち上げられていく。加えて「論客・完全変態」、蓑田狂気、江藤學神などの有名人も次々と登場し、ネット上の右翼人士のコミュニティがそこに形作られていく。そして九九年四月にはそうしたコミュニティの中核となるものとして、ネット上のバーチャルな右翼団体「鐵扇會」が結成された。その最盛期にはそこには二百人近くもの登録会員がいた。こうしてこのセクターは九九年から〇〇年ごろにかけてその最盛期を迎え、保守系セクターを凌ぐ大きな広がりと盛り上がりを持つに至る。

既存の右翼団体の構成員がその活動の一環としてネットメディアの中に出入りしていたケースもあれば、かつての民族派学生運動の経験者がその活動の延長として関わっていたケースもある。しかし多くの場合、これらのサイトの担い手となっていたのは、右翼団体とも学生運動とも直接の接点を持ったことのない一般の人々だった。以前から右翼・民族派の思想や文化に関心を持っていたものの、実際の活動に参加するまでには至らなかった人々や、一部の右翼系の言論人による当時の活動に惹かれて関心を持つようになった人々が多かったと見られる。一方である種の「ミリオタ」(軍事マニア)、戦史マニア、さらに街宣車ファンなど、マニアックな関心から参入してきた人々もいた。

このセクターはその担い手の点から見ると、大きく分けて三つのクラスタから構成されていたと見ることができる。それらを「既成右翼系クラスタ」「新右翼系クラスタ」「ネオナチ極右クラスタ」と呼ぶことにしよう。

まず「既成右翼系クラスタ」は、右翼・民族派の中でも特に「既成右翼」と呼ばれる勢力の思想や文化の流れを汲むものとして定義される。既成右翼とは六〇年安保をきっかけに、当時の保守政権や財界と結び付きながら、とりわけ反共運動の担い手として形作られてきた勢力を指す。いわゆる行動右翼的な傾向を強く持ち、「街宣右翼」「任侠右翼」などと言われる勢力の土台となってきたものだ。一般に「右翼」と言われる際のイメージに最も近いものとしての右翼勢力だと言えるだろう。当時の右翼系セクターの中では既成右翼系の団体のホームページはもちろんのこと、実際にはほとんどの個人サイトや掲示板サイトがこのクラスタに属するものだった。そうした中で、そのネットワークの中核となっていた存在として挙げられるのが鐵扇會だろう。

次に「新右翼系クラスタ」は、右翼・民族派の中でも特に「新右翼」と呼ばれる勢力の思想や文化の流れを汲むものとして定義される。新右翼とは七〇年安保をきっかけに、当時の民族派学生運動を起点として、反体制的・革新的な右派運動の担い手として形作られてきた勢力を指す。いわゆる理論右翼的な傾向を強く持ち、出版のほかにもテレビや映画など、さまざまなメディアを通じて活動を展開してきた。当時の右翼系セクターの中には「一水会」などの新右翼系の団体のホームページや、その主宰者の鈴木や三沢の個人サイトのほかにも、右翼団体とは直接の関係を持たない匿名の論者によって立ち上げられた個人サイトや掲示板サイトがあった。そうした中で、そのネットワークの中核となっていた存在として挙げられるのが「右翼共和派」だろう。

また、「ネオナチ極右クラスタ」は日本の右翼・民族派よりも、むしろヨーロッパの右翼・極右の思想や文化の流れをより強く汲むものとして定義される。その背景の一つとしてあったのは、特に八〇年代半ば以降、排外主義的な政策を掲げる右翼政党・極右政党・極右団体が躍進するという現象がヨーロッパで広く見られるようになったことだった。その影響を強く受け、排外主義というアジェンダが形作られていくことになる。当時の右翼系セクターの中では「超国家主義『民族の意志』同盟」

「世界戦略研究所」「国家社会主義日本労働者党」など、一部の右翼団体・極右団体のホームページや、「民族の監視者」などの個人サイトがこのクラスタに属するものだった。なお、これらのサイトの多くは、九一年四月に設立された極右団体「国家社会主義者同盟」に属する組織に関連するものだった。

こうした経緯から、そこでは民族主義やナショナリズムなどを軸に広範な議論が交わされることになる。天皇中心主義、国粋主義、反共主義などに基づく既成右翼系のオーソドックスな主張が展開されることもあれば、ある種の国家社会主義などを志向する新右翼系のラディカルな主張が展開されることもあった。さらに国防問題、領土問題、軍事・安全保障問題などのプラクティカルな問題が論じられることも多かった。行動右翼的な傾向をネット上に移し替え、荒らし行為と嫌がらせ行為に明け暮れている人々もいれば、一方で理論右翼的な志向をネット上に持ち込み、民族主義の新たなあり方を探るべく議論に没頭している人々もいた。

4.……ネット上の嫌韓ヘイトスピーチの起源

九〇年代後半、草創期のネットメディアの混沌とした状況の中から生まれたネット右派論壇は、九〇年代末から〇〇年ごろにかけてその最盛期を迎えたのち、ゼロ年代になるとさまざまな内紛と抗争の末に崩壊に向かっていく。

そうしたなか、保守系セクターの主な担い手となっていた二つのクラスタ、サブカル保守クラスタとバックラッシュ保守クラスタは、出版メディアの中の新保守論壇にすでにその地歩が築かれていたこともあり、日本茶掲示板がその活動を停滞させていったのちも、2ちゃんねるを始めとするより一般的なサイトに軸足を移しながらその活動を続けていく。

一方、右翼系セクターの主な担い手となっていた二つのクラスタ、既成右翼系クラスタと新右翼系クラスタは、右翼・民族派という存在そのものが九〇年代の「断末魔的」な盛り上がりののち、にわかに退潮していったのに伴って姿を消していく。鐵扇會や右翼共和派がその活動を停止してからは、そこでまとまった活動が展開されることはなかった。

結局、これら二つの右翼系クラスタでは「右翼のイノベーション」が成し遂げられることはなかったと言えるだろう。そこで提起されていたアジェンダ、天皇中心主義や国家社会主義などは旧来の右翼イデオロギーに沿ったものであり、右翼共和派などでその一部の見直しが図られたとはいえ、新たな流れがそこから生み出されるようなことはなかった。

一方でその間、右翼系セクターの中のもう一つの勢力が徐々にその存在感を増していく。ネオナチ極右クラスタだ。そしてそこからもう一つのアジェンダが形作られていく。「排外主義」というアジェンダだ。

とはいえ当時のネオナチ極右クラスタの中には、韓国人や在日コリアンを特別にターゲットにしていこうなどという発想があったわけではない。彼らにとって韓国人はイラン人などと同様、在日外国人の一画を占める一般的な存在でしかなかった。

ところがそうした発想がまったく別のところから、しかも意外なところから現れる。当時のネット右派論壇の中ではネオナチ極右クラスタから最も遠くに位置していたと思われる場、サブカル保守クラスタだ。その拠点となっていた日本茶掲示板では、〇〇年の夏ごろから一部の論者により、とりわけ在日コリアンをターゲットとする排外主義的な発言が繰り返されるようになる。

そこで排外主義というアジェンダはもう一つのアジェンダと結び付くことになった。「嫌韓」というアジェンダだ。それは元来、九〇年代前半に新保守論壇の中で提起されたものだった。

『SAPIO』では九二年から九四年ごろにかけて、「反日嫌韓」と題された特集が頻繁に組まれるようになった。その背景にあったのは九〇年代初頭、アメリカによるジャパンバッシングを受けて大きな盛り上がりを見せていた「反米」の論調が、従軍慰安婦問題を一つのきっかけに「嫌韓」の論調へと転換したことだった。当時のそうした「嫌韓ブーム」の一つの頂点となったのは、九三年三月、韓国人ジャーナリストの朴泰赫による著書『醜い韓国人――われわれは「日帝支配」を叫びすぎる』（光文社）が出版され、ベストセラーとなったことだろう。「韓国人による韓国人批判の書」として大きな反響を呼んだこの本の著者は、しかし実は日本人なのではないかという疑惑の声が絶えなかった。その真の著者と目されていたのは、のちに「新しい歴史教科書をつくる会」の顧問に就くなど、バックラッシュ保守クラスタの中核を担っていくことになる人物、外交評論家の加瀬英明だった。

このように嫌韓というアジェンダは、九〇年代前半に新保守論壇の中で提起されたのち、歴史修正主義というアジェンダの中に吸収され、バックラッシュ保守クラスタからサブカル保守クラスタへと受け渡されてきたものだった。その後、九〇年代後半にネット右派論壇の中に引き継がれ、保守系セクターの主要な担い手となったサブカル保守クラスタによって保持されていく。そこで排外主義というさらにもう一つのアジェンダと結び付くことになった。

嫌韓と排外主義という、出自を異にするこれら二つのアジェンダが結び付くことにより、それぞれのアジェンダの内実に変質が生じる。元来は特に外国人労働者問題に関連し、もっぱら在日イラン人を始めとする「ニューカマー」に向けられるものだった排外主義というアジェンダが、「オールドカマー」としての在日コリアンに向けられるようになる。また、元来は特に日韓間の外交問題に関連し、もっぱら「外なる敵」としての韓国に向けられるものだった嫌韓というアジェンダが、「内なる敵」としての在日コリアンに向けられるようになる。

つまり排外主義というアジェンダは嫌韓を志向するものとなり、嫌韓というアジェンダは排外主義を志向するものとなった。その結果、とりわけ在日コリアンをターゲットとする排外主義的な発言が繰り返されるようになる。その後、ゼロ年代半ば以降に明瞭に顕在化することになる嫌韓ヘイトスピーチの一つの起源をそこに見出すことができるだろう。

なお、嫌韓と排外主義という二つのアジェンダの結び付きにあたり、サブカル保守クラスタとネオナチ極右クラスタとの結び付きを加速することになったのは、当時のネット右派論壇内部のポリティクス、それも特に文化的な志向性に基づくそれ、いわゆるカルチュラルポリティクスだった。この点についてはまた稿を改めて論じることとしたい。

参考文献

伊藤昌亮、二〇一九、『ネット右派の歴史社会学――アンダーグラウンド平成史一九九〇―二〇〇〇年代』青弓社

魚住昭、二〇一六、「日本会議を形成する生長の家人脈――取り巻く宗教団体、根源に「明治憲法復元」」『Journalism』（二〇一六年五月号）朝日新聞社

近藤瑠漫・谷崎晃編、二〇〇七、『ネット右翼とサブカル民主主義』三一書房

SAPIO編集部編、一九九五、『日本人と韓国人・反日嫌韓50年の果て』小学館

篠原節・瀬戸弘幸、一九九〇、『ヒトラー思想のススメ――自然と人類を救済するナチス・ヒトラー世界観の120％肯定論。』展転社

鈴木邦男、一九九三、『これが新しい日本の右翼だ――「恐い右翼」から「理解される右翼」へ』日新報道

瀬戸弘幸、二〇〇〇、『外国人犯罪――外国人犯罪の全貌に迫る！』世界戦略研究所

野間易通、二〇一三、『「在日特権」の虚構――ネット空間が生み出したヘイト・スピーチ』河出書房新社

ばるぼら、二〇〇五、『教科書には載らないニッポンのインターネットの歴史教科書』翔泳社

樋口直人、二〇一四、『日本型排外主義――在特会・外国人参政権・東アジア地政学』名古屋大学出版会

古谷経衡、二〇一五、『ネット右翼の終わり――ヘイトスピーチはなぜ無くならないのか』晶文社

別冊宝島編集部編、二〇〇八、『別冊宝島・ネット右翼ってどんなヤツ？』宝島社

堀幸雄、一九八三、『戦後の右翼勢力』勁草書房

多様性を祝う

『仲良くしようぜパレード』が喚起した感情／情動

竹田恵子

二〇一四年七月二十一日、『仲良くしようぜパレード（通称「仲パレ」）』（Osaka against Racism March）が開催され、主催者発表によると、一五〇〇名と昨年から倍以上に参加者を増やした。『仲良くしようぜパレード』とは、排外主義や人種差別に反対することを目的に開催されるパレードである（参考 http://nakapare2014.wordpress.com/）。中之島公園を起点とし、御堂筋を経て元町中公園までのルートを筆者も共に歩いた。参加者の言説には、「一緒に」「楽しい」など、連帯と喜びを示す表現が多く見られた。主催者の一人であり、コーラー（パレードを先導するような言葉をマイクで拡散する役割）の凡さんのツイッター投稿には「朝鮮学校を襲撃した在特会は、幼い子供達に向かって「道の端っこを歩いてろ」といった。俺たちは歩いたぞ、多くの仲間と、御堂筋のご真ん中を！ 笑顔で歩いてやったぞ！ どうだ！（後略）」とある（参考 http://togetter.com/li/696237）。このパレードでは、なによりも、心ないヘイトスピーチに晒されてきた人々が、脅かされることのない日常を過ごす権利を当たり前に持っているのだと確かめられること、またそのような未来を手に入れるのだという意志を感じさせた。「仲パレ」は、よりよい未来を十分に想像させる力強さに満ちていたと思う。法や教育の整備といったヘイトスピーチへの制度的な対処と並び、このような試みの意義は大きい。

「仲パレ」では、セクシュアル・マイノリティのシンボルであるレインボーフラッグやドラァグ・クィーン、韓国の花笠コッカル、ストリートダンス、また朝鮮王朝楽団の演奏やチマチョゴリをまとった舞踊団の民族舞踊など、視覚的にもわかりやすく

「多様性を祝う」メッセージが伝えられた。力強く響くドラムに乗って体を動かし、一緒に歩く友人たち、またその日はじめて会った人々と身体を共鳴させ「一緒に歩く」という行為により、「共に」という連帯意識はさらに強くなるように思われた。一方でそれは「多様性を目指す連帯」、とでも言おうか、連帯ではあるが均質化された集団ではなかったということも、特徴的であった。当人が重要視するアイデンティティの上で、マイノリティに属する者もマジョリティに属する者も参加していたし、さらに言えば、「多様性を祝う」という目的のもとに、セクシュアル・マイノリティへの差別問題に取り組んでいる人々も合流していたのである。

エイズ・アクティヴィズム団体であるACTUP(AIDS Coalition to Unleash Power)の研究を行ったデボラ・B・グールドは著書『Moving politics Emotions and ACT UP's fight against AIDS』(二〇〇九年、The University of Chicago Press)において、運動参加者の感情(emotion)/情動(affection)が運動の生起に果たした役割が大きいと指摘している。グールドの定義では、「感情」とは「怒り」や「悲しみ」など既に分節化されたもので、「情動」とは未だそういった分類をされていない、心に湧き上がる何かである。グールドは、「エモーショナル・ワーク」と呼ばれるスピーチやパンフレットなどの文化的装置が、参与者の感情/情動を「怒り」へと方向づけ、これが運動の生起の要因となったというのだ。このように、「仲パレ」のような文化的装置は、参加者のみならず、沿道でパレードを見る人々の感情/情動を動かし、また方向付け、次のアクションへ導くのではないだろうか。

このパレードが開催される直前、在特会に対する抗議(カウンター)活動を行なっていた「男組」メンバーおよび関係者が逮捕されたということがあった(既に全員釈放)。しかし、対処されるべきは在日韓国・朝鮮人に対するヘイトスピーチを行なっていた者なのではないか。本連載でも触れられているように、ヘイトスピーチに対抗する法的整備や対抗言説も十分ではないなか、公然とヘイトスピーチを「許さない」と述べ、行動を起こすことは必要であったと考える。二〇一四年八月二十一日、国連人種差別撤廃委員会はジュネーブで行なわれた対日審査を終えた。八月二十九日の最終見解によれば、同委員会は、外国人およびマイノリティに対するヘイトスピーチに関連し、日本政府に対して集会の場における人種差別的暴力や憎悪の扇動について毅然とした対処を実施すること、ヘイトスピーチの発信や憎悪への扇動を行う公人に対して適切な制裁措置を実行することなどを求めている。日本国内でも、世論は徐々に、ヘイトスピーチの存在を認め、そしてそれを見逃すのではなく何らかの対抗措置が必要であるという方向に動き始めている(1)。八月十八日にはフリーライターの李信恵さんが、ネット上や街頭でのヘイトスピーチに対して、「在日特権を許さない市民の会」(在特会)と会長の桜井誠(本名・高田誠)氏、インターネット・サイトの「保守速報」運営者を相手取り、損害賠償を求める訴訟を起こした(2)。このような変化に様々な形態でのカウンター活動が果たした役割は非常に大きいと考えられる。「仲パレ」のような方向性だけではなく、カウンター活動のような「怒り」の表明としての行動が表裏一体となってこのような流れをつくっていったのではないだろうか。

二〇一四年十一月二日(日)には「仲パレ」と類似した主旨の「東京大行進」が行なわれる。公式発表では、十二時に新宿中央公園、水の広場集合だ(九月二二日現在での情報)。どうか、一緒に歩いてほしい。あなたにも。

(1) 二〇一六年六月には「本邦外出身者に対する不当な差別的言動の解消に向けた取組の推進に関する法律、いわゆる「ヘイトスピーチ解消法」が施行された。二〇二一年三月現在では、インターネット上のヘイトスピーチの取り締まりに向けてさらなる努力が続けられている。

(2) 李信恵さんはこれらの訴訟にいずれも勝訴している。在特会側は七十七万円の支払いを命じられ、二〇一七年末には最高裁が同会の上告を認めない判決を下した。また、「保守速報」サイト運営者は二百万円の支払いを命じられ、二〇一八年末に最高裁から上告を退けられている。

* 本稿は「仲パレ」のレポートのような位置づけで二〇一四年に書かれたものであるが、その後「ヘイトスピーチ解消法」の施行など、いくつもの変化があった。そのため、パレードの熱気を伝えつつもその後の変化を追えるように、当初の文章自体の修正は最小限にとどめ、「註」でその後の出来事を追記することとした。

第三部

差別に抗する

第一三章　差別否定という言説

差別の正当化が社会にもたらすもの

明戸隆浩

1. はじめに――現在進行形の「否定」

「歴史修正主義（Historical Revisionism）」という言葉がある。日本でこの言葉がナチス・ドイツによるユダヤ人虐殺を否定する「ホロコースト否定」を指すものとして頻繁に使われるようになったのは一九九〇年代半ばのことだが[1]、「ホロコースト否定」はヨーロッパなどでは八〇年代にはすでに法的な対応を含めた重要な論点となってい た（Lipstadt 1993; Bleich 2012: Chap. 3）。たとえばフランスでは、一九八七年に極右政党国民戦線の党首ジャン＝マリー・ル・ペンが、ホロコーストのガス室は第二次世界大戦の「末梢」にすぎないと発言して有罪となった。またドイツでは、一九九一年に極右政党ドイツ国民民主党の党首ギュンター・デッケルトがホロコースト否定発言に賛同し、一九九四年に有罪判決を受けた。さらに一九九二年には、やはりドイツでイギリスの作家デヴィッド・アーヴィングがガス室を「偽造」だと述べて有罪とされている[2]。過去に明らかに生じた加害行為を否定するこうした発言は、ヨーロッパなどでは（「歴史修正主義」ではなく）「歴史否定論（Historical Negationism）」と呼ばれることも多い[3]。

しかしこうした「否定」は、実際には「歴史」に限ったものではない。同様の問題は、「人種差別の否定（Denial of Racism）」という形で、現在進行形の人種差別についても行なわれている（Van Dijk 1992; Augoustinos and Every 2010）。こうした「歴史否定論」と「人種差別の否定」は、学問上の専門の違いから論じている研究者こそ違うものの、両者のロジックには共通点が多い。たとえばアメリカの政治学者のエリック・ブライシュは、ホロコースト否定を①「正当化（justification）」（「ホロコーストが起こってよかった」など）、②「過小評価（downplaying）」（「些細な出来事が誇張されただけ」など）、③「（狭義の）否定（denial）」（「ガス室はなかった」など）、の三つに分けて説明している（Bleich 2012: 45-6 = 2014: 82-4）。またオランダの談話分析（Discourse Analysis）の専門家テウン・ヴァン＝デイクは、人種差別の否定の類型として①「（狭義の）否定（denial）」のほか、②「過小評価（mitigation）」、③「正当化（justification）」、④「弁解（excused）」、⑤「非難（blaming）」（「挑発されたからそれに応じただけ」「差別される側にその原因がある」など）、⑥「転化（reversal）」（「本当の差別者は彼らだ」「法律が人種差別をでっち上げている」など）などを挙げている（Van Dijk 1992: 91-4 = 2006: 192-7）。詳細な検討は次節で行うが、概観しただけでもその共通性はある程度見て取れるだろう[4]。

こうした議論をふまえてここで提起したいのは、「差別否定（Denial of Discrimination）」という概念である[5]。ここで（ホロコーストやレイシズムではなく）「差別」というより包括的な概念を導入するのは、ここ数年で日本でも急速に普及した「ヘイトスピーチ」をめぐる議論と接続するためだ。ヘイトスピーチは特定の属性に基づく差別的な「脅迫」「侮辱」「煽動」と定義することができるが、このうち「（差別的な）脅迫」「（差別的な）侮辱」が標的とされた個人や団体に対して「直接的に」加害を行なうものであるのに対し、「(差別)煽動」は標的とされた個人や団体に対して第三者を介して加害を行なわせる、すなわち「間接的に」加害を行う点に特徴がある。実際には「直接的な」差別には「(差別的な)脅迫」「(差別的な)侮辱」のほかに「ヘイトクライム(差別犯罪)」および「差別的取り扱い」が含まれるが、これらをまとめて「直接的差別」と呼ぶならば、「差別煽動」はこうした直接的差別を二次的に引き起こす点で、他の類型と大きく異なる(奈須 2009: 88-9)。

つまり一般的なヘイトスピーチをめぐる議論では、「差別煽動」が直接的差別(差別的な脅迫・侮辱、ヘイトクライム、差別的取り扱い)に先行し、それらを引き起こすという形でとらえられることが多い。それに対してここで扱う「差別否定」は、逆に直接的差別が行なわれた後で、それを否定したり、過小評価したり、正当化したりする。つまり時間的な順序で言えば、「差別煽動」→「直接的差別」→「差別否定」という流れになるわけだが、こうした点で「差別否定」と「差別煽動」は、直接的差別を「(時間軸的な意味での)前後」から支える「両輪」となっていると考えられる。五節で述べるように、「差別否定」は差別煽動や直接的差別と違って法的な議論の対象になりにくく、そのためヘイトスピーチをめぐる議論においてもこれまであまり積極的に取り上げられてこなかった。以下の議論では、こうした問題を補うために、現代の日本の状況を事例に、差別否定のメカニズムおよびそれに対する対応の可能性について検討を行なっていきたい。

2. 事実の否定と責任の否定

すでに触れたように、ブライシュがホロコースト否定を（B1）正当化、（B2）過小評価、（B3）（狭義の）否定、の三つに分類している一方で、ヴァン＝デイクは人種差別の否定の類型として、（V1）（狭義の）否定、（V2）過小評価、（V3）正当化、（V4）弁解、（V5）非難、（V6）転化、を挙げている。ただしこれらはいずれも実際に行なわれた発言を事後的に分類する形で整理したものであり、さまざまな加害事実の否定を一般的に見ていくうえではやや汎用性に欠ける。

こうした点をふまえてまず導入したいのは、加害事実を否定する際に「事実そのもの」を否定する場合（＝「事実の否定」）と、「（事実については認めたうえで）事実についての責任」を否定する場合（＝「責任の否定」）の区別である。たとえばホロコースト否定と聞いて多くの人が思い浮かべるだろう「ガス室はなかった」は、ホロコーストという「事実そのもの」がなかったと主張するものだ。これはブライシュが（B3）（狭義の）否定の事例として挙げていたものであり、ヴァン＝デイクの分類でも（V1）（狭義の）否定に対応するものだと考えられる。また関連して、たとえば「些細な出来事が誇張されただけ」というような発言は、「事実そのもの」を否定するタイプのうち、その程度が弱いものだと考えればよいだろう。この発言はブライシュが（B2）過小評価の例として挙げていたものだが、ヴァン＝デイクの分類でも（V2）過小評価に対応するものだ。以上をふまえて、ここでは「（狭義の）否定」と「過小評価」を「事実の否定」の下位分類とし、前者をその程度が強いもの、後者をその程度が弱いものと位置づけることにしたい。

これに対して、たとえば「ホロコーストが起こってよかった」という発言は、ホロコーストという事実があったことは認めたうえで、それが「悪いこと」ではない（あるいは「よいこと」である）とすることで、追及されるような加害責任はないと主張するものだ。この発言はブライシュが（B1）正当化の例として挙げていたものだが、ヴァン＝デイクの分類でも（V3）正当化に対応すると考えて問題ないだろう。またヴァン＝デイクは「正当化」のほかに（V4）弁解というカテゴリーを設けているが、これはたとえば「（差別的な入店拒否に対して）ほかの店もやっていることだ」などと主張した場合を考えることができる。そこで行なわれているのは、事実を認め、またそれが「（加害責任を追及されるような）悪いこと」であることもある程度認めつつ、その程度をなるべく軽減させようとする試みである。以上をふまえて、ここでは「正当化」と「弁解」を「責任の否定」の下位分類とし、前者をその程度が強いもの、後者をその程度が弱いものと位置づけることにしたい。

さて、これでブライシュの議論については位置づけがすべて終わったが、ヴァン＝デイクについては（V5）非難と（V6）転化が残っている。この二つは、どのように位置づけることができるだろうか。これまで見たパターンに共通しているのは、少なくとも明示的なレベルでは、そこで行なわれているのが加害主体の「自己弁護」にとどまっているということである。しかし実際には、「差別否定」の言説にはたんに自らの責任を回避するだけでなく、さらに踏み込んで責任を被害者側に負わせようとする、いわゆる「犠牲者非難」を伴うタイプの発言も多く含まれる。その一つが、ヴァン＝デイクのいう（V5）非難、すなわち「挑発されたからそれに応じただけ」「差別される側にその原因がある」といった発言だ。これは事実それ自体は認めたうえでその原

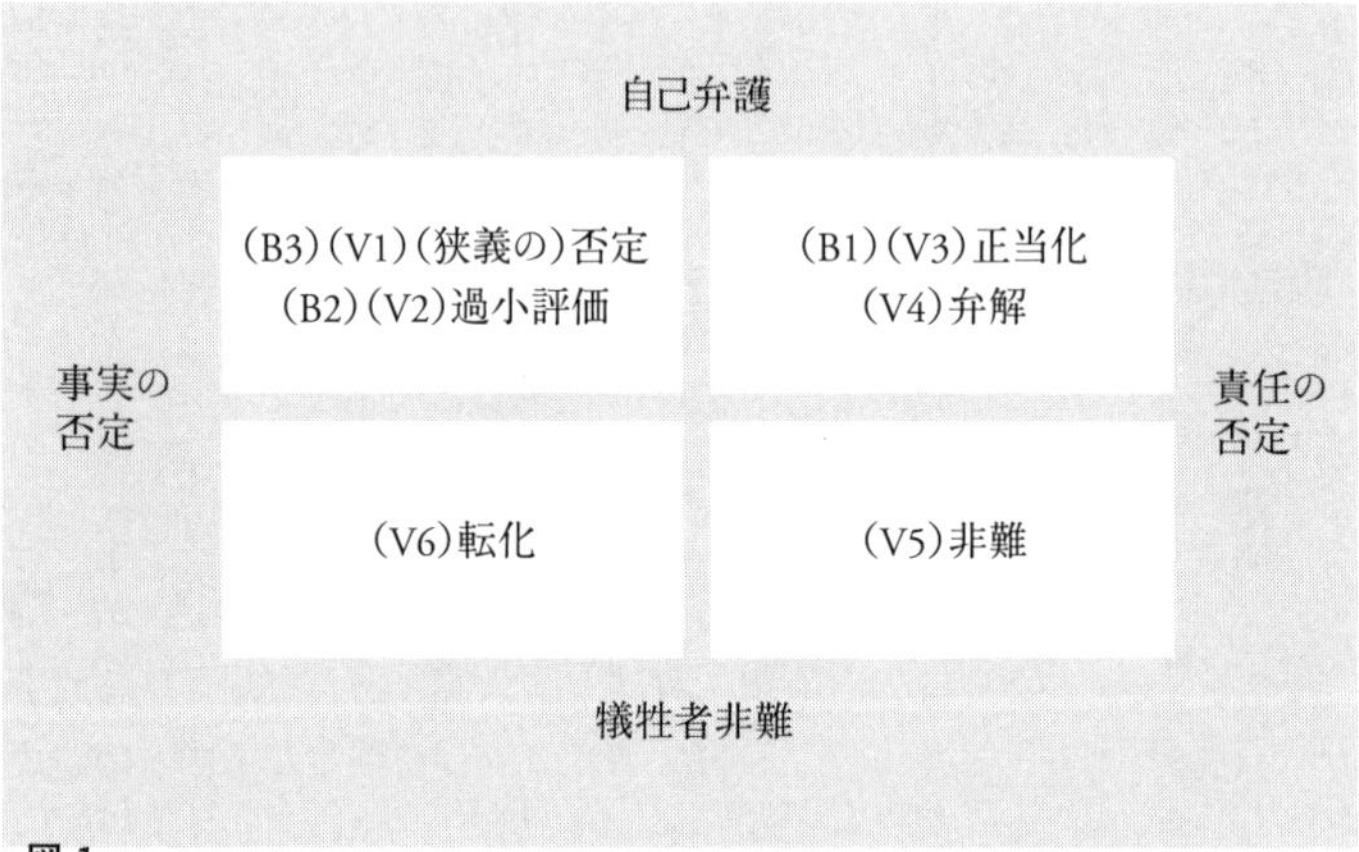

図 1

因を相手に帰し、それによって加害者側の責任を回避しようとするもので、「責任の否定」に「犠牲者非難」が加わったものだと考えることができる。

これに対して(V6)転化、すなわち「本当の差別者は彼らだ」「法律が人種差別をでっち上げている」といった発言は、犠牲者非難を伴う点では「非難」と同じだが、異なるのは責任論以前の「事実」のレベルでそれを否定したり、論点をずらしたりする点だ。たとえばブライシュは「過小評価」について説明する中で「数字の誇張はユダヤ人の陰謀だ」というものを挙げているが、これは実際にはたんに事実を過小評価するだけでなく、それを犠牲者非難を伴う形で主張するものだ(「ホロコーストはユダヤ人によるでっち上げだ」などと言えば、その程度はより強いものになるだろう)。つまり「転化」とは、加害の事実を否定した上で、さらに被害を告発する当事者を貶めるという、もっとも悪質な形の「差別否定」である。以上の議論をまとめると、図1のようになる。

3. 事例（1）――「ファッキンコリアン」

以上の枠組みをふまえて、具体的な事例を検討していくことにしたい。最初に取り上げたい事例は、二〇一七年五月、動画配信をしながら日本を旅行していた韓国人男性が京都市内のラーメン屋で客から「ファッキンコリアン」「ゴーアウト」と言われて入店を拒まれた事件についての言説である。これは韓国人に対するものとしては侮蔑的かつ明らかな排除を伴うヘイトスピーチであり、また客によるものとはいえその発言の結果入店ができなかったという点で「入店拒否」という差別的取り扱いにもあたる。こうした批判はインターネット上でもかなりなされたが、しかし同時にネット上の発言として目立ったのは、これを「自作自演」などとして韓国人男性側を非難する、典型的な「差別否定」だった。ここではその代表例として、「ねとらぼ」(6)の記事「韓国人に『ファッキンコリアン』『ゴーアウト』……京都の飲食店で撮影された自撮り動画に物議『日本人として恥ずかしい』」が「ニコニコニュース」(7)で配信された際（2017/5/2（火）17:22）(8)のコメント欄（コメント数四六五）(9)を取り上げたい。

1　否定と過小評価

まず「否定」と「過小評価」、すなわち自己弁護としての事実の否定だが、ホロコーストなどの歴史的事実と異なり、現在進行形かつ今回のように生中継の動画という明確な証拠を伴っている場合には、狭義の否定は当然ながら説得力を持ちにくい（ただし逆に言えば、現在進行形のものであっても明確な証拠がなければ、「どうせデマだろ」的な狭義の否定は当然ありうる）。

そのためこの類型の中心は「過小評価」、すなわち「大したことないことで騒ぎすぎ」というような発言が多くなる。具体的な発言としては、「たった一人にそんな事、言われて騒ぎすぎじゃないの？　過剰反応するから面白がってさらに茶化されると思うんだけごなぁ」「動画撮影中に絡まれたりする＝まぁ分かる。ニュースになる＝これが分からない。こんなんより行楽とかの特集やって（、・ω・；）」「底辺の酔っぱらいの戯言をさぞ日本人の本性見たりと言いふらすのが韓国人らしいわｗｗｗ」などがこれにあたる。

2　転化

次に「転化」、つまり事実を否定したり過小評価したりするだけでなく「捏造」や「でっち上げ」を主張してそこに犠牲者非難を加えるタイプの差別否定だが、これは「（狭義の）否定」と異なり、動画のように明確な証拠がある場合でも「有効」な戦略である。実際この記事のコメント欄には配信直後から「これは日本人じゃないだろ？そもそも日本人なら英語では言わないぞ？ｗ」「自演乙？」「わざわざ英語使ってる時点でヤラセの可能性が高い」といったコメントが並んでいる。その後も「外国人が日本人に成り済まして、再生数を稼ぐ為に偽った動画を配信したのかなぁ？」「ただの日本叩きでは反応してくれなくなったので、今後は自虐自演ネタで売り込むつもりのようです」といった発言が続き、今回の件が自作自演にすぎないというのは、コメント欄の一貫した基調となっている。

3　正当化と弁解

続いて「責任の否定」のうち自己弁護にとどまるタイプのもの、すなわち「正当化」と「弁解」だが、とくに「正当化」は実際には後述する「非難」を伴う場合が多い。そうした「非難」を伴わない「正当化」の例としては、「日本人だろうと、中国人だろうと、白人だろうと黒人だろうとムスリムだろうとユダヤだろうと、差別は無くならないんだよなー」「この逆の事例は腐るほどあるんだろうけど絶対報道されないんだろうな」「韓国嫌いの国に行った日本人が韓国人と間違えられて殴られた、ってのとかよくある話だし、それの日本版」のように、「他の事例」や「逆の事例」を出して問題を相対化する、というパターンがいくつか見られるにとどまる。

なおこうした発言の連続の中ではたとえば「そこが普段からそういう雰囲気の場所だったってこったな……居酒屋擁護するわけじゃないが日本に限らずこういうのは有るから……」などのような表現があるとついそれを「穏当」に感じてしまうということがあるが、これはヴァン＝デイクの分類では「弁解」にあたるものであり、これもまた差別否定の一つの典型である。

4　非難

最後に「責任の否定」のうち犠牲者非難を伴うもの、すなわち「非難」だが、全体を通してもっとも多く見られたのがこのパターンである。ここではそれをさらにⓐ被害者本人の行動に向けられる場合と、ⓑ被害者が所属する集団（この場合は「韓国人」）全体に向けられる場合に分けて例示したい。まずⓐの例としては、「観光に来てくれるのは嬉しいけど、節度とマナーは守ってくれよな～たのむよ～」「その前に何があったのか？　どうせチョンが日本人の常識と外れた失礼な態度を取ったんだろ例えば、撮影はダメって言っているのに強引に撮影しようとしたとかな。チョンの身勝手な行動は世界中で嫌われている」などがある（ちなみに動画では道を歩きながらたまたまみつけたラーメン屋に入るシーンが確認できるため、これは明らかに「難癖」である）。

また⑥被害者が所属する集団である「韓国人」全体に向けられる（そしてその結果あたかも被害者に非があったかのような扱いになる）場合については、「毎度の事だが加害者のくせに被害者ぶる朝鮮人には嫌悪しか沸かんわ」「日本に散々ヘイトかましといていざ反撃されたら被害者面とか」といった発言がこれに当たる。また中には「韓国が反日思想や反日運動を完全に捨てる、かつ、竹島を無条件で返還すれば解決だよ（白目）。元々、韓国が仕掛けた事ジャン」のように、明らかに無関係な政治的問題を持ち込むパターンも見られた。

なおこうした⑥のパターンは先に見た「正当化」の延長として現れることも多く、その例としては「韓国人を攻撃するのは差別じゃないだろ。自分に危害を加える生物を攻撃するのは、自衛本能です」「当事者には悪いが、産まれた国を呪ってくれとしか……。彼の国の人だとほんとに何しでかすかわからんし……」といった発言が挙げられる。

このように、生中継された現場の映像という「証拠」としてはもっとも強力なものがある今回の事件でさえ、「使えない」のは「（狭義の）否定」くらいで、「大したことではない」（過小評価）、「自作自演」（転化）、「よくあること」（正当化）、「悪いのは韓国人」（非難）など、「差別否定」のレパートリーはほぼ網羅されている。また個々のコメントは内容的には今回の事件に言及する形になってはいるが、そのほとんどは今回のような差別事件の報道一般に適用できるものであり、同様の事件がニュースになった場合にはその具体的な詳細にかかわらずそのまま「転用」できるものがほとんどだという点にも注意が必要だ。

4.……事例（2）――関東大震災における朝鮮人虐殺

次に、歴史にかかわる事例を検討しておこう。日本における典型的な歴史否定論の一つに、「関東大震災における朝鮮人虐殺」を否定するというものがある（加藤二〇一四、梁二〇一六）。これについてはとくにネット上では何かきっかけがあれば日常的に繰り返される言説の一つとなっているが、その一つの事例として、内閣府のウェブサイトから関東大震災における朝鮮人虐殺の関連情報が削除されるという騒ぎがある（情報自体は後に復活）。この問題に対しては民進党（当時）の有田芳生参議院議員が法務委員会で質問したが[10]、それを受けて政府が行なったのは「虐殺に政府が関与した証拠はなく、遺憾の意を表明する予定はない」という答弁書の作成だった。ここで取り上げたいのは、この件について産経新聞が「関東大震災『朝鮮・中国人虐殺』の政府関与「見当たらず、遺憾の意表明予定なし」」[11]という記事を書き、それがYahoo!ニュースに転載された際（2017/5/12（金）18:12）[12]のコメント欄（コメント数二〇三）[13]である。[14]

1　否定と過小評価

関東大震災（一九二三年）は百年近く前の出来事であり、前節で見た二〇一七年の京都の事件とは違って証拠の動画がネット上にあるわけではない。そのため、まずは単純な「（狭義の）否定」が前面に出てくることになる。実際この記事の配信直後に付けられた最初のコメント二つは「無いものは無い」「無いものはない」であり、最初から当たり前のように「差別否定」が始まる。その後も「噂だけだろ」「そもそも、震災で大混乱の状況下なのに、朝鮮人だ中国人だをわざわざ見分けて殺してる余裕なんかある訳がないでしょう?」「地震の時に虐殺? それ何の得があるのさ? 日本人は困った時は助け合うんだよ。お前らと同じにするな!」といった発言が続く。

なお「過小評価」については、「（狭義の）否定」が容易であることもあってあまり見られず、「推測で数えたら、終戦後の満州での日本人虐殺や婦女の強姦の方が多いんじゃないの?」など一部にとどまった。

2　転化

次に「転化」、とりわけ虐殺自体を「捏造」と決めつけて否定するタイプの発言だが、「（狭義の）否定」が容易に行えるにも関わらず、こちらについても発言事例に事欠かない。具体的には、「見当たらず　では無く証拠を出せと言えよ! 只でさえ世界一嘘つきと宇宙一嘘つきを　相手にしてんやから!!」「でっち上げ、捏造文化は否定しないが、自分のお国でやれば良い」「生きてるうちに、散々嘘八百並べてください、死んだらあんたら、永久地獄確定。捏造して、沢山の罪のない日本人を悪く言う罪の重さ、はかりしれず」などである。

3　正当化と弁解

続いて自己弁護の範囲で責任を否定する「正当化」だが、京都の事例と同様ここでもその多くが「非難」を伴うため、純粋な形での「正当化」はあまり多くない。また実際に見られた事例も、「韓国だって中国だって、世界対《〔ママ〕》戦時の戦争国だって『民間人』の大虐殺をしています」「朝鮮、韓国、中国は日本人を殺さ無かったの？　暗殺されたり、イロイロあったハズなのに。何で日本人ばかり言われなきゃなりませんか？」のように、京都の事例同様他の国の例を引き合いに出して加害事実を「相対化」するものが中心だった。

また「弁解」についてもあまり見られなかったが、「東京は震災でパニックになっていて日頃から差別されていた朝鮮人に残念ながら矛先が向いてしまったということでしょう」あたりは、「弁解」にあたるものだと考えることができるだろう。

4　非難

最後に「非難」だが、京都の事例同様この事例でも、最も多かったのはこのパターンであった。「地震後、朝鮮人による略奪が横行したときく。おそらく、それを見た日本人が注意し、喧嘩になり、日本人が殺されたのだろう。そして、大乱闘に……」「井戸に毒を入れられたのが真実かどうかが問題なのではなく　そのような事があり得る。もしくは……彼らならやりかねない。もしくは……胸に手を当てて「あれほど邪険にしたから仕返しも仕方ない』」そう捉えられていたかも知れない。そう思われている事が問題なのだ」「実際に不逞鮮人、しな《〔ママ〕》人共による火事場泥棒的な不法行為が頻発したこと、この時代に東京に居住していたのは自由意志で来日した者であることを、政府はしっかりと表明しなければならない」「事の真相は、地震被害で亡くなった遺体と、混乱に乗じて犯罪行為等やってた朝鮮人がその場にいた者に殺されただけの話」「震災に乗じて狼藉を働いた朝鮮人を、周りの日本人が成敗しただけでは？」……列挙し始めるとキリがないが、これだけ紹介するだけでも十分コメント欄の「雰囲気」は伝わるだろうと思う。

このように、ここで見た百年近く前の虐殺事件についてのコメントは、前節で見た現在進行形の入店拒否事件についてのコメントと「差別否定」のパターンをかなりの程度共有している。違うのは後者については「(狭義の)否定」が見られないことくらいで、「どうせ捏造だ」(転化)、「他の国でもやってる」(正当化)、「最初に問題を起こしたのは朝鮮人」(非難)といったレパートリーは(細部はともかく)ほぼ同じであり、また最後の「非難」が最も多いというのも共通している。一節でも触れたように「歴史否定」と「レイシズムの否定」はこれまで異なる文脈で議論されることが多かったが、少なくとも現代の日本で見られる発言について言えば、その二つを別のものと考える理由はほとんどない。

5.……おわりに——「差別否定」にどう対抗するか

以上見てきた「差別否定」は、ここで取り上げた一部の発言からも明らかなように、きわめて悪質なものが多い。最後に考えたいのは、こうした発言について、法的にごのような対応がありうるかという点である。

この点を検討するうえでは、「差別否定」をあらためて「ヘイトスピーチ」の議論に位置づけなおす必要がある。一節でも触れたように、一般的なヘイトスピーチをめぐる議論では、「差別煽動」が直接的差別（差別的な脅迫・侮辱、ヘイトクライム、差別的取り扱い）に先行し、それらを引き起こすという形でとらえられることが多い。それに対してここで見てきた「差別否定」は、差別煽動とは逆に、直接的な差別が生じた後に「事後的に」生じるものだ。このときこうした「差別否定」を法の対象とすることは、少なくともこうしたカテゴリー全体を包括的に法の対象とするという意味では一定の困難が伴う。というのは、論理的に言えば、この「差別否定」には、差別煽動あるいは直接的差別を行なったという申し立てがなされた者が、それに対して「抗弁」することも含まれるからだ。言い換えれば、差別否定は少なくとも部分的には容疑者の権利の行使であり、この点においてそれに先行する「差別煽動」や「直接的差別」とは位相を異にする。

しかし実際には、差別否定の「極限事例」であるホロコースト否定については、ドイツをはじめいくつかの国で立法措置がとられてきた（Bleich 2012: Chap. 3）。もちろんそこではここで見てきた差別一般の否定とは異なり、ホロコースト自体については戦争犯罪としてすでに裁かれている（つまり否定を「抗弁」として正当化することはできない）という前提がある。しかしそれ以上に重要なのは、そうした立法が「煽動」や「侮辱」の観点からなされているという点だ。たとえばホロコーストという歴史を抱える当事国で、かつこうした立法をもっとも早くから行なってきたドイツでは、こうした立法を「民衆煽動罪」の一環として行なっている（櫻庭二〇一二）。差別否定は確かに個別の事例について見た場合には直接的差別の「事後」に生じるが、それが広く知られる形で行なわれた場合、「仮に差別を行なっても言い逃れをする余地は十分にある」というメッセージを社会に与える効果をもつ。こうした言説は、「〇〇人を叩き出せ」のような「わかりやすい」煽動ではないが、差別のハードルを下げることで、結果として差別煽動と同じ効果をもつことになる。こうした「効果」がどのようなものであるのかは、先に見た二つの事例を見るだけでも、十分に想像できるのではないかと思う。

とはいえ、二〇一六年に日本で成立したヘイトスピーチ解消法では、ヘイトスピーチに該当する発言が「危害告知」「著しい侮蔑」「排除」の三つに限定されており、ここで見た差別否定のように結果として煽動効果をもつような言動については、明示的な対象とはなっていない。法の対象を一定の範囲にとどめるということ自体の重要性を否定するつもりはないが、とくに今回扱ったようなネット上の発言を考える場合、「差別煽動」をどのように考えるかは非常に重要な論点となる。そしてその際にはここで見たような「差別否定」の言説が差別煽動としてかなり大きな役割を果たしていることにも、もっと注目すべきだろう。何か差別事件が報じられるたびに「被害者に問題があったに決まっている」「自作自演」といった言説が当たり前のように飛び交う空間、「〇〇人を叩き出せ」のような「分かりやすい」煽動の背後にあるのは、まさにこうしたものだ。ヘイトスピーチや差別の問題に対抗するうえで、こうした空間とどう向き合うかということは、きわめて喫緊の課題である。

注

（1）日本で「ホロコースト否定」が広く知られるようになったのは、一九九五年一月に雑誌『マルコポーロ』（文藝春秋）に「戦後世界史最大のタブー　ナチ〈ガス室〉はなかった」という記事が掲載されて以降である（「マルコポーロ事件」）。この事件では、ユダヤ系団体サイモンヴィーゼンタールセンターなどの批判を受けて雑誌の廃刊および花田紀凱編集長の解任が行なわれ、最終的には文藝春秋社長の辞任にまで至った。なおマルコポーロ事件が起こった一九九五年は戦後五十年を迎えて日本でも「歴史認識」をめぐる論争が巻き起こった年でもあり、その後「南京大虐殺はなかった」「従軍慰安婦は捏造だ」のような第二次世界大戦中の日本の加害行為を否定したり過小評価したりする発言も、「歴史修正主義」という言葉で批判されるようになった（高橋一九九八、高橋編二〇〇二）。

（2）なおアーヴィングは、彼を「ホロコースト否定論者」として批判したアメリカの歴史学者デボラ・リップスタットを一九九六年に名誉毀損で訴えたが、この裁判では結果としてホロコースト否定そのものの妥当性が問われることになり、リチャード・エヴァンズら多くの著名な歴史学者がリップスタット側の証人として参加した（Evans 2001; Bleich 2012）。

（3）ブライシュによれば、「修正主義」という用語はホロコーストを否定する側の「自称」として用いられることが多く、逆に批判側は「否定論」という用語を用いることが多いという（Bleich 2012: 46 = 2014: 84）。

（4）なおさらに異なる文脈の議論として、社会学者デヴィッド・マッツァらによる「中和の技術」論がある（Sykes and Matza 1957; Matza 1967; 森田・清永一九九四、内藤・荻上二〇一〇）。この議論では、少年非行において用いられる加害否定を、「責任の回避」「危害の否定」「被害者の否定」「非難者の非難」「高度の忠誠への訴え」の五つに分けて説明している。ここでは紹介にとどめるが、こうした議論もまた、基本的には同じ問題に照準をあてたものだと考えてよいだろう。

（5）なおこの概念は、ヴァン＝デイクも一部で用いている（Van Dijk 1992: 107）。

（6）「ねとらぼ」はソフトバンクグループのネットメディア企業ITmediaが運営するニュースサイトで、おもにカルチャー関連の記事を配信している。

（7）「ニコニコニュース」は株式会社ドワンゴが運営する動画サイト「ニコニコ動画」から派生したニュースサイトで、他メディアのニュースの転載のほか、独自コンテンツの配信も行う。

（8）http://news.nicovideo.jp/watch/nw2765626

（9）二〇一七年五月七日時点。

（10）なおこうした経緯もあり、コメント欄には「差別否定」と並んで、有田議員を「売国奴」などと貶める発言も多く見られる。

（11）Yahoo! ニュースは Yahoo! JAPAN が運営するニュースサイトで、主要紙を含む他メディアの記事を転載するサイトとしては日本最大級である。

（12）https://headlines.yahoo.co.jp/hl?a=20170512-00000531-san-pol（二〇一七年五月二十八日現在、削除済み）

（13）二〇一七年五月二十一日時点。

（14）なお Yahoo! ニュースのコメント欄におけるヘイトスピーチについては、曺（二〇一七a、二〇一七b）で詳細に分析されている。

参考文献

Augoustinos, Martha and Every, 2010, Accusations and Denials of Racism: Managing Moral Accountability in Public Discourse, *Discourse and Society* 21 (3): 251-256.

Bleich, Erik, 2011, *The Freedom to be Racist?: How the United States and Europe Struggle to Preserve Freedom and Combat Racism*, Oxford University Press.（＝二〇一四、明戸隆浩・池田和弘・河村賢・小宮友根・鶴見太郎・山本武秀訳『ヘイトスピーチ――表現の自由はどこまで認められるか』明石書店）。

曺慶鎬、二〇一七a、「インターネット上におけるコリアンに対するレイシズムと対策の効果――〝Yahoo! ニュース〟のコメントデータの計量テキスト分析」、『応用社会学研究』五九号、一一三―一二七頁。

――、二〇一七b、「〝Yahoo! ニュース〟の計量テキスト分析――中国人に関するコメントを中心に」、『駒澤社会学研究』四九号、一一五―一三五。

Evans, Richard J. 2001. *Lying about Hitler: History, Holocaust, and the David Irving Trial*. Basic Books.

加藤直樹、二〇一四、『九月、東京の路上で――一九二三年関東大震災ジェノサイドの残響』ころから。

Matza, David, 1967, *Delinquency and Drift*, Wiley.（＝一九八六、非行理論研究会訳『漂流する少年――現代の少年非行論』成文堂）。

森田洋司・清永賢二、一九九四、『いじめ――教室の病い』第二版、金子書房。

内藤朝雄・荻上チキ、二〇一〇、『いじめの直し方』朝日新聞出版。

奈須祐治、二〇〇九、「ヘイト・スピーチ規制法の違憲審査の構造――『害悪アプローチ（harm-Based Approach）』から」、『関西大学法学論集』五九巻三号、三九一―四一五。

梁英聖、二〇一六、『日本型ヘイトスピーチとは何か――社会を破壊するレイシズムの登場』影書房。

櫻庭総、二〇一二、『ドイツにおける民衆扇動罪と過去の克服——人種差別表現及び「アウシュヴィッツの嘘」の刑事規制』福村出版。

Sykes, Gresham M. and David Matza, 1957, "Techniques of Neutralization: A Theory of Delinquency," *American Sociological Review*, Vol. 22, No. 6, 664-670.

高橋哲哉、一九九八、「否定論の時代」、高橋哲哉・小森陽一編『ナショナル・ヒストリーを超えて』東京大学出版会。

高橋哲哉編、二〇〇二、『「歴史認識」論争』思想読本、作品社。

Van Dijk, Teun A., 1992, "Discourse and the Denial of Racism," *Discourse and Society* 3 (1): 87-118.（＝二〇〇六、植田晃次・山下仁編『「共生」の内実——批判的社会言語学からの問いかけ』三元社、一八七—二三二）。

第一四章 朝鮮人差別克服のための闘い
日本朝鮮研究所の反差別語闘争を中心に

山本興正

1. はじめに

今日、ヘイトスピーチが社会問題になったことによって、レイシズム・排外主義への関心が高まっている。通常こうした危機の時代には、問題解決の手がかりとなる思想的遺産を求めて過去が参照される。関東大震災朝鮮人虐殺が再び教訓をもって想起されるのもその一例である。だが、そうした試みがあることを理解しながらも、過去の民族差別克服のための思想的・実践的格闘をふりかえる試みはいまだ乏しいといわなければならない。筆者は近年のレイシズムに関する議論のなかに、そうした過去の先人たちの格闘から思想的遺産を取り出そうとする試みが欠けていると感じている。ヘイトスピーチやヘイトクライムが今日的な問題であることは確かだが、そのまわりに存在しているのは日本人の朝鮮観、民族差別意識という歴史的に形成された広大な裾野であり、そうした状況と切り結んでいった人びとの軌跡がわれわれに語りかけてくるものは数多くあると思われる。ここでは、差別発言問題に端を発した日本朝鮮研究所の反差別語闘争を歴史的に位置づけ、そこから今日のわれわれが継承するべき思想を読みとりたい。

2.……日本朝鮮研究所の発足とその責任論

戦後日本の朝鮮史研究は、一九六〇年前後に始まった。それまで日本には戦前からの朝鮮帰りの研究者を中心に結成された朝鮮学会はあったが、それは戦前の研究の枠を出る性格のものではなく、また中国は研究の対象であっても、朝鮮が同じように注目されることはなかった（姜徳相一九六〇）。六〇年前後という時期に朝鮮にようやく目が向けられるようになったのは、日韓交渉の進展とともに日本資本の韓国への再進出の企図が明らかになったことと関係がある。一九五九年に朝鮮史研究会が、六一年に日本朝鮮研究所（以下、朝研）が発足した背景には、こうした時代への危機感があった。日本の革新陣営は日本政府・財界の動きに批判的であったが、朝鮮史研究者たちは、その批判に日本の朝鮮植民地支配への責任という視角が欠けていることを指摘し、日本帝国主義の朝鮮侵略史を書く必要性を主張した。また日本人と朝鮮人との真の関係を築く立場から、戦前の日本の大陸膨張という国益のために歪められた朝鮮史を朝鮮人主体の歴史に書き直そうとした（旗田一九六九b、梶村二〇一四）。

当時の「日本人の責任」論を代表するものとして、朝研の『日・朝・中三国人民連帯の歴史と理論』（以下、『歴史と理論』、安藤・寺尾・宮田・吉岡一九六四）で展開された「植民地支配責任論」「人民責任」論があるが、それについては板垣（二〇一〇）による詳細な分析があるので、ここでは簡潔に述べるにとどめる。ここでは、人民責任論が、一般人民には朝鮮侵略への責任がないという当時の革新政党による認識への批判となっていたことのみ指摘しておきたい。支配権力のみに責任を課すのではなく、一般人民の朝鮮との関係を問おうとする問題意識である。日本人総体の植民地主義意識の変革、それがこの書の最も重要なねらいであった。その主張の背景には、日本資本の対韓再進出のための政府の大衆動員への危機意識があったのであり、歴史は同時代との緊張関係において参照された。

また、朝研が「日本」という特称をその団体名の頭につけたのは、日本での朝鮮研究というその日本とはいかなる日本であるのかと問う姿勢のあらわれであった。板垣は『「日本人の立場」』というポジション設定と、運動との結合をめざすという姿勢」が「朝研の主軸であり特色であった」と述べている（板垣二〇一〇、二三五頁）。だがこの「姿勢」は、のちにひとつの「糾弾」によって根底からの再検討を迫られるに至るのである。

3. 差別発言問題とその後

1　日本朝鮮研究所の差別発言問題

一九七〇年を前後する時期は、これまでの権力関係・差別構造を問い直す声が生じた重要な時期であった。在日朝鮮人・金嬉老が静岡の旅館にたてこもって積年の民族差別を告発した一九六八年の金嬉老事件、あるいは湊川高校、尼崎工業高校、神戸商業高校など兵庫県下の高校で、被差別部落出身、在日朝鮮人生徒らが中心となってみずからの半生を「さらし」ながら差別反対・授業改革などを求めた六九年からの一斉糾弾闘争、日本の新左翼にある民族問題への無知・没主体性を告発した七〇年の華青闘七・七告発など、従来声を奪われていた人びとが「糾弾」という行為を通して日本社会において声を上げはじめたのである。

朝研もその渦中の主体となった。問題は、朝研が主催したシンポジウムにおける旗田巍の発言に端を発する。旗田はここで戦後の朝鮮史研究を日本歴史学のなかの「特殊部落的なもの」と発言したのである（旗田ほか一九六八、一二三頁）。さらにその場でも、編集の段階でも、だれひとりこれが差別語であると気づくことなく、そのまま『朝鮮研究』に掲載された。そして、すぐに部落解放同盟中央本部、その他の読者から厳しい抗議がなされ、編集部は三百字余りの短い「おわび」を掲載した（旗田・宮田・編集部一同一九六九）。そのさい編集部は、問題を単に言葉を「無意識に使ってしまった」というような「技術的な」ものと認識していた（日本朝鮮研究所運営委員会一九六九、四頁）。

しかし、問題は人間のあり方そのものをめぐる、より本質的なものであった。その後、部落解放運動に関係する人びととの厳しいやりとりのなかで、朝研は問題が研究所および『朝鮮研究』の全体としての姿勢にあることを認識し、運営委員会での討議を経て、神戸市の西田秀秋[1]の招請を決定した。つまり「糾弾をする側と、される側の断層は、依然うまっていない」という認識のもと、自主的に「直接手術（糾弾）」（S一九六九、七二頁）を受けることに決定したのである[2]。

2　糾弾を経て

こうして、朝研運営委員会は糾弾を受けることとなった。話し合いには西田のほか在日朝鮮人青年一名を含む三名の青年が参加した。一〇時間にも及ぶ話し合いのなかで運営委員会は、差別のすさまじい現実に対して自分たちの理解がいかに観念的なきれいごとにすぎなかったかをはじめて自覚させられた。たとえば西田らはみずからの生い立ちを、また差別のすさまじさを具体的に語るなかで、「特殊部落」という一つの言葉が発せられることが人一人を殺すことさえあるという深刻な事実を指摘した。また在日朝鮮人青年は、在日朝鮮人が生き抜いていく世界とは別のところで言葉をもてあそんでいるのではないのか、それはその苦しみを利用していいかっこうをしているだけなのだ、と主張した。「おまえたちは朝鮮をくいものにしているだけだ」（日本朝鮮研究所運営委員会一九六九、七―八頁）。

糾弾を経て運営委員会が出した決意は、次のようなものであった。

> 差別発言を生じさせた根本原因の一つとして、私たちが差別の事実にたいして自分も《ママ》〔を〕第三者の位置において、客観主義的に問題点を指摘し、自己が全体として差別を生じさせる社会構造の一端に加害者としてかかわっていることの自覚にたって、自己の内面の要求としてその克服の緊要性を感じえなかった個々人の研究姿勢がある。私たちは、まず、そういう個々人の研究姿勢がどのように無責任なことばを生み出し、研究をゆがめさせていたかを自分たちの力で点検したいと思う。このことは問われているのは私たちの生き方そのものであると考える。
>
> 同時に、研究所全体としては、問題をすべて個々人の良心にゆだねるということだけでなく、運営委員会として、責任をもって克服の努力を進めたい。誤りの克服はもとより一片の作文が上手にかけているかどうかではかられるものではない。それは、私たちの今後の一つ一つの日常的なしごとへの対応ぶりを通じて結果として、示されるものにほかならない。（同前、八―九頁）

この差別発言事件は、研究所が分裂するほどの大きな事件だった。研究所は大幅に縮小し、七〇年一月には事務所は佐藤勝巳の自宅に移った（佐藤一九七八）。だが少人数でも研究所は維持され、その後『朝鮮研究』誌上では、一斉糾弾校のひとつである尼崎工業高校での経験から学ぶべく、「先公よ、しっかりさらせ」が掲載され（九〇号）、特集も組まれた（九一号）。また旗田と運営委員の数名は、自己の生活史や研究姿勢をふりかえりながら朝鮮に向き合う姿勢を新たにする決意の文章を個々に発表した（旗田一九六九a、宮田一九六九、佐藤一九六九、梶村一九六九）。

ここでそれらすべてにふれることはできないが、梶村秀樹の文章に注目したい。梶村は、過去の朝研の「試行錯誤の過程で結晶した植民主義思想の克服ということば」自体が誤りであったのではなく、それを具体化できなかったからだめなのだという。そのうえで六〇年代の朝研の理論的結晶である『歴史と理論』について、「思想変革」と政治課題とが切離され対置されるかのごとき傾向を批判しなければならないとする。つまり「『植民主義思想の克服』が、日本人民の政治課題とかかわっている以上、われわれは個人としても研究所としても現実のなかでそれを克服するために政治的であることをさけるわけにはいかない。思想変革がことばの世界のなかで完結するものではない」とし、現に日本国家によって韓国と在日朝鮮人に対する侵略と抑圧がおこなわれ、そこに人民を加担させるために植民地主義思想が維持・強化されるという状況を拒否し、それと闘うこと、それこそが「植民地思想の克服」にほかならないとするのである（梶村一九六九、三二頁）。

この決意は、朝研の以後の方向性を示していた。[3] 具体的には、日本の対韓再侵出の状況の把握とそれに対する批判、出入国管理令や外国人登録法などの法令と運用の実態に関する研究（佐藤編一九七四）、日本人の植民地主義思想克服のための反差別語闘争などである。以下では、朝研の反差別語闘争についてとりあげたい。

4. 反差別語闘争

1 日本朝鮮研究所の反差別語闘争の経緯

一九六〇年代後半から七〇年代前半にかけて、日本国内では主に部落解放運動の一環として差別語糾弾闘争が数多く組まれた。とくに七三年から七五年にかけては新聞記事や放送番組などにあらわれた差別表現に対する抗議・糾弾が相次ぎ、またそれに対する批判も噴出し、一種の「社会問題」の様相を呈した。(4) しかしこれは問題を「顕在化」させたに過ぎず、被差別者にとっては「問題」がここに始まったわけではない（福岡一九八四、三九頁）。その意味で、差別語糾弾闘争とは日本人の底流にある差別意識を顕在化する運動であった。あるいは「それは、例えば『特殊部落』という言葉を使うことの姿勢にあらわれている、戦後的日常意識への糾弾」（津村一九七二、一七〇頁）であった。

朝研も差別発言問題を経て、独自に朝鮮に関する差別語・差別表現の問題への取り組みを開始した。まず確認しておくべきは、朝研の差別語への取り組みは「糾弾」とは位置づけられていなかったという点である。それは「同じ誤りの中にあるものとして一人でも多くに気づいてほしいという気持を話し合って伝えること」（梶村一九七五、一二五頁）とされた。それは被差別者になりかわって差別者を糾弾する「代行主義」とは性質を異にする運動であった。またそれは、当時もいまも言われる「言葉狩り」とは異なり、「差別が単なる物質的関係ではなく、言葉とそれを支える思想がその核心部分をなしている以上、言葉・思想の変革をぬきにして、差別をなくすことはできない」（同前、三〇頁）という認識にもとづく運動だった。「ことばは人間の思想をつつみかくさずに表わしてしまう重要な手がかり」（同前、二七頁）なのである。

最初に朝研が取り組んだのは、『広辞苑』の「北鮮」「鮮人」などの項目についての抗議だった（七〇年五月）。たとえば『広辞苑』第一版は「北鮮」を「①北鮮人民共和国の略―じんみんきょうわこく〈北鮮人民共和国〉朝鮮民主主義人民共和国」と、国名すら誤って表記しており、第二版は「①朝鮮の北部。②朝鮮民主主義人民共和国の俗称」としている。また「鮮人」については、第一版、第二版ともに「朝鮮人の略」「③中国人に対する蔑称」（傍点引用者、以下同じ）と説明されていた。一方で「ちゃんころ」は「③中国人に対する蔑称」、「ジャップ」は「アメリカ人・イギリス人が日本を卑しめて呼ぶ語」と説明されており、その扱いには大きな差がある。朝研は、朝鮮に関するこれらの項は日本人が植民地支配の過程でつくり出した蔑称であり、「北鮮」も「鮮人」も「俗称」や単なる「略」ではないと指摘し、また植民地支配を肯定したうえで記載しているのかどうか、誤りと認めるならばどういう措置をとるつもりなのかと、岩波書店に質問状を出した（『朝日新聞』一九七〇年七月十四日付）。

さらに朝研は、『広辞苑』の編集を担当した新村猛らと十回以上の話し合いをおこなった（佐藤一九七八、一〇三頁）。そして約三年が経った七三年一月にようやく新村が『図書』に、同年三月には辞典部長の川崎勲が『朝鮮研究』に、自身の見解を書いた（新村一九七三、川崎一九七三）。結局、『広辞苑』の第二版四刷では「鮮人」の項は単に削除するという方法がとられ、「北鮮」の項は「戦後、俗に朝鮮民主主義人民共和国をこう呼んだ」と変更された。朝研側の「朝鮮民主主義人民共和国の俗称に用いられているが誤りである」と書けなかったのかとの質問に対し、川崎は「四刷での私どもの解説の仕方が現在の『広辞苑』の到達点と考えて頂きたい」（川崎一九七三、六〇頁）と回答した。結局、ふたりは辞典の「登録性」と「規範性」の関係という点から問題をとらえ、朝研の要求を「規範性」という論点として解釈し、日本人の思想変革につながる本質的な問題解決を回避したのである。

次に朝研が取り組んだ仕事は、小学館『少年サンデー』に七〇年八月から連載されていた梶原一騎「おとこ道」で用いられた「三国人」「第三国人」という差別語、また差別煽動表現を問題化することであった。ここでは差別語だけでなく表現も問題にされていることに留意したい。朝研運営委員会は同年八月三十一日、『少年サンデー』編集部への抗議と要求を提出し、敗戦当時の在日朝鮮人・中国人を「第三国人」と呼んでいること、そして「最大の敵は、日本の敗戦によりわが世の春とばかり、ハイエナのごとき猛威をふるいはじめた、いわゆる第三国人であった!!」「殺《や》られる前に殺《や》るんだ、三国人どもを!!」と表現していることを問題視するとともに、それが「日本の敗戦につけこみ、横暴をほしいままにし、暴利をむさぼる朝鮮人・中国人『退治』の物語という構成になっている」と指摘した。そのうえで、掲載の即時中止、誤りを認めて内容を全面的に取り消し、在日朝鮮人・中国人に謝罪を公表すること、朝研への回答などを要求した（日本朝鮮研究所運営委員会一九七〇a）。また、朝鮮人を蔑視する「まんぴきだ」「プタとはなんだ」などの半濁音の言葉が全編に氾濫していることも誌上で問題にされた。しかし『少年サンデー』編集部の回答は「劇画の中に戦後の一風俗を表現しただけ」であり、自分たちは「断じて人間を差別する考え方は持っておりません」（『少年サンデー』編集部一九七〇、六六頁）というものだった。つまり、表現の社会的影響力の問題を表現者の主観の問題に矮小化したのである。そこで朝研は、再び抗議と質問を小学館社長と編集部の両者に投げかけた。朝研運営委員会はまた、別に直接の話し合いの機会を求め、編集部との、さらに梶原一騎個人との話し合いをおこなった。別途話し合いという作業を重視したのは朝研が糾弾を受けた経験からだろう、と当時話し合いに参加した内海愛子は述べている。なぜなら「差別の問題は、なかなかその当事者がわからない、気がつかない。なぜ、当たり前と思っていることが差別なのか、丁寧に説明されてはじめてわかる」（内藤二〇〇三a、七頁）からである。[5] だが結果は、梶原一騎・編集部の「おわび」が出されたものの、『広辞苑』の場合と同じく思想変革を伴う有意義な結果とはほど遠かった。[6]

そのほか差別語・差別表現に関する取り組みは続き、「北鮮」「北鮮人民共和国」「京城」などの用語が頻発する美国堂刊『やくにたつ社会科資料集』、朝鮮人を悪意ある加害者として露骨に描いた芳文社刊『長編コミック』「やさしく殺してぇ！」、民族差別の記述を掲載した部落問題研究所編『部落解放を全ジャーナリストに』などについての抗議と話し合いがおこなわれた（佐藤一九七八、一一一頁）。

こうした反差別語闘争の過程で生まれたのが、差別語の起源と流布に関する研究であった。この研究はまさしく運動の産物であった。内海愛子によれば、運動の過程で「なぜ『北鮮』『南鮮』が差別語なのか、『第三国人』が差別語なのか、その根拠を示すよう相手方から求められた。運動の必要性から、急遽〔……〕各論文が書かれていったのである」（内海一九八六、一六三頁）。

これらの論文の執筆の中心となったのは、梶村と内海であった。ふたりは、問題にされたすべての用語が朝鮮人蔑視、朝鮮人と国家を独立の主体として認めない意図にもとづいていることを『朝鮮研究』誌上の諸論文で明らかにした。

梶村は、「京城」は従来朝鮮人が使ってきた常用語の「ソウル」および官庁用語の「漢城」を日本が韓国併合と同時に廃止して強要した言葉であり、帝国主義用語の見本であるとした。そのうえで、戦後に至っても日本人がこの言葉を無意識に連発していると批判した（梶村一九七二）。

内海、梶村は、「鮮人」「鮮」という言葉は、一九一〇年八月「韓国併合に関する条約」と同時に出された勅令で「大韓帝国」という国号から「朝鮮」という一地域をあらわす名称へと変えられたのち、同年九月からあらわれだし、十月に入ってたちまち広がっていった言葉であり、朝鮮植民地支配の過程で形成された差別語にほかならないとした。また「鮮」であらわされる言葉は、「併合」が「朝鮮人の利益」と合致するという考え、つまり日本人のなかの「おくれた朝鮮」を指導するという意識によって支えられ、逆に「併合」に抵抗し、独立を求める者は「不逞な徒」とされたという（内海・梶村一九七五）[7]。内海はまた、こうした言葉の変化の過程に朝鮮総督府による何らかの圧力があったにちがいないとしている（内海一九七四、九五頁）。

また「北鮮」「南鮮」という言葉については、先の朝鮮を独立の主体として認めまいとする植民地支配下の差別語であるという認識を前提として、次のように説明されている。すなわち、戦後、分断体制下で南に大韓民国、北に朝鮮民主主義人民共和国が発足したが、日本政府は韓国のみに正統性を認めた。そうした政治的影響のもとで共和国に対しては地域名称である「北鮮」がそのまま使い続けられた。それは共和国を国家として認めまいとする意図にもとづいていた。革新陣営も主観的には共和国を承認する意図をもちながら歴史的に蓄積された帝国主義感覚にひきずられて「北鮮」を連発した。反共意識は植民地時代の蔑視をこめた「北鮮」という言葉を媒介として、大衆意識にスムースに浸透していく。「北鮮」という言葉はその回路となっている――（内海・梶村一九七五）。

内海は「第三国人」という言葉についても、次のように説明している。朝鮮が「解放」された戦後のGHQ占領下においても、植民地支配の合法性を疑わない日本人の抜きがたい思考方法が朝鮮人を「国際的に承認された独立国朝鮮の人民」と正当に認識することを妨げた。さらにその言葉は、日本政府・マスコミの排外主義キャンペーンによって「戦後闇市を支配した朝鮮人」（＝「闇市神話」）という意味をこめた言葉へと転化していった。そして「不法」「無法」「横暴」「暴力」といった言葉が形容詞として「第三国人」という言葉についてまわった、と。そのうえで内海は、戦後、在日朝鮮人を「独立国」の人民として、「解放国民」として認識できなかった日本人の意識が「いわゆる第三国人」という言葉を生み出して、これが出入国管理令、「新入管法案」を支える意識となったとしながら、それは体質化した「日帝支配者的な思考方式」にほかならないという（内海一九七二）[8]。

その後も差別語・差別表現に対する取り組みは終わることはなかった。なぜなら日本社会では、南北朝鮮、在日朝鮮人と日本の関係が緊迫する事件が起こるたびにこうした差別語・差別表現というかたちをとった民族差別、脅迫が台頭するからである。八〇年代には指紋押捺拒否者への差別排外意識をむき出しにした脅迫状が数多く届き、それに対する取り組みがなされた（民族差別と闘う関東交流集会実行委員会編一九八五）。そうした闘いの武器とすべく、これらの論文は一般の人びとの手に入りやすいようにまとめられ、八〇年代の運動の実践の記録とともに『朝鮮人差別とことば』（内海・梶村・鈴木編一九八六）と題して出版されたのである。

2　論点

以上、朝研の反差別語闘争の経緯を素描してきた。以下ではそのなかから、今日のレイシズムを考えるさいに重要と思われる論点を抽出してみたい。

第一に、差別の言葉が「人を殺すことさえある」という事実を強調し続ける必要性である。運動に取り組む人びとの念頭に常にあったのは、差別語・差別表現が被差別者に強いる深刻な結果であった。たとえば内海は、ある在日朝鮮人が「おとこ道」を読んで「自分たちはまた殺される」と言ったことにショックを受けたといい、「わたしは『問題だ』とは思えても、『殺される』という実感はもてない。自分の感性との溝の深さを痛感しました。殺す側に自分がたっているということさえ十分に理解していない私たち。〔……〕朝研は『殺される側の人々の実感』を共有する運動を目指していました」と語っている（内藤二〇〇三a、六頁）。また在日朝鮮人の呉林俊は、先述した半濁音について次のようにいう。「これらは、日本語でもなければ正当な外国語でもない。これは、日本帝国主義の植民地支配により、日本語を強制されて、こじれた舌で動かした〈日本語〉なのであり、それを一貫してゲラゲラと笑いあってきた日本人自身が造成した廃語ではないのか。だからこそ、朝鮮人は日本人がこれらを好んで使用するときに、その当人が必ず朝鮮人をないがしろにしていることを見抜く」（呉林俊一九七一、七六—七七頁）。われわれは、こうした指摘を胸に刻んでおく必要がある。

第二に、事実と真実の関係、差別の煽動という論点である。朝研の『少年サンデー』への抗議文は、その点について興味深い指摘をおこなっている。まず抗議文は「戦後の一風俗を表現しただけ」という弁明に対し、無数の事実のなかからなぜそれを選んだのかを問うた。つまり「ここに記載されている内容は、自国〔日本〕の歴史的犯罪を意図的に切り捨て、事実を一面的に誇張し、被害と加害の逆転を図り、朝鮮人・中国人の殺戮を公然と合理化したものである」(日本朝鮮研究所運営委員会一九七〇a、四九頁)。ここで注目すべきは、歴史観とは無数の事実から何を選択するかという思想て、大部分の在日朝鮮人は、単純に恨みをはらすことにエネルギーを発散させるのではなく、個人としても団体としても必死の自制心を払いつつ、失われた主体性を求めることに努力を集中した」(日本朝鮮研究所運営委員会一九七〇b、九頁)。そうした肯定的事実や歴史的背景を無視・歪曲した否定的な断片的事実が全体に置換されて「真実」となり、それが流布してしまう。さらに重要なのは、そうした歴史観が差別の煽動と日本の制度的差別と関連づけられているという点である。当時、日本人高校生による朝鮮高校生殺傷事件が頻発していたが、それは「まさに『おとこ道』にしるされている思想と行動が、下敷きになって実行され、再生産されている」のであり、また「出入国管理法案」を成立させて制度的差別を強化しようとする日本政府への援護射撃の役割も果たすものになっている、という(日本朝鮮研究所運営委員会一九七〇a、四九―五〇頁)。差別の例をあげれば、これは「朝鮮人帰れ」という今日でも頻繁に投げつけられる罵倒が実際の退去強制(強制送還)という行政的措置と相互関係をもつことにも妥当する図式である。これらは法的・制度的差別および権力・権威への帰一を求める「上から」の教化（教育・言論を含む）と「下から」の民族差別意識、その両経路の循環を伴う一体化が差別煽動の条件となることを示す例であり、こうした図式は今日においても再生産されている。

第三に、意図と行為のズレという論点である。朝研は一連の話し合いの過程で、「抗議を受けると必ず当事者から『差別する意図はなかった』という回答がある」ことを知ったという（S一九七〇、一一頁）。テウン・ヴァン・デイクは「今日の人種差別の本質的特徴のひとつは、その否認である。それは『私は黒人に対して何の偏見もない。しかし……』というよく知られた否認の中に典型的にあらわれている」（ヴァン・デイク二〇〇六、一八七頁）という注目すべき指摘をおこなっている。「ことばは意識しようがしまいが歴史的な意味をもっている。それを使うということはそういう歴史を承認してしまうことを意味し、そのことによって人を新たに傷つけるということだ」（梶村一九七五、二六頁）という主張と合わせて考えれば、本質は社会的存在としての人と人との関係性（野村一九七五、三頁）、表現・行為の社会的影響力の問題にいきつく。つまり、意図を理由にレイシズムを否認することは不可能なのである。

最後に、「南朝鮮」「北朝鮮」、「韓国」「朝鮮」という呼称についてである。これらは一見差別語とは異なると思われるかもしれない。しかし言葉が社会的なものであれば、とうぜん時代と社会通念の変化に伴って、同じ言葉に別の価値が付与されることがある。次の内海と梶村の指摘は重要である。ふたりはこの四つの言葉について「やがて必ず統一される一つの朝鮮の構成部分となるであろう地域ないし民衆を呼ぶ言葉としては、『北朝鮮』『南朝鮮』は依然として使わざるを得ない言葉である。しかし、現実に存在する二つの国家をさすばあい、それぞれの正式名称ないしその略称としての『朝鮮』『韓国』を以って表現するのが当然となった」(内海・梶村一九七五、一五頁)という。現在、政府、マスコミ、学術界問わず、朝鮮民主主義人民共和国については「北朝鮮」、大韓民国については国家の略称の「韓国」を使用している。もし朝鮮民主主義人民共和国を対等な主権国家と認める思想があれば、そのような呼称の非対称性は生じないはずである。その非対称性はそのまま日本政府の対朝鮮政策の反映であり、マスコミと大衆はそれに無意識的もしくは意識的に追随しているのである。この呼称の非対称性には、戦後日本の朝鮮分断との関係の歴史が埋め込まれている。朝鮮半島の分断と統一にどう向き合うかという思想が、呼称の問題を通して問われているのだといえよう。

5. おわりに

朝研の反差別語闘争は、その後、中心人物であった佐藤勝巳の思想的変節とそれによる朝研そのものの性格変化を経て、市民運動に引き継がれるかたちとなった。その努力はわれわれに残された貴重な思想的遺産であるが、今日の運動はその思想を引き継ぎ、彼・彼女らが投げかけた問いかけに応える用意があるだろうか。被差別者による差別語糾弾運動が「社会的に肉体的に差別されている人たち」つまり「非エリートが、言葉のよし悪しを決める権利を言語エリートから、部分的にでも奪還しようとする動きだった」(田中二〇一二、一五頁)といえるのであれば、朝研の反差別語闘争は、その「権利」の歴史的生成過程を追跡することで、その歴史性が埋め込まれた現在の差別者としての日本人の思想を変革する運動であったといえよう。近代日本において言葉は国家・支配者の政策とともに形成され、それが朝鮮に対する差別語を生み出したことを考えるならば、差別語を問う運動は、「表現の自由」「言葉狩り」論者がいう「文化の破壊」などではなく、近代日本の差別的文化を民衆主体の文化・社会的規範としてつくり変える創造的な動きであったのではなかったか。その意味で、朝研の実践はレイシズムの問題に取り組む現在の実践に引き継がれなければならない。

最後に指摘しておきたいのは、言葉を問う実践のなかで朝鮮史教育の問題が浮上してきたということである。それは教育現場でどう朝鮮を教えるかという実践的な問いであった。たとえば高校教師の鈴木啓介は「子供達に聞いてみたら、何でこんなに朝鮮人がいるのだろうと疑問に思うらしいが、そういうことを誰も教えてくれない。もちろん自分達で考える機会もない。だから異様なものとして子供達の中に残っていく」（李相鎬ほか一九八六、一九頁）、「子供達にどういう朝鮮を提起して向かわせるかという内実がない限り、逆に、差別のばらまきということにもなりかねない」（同前、二七頁）と語っている。梶村はそうした「内実」について、「朝鮮人の積極的に生きていく姿が直接感じとれるような機会に、自分が一度めぐりあうことが、絶対に不可欠だ。そして私たち自身が、感性的認識、自分の感覚で確かめられる像を、意識的にこしらえなければならない」（梶村一九九八、二二頁）と主張している。

ここでわれわれが考えるべきなのは、民族差別を克服しようとしたこれらの人びとにとって、日本人の差別意識・思想を克服し現実を変革することと、積極的な朝鮮・朝鮮史像をつくり上げてそれを伝えることは、彼・彼女らの課題・実践の両輪であったということだ。現在、レイシズムを問うわれわれは、研究と教育の関係を構築しながらこうした積極的な朝鮮像・他者像をつくりあげる実践をなしえているだろうか。

とくに朝鮮史における、民衆の苦闘のなかから獲得された積極的な「民族」の歴史的意味を見据える目をもちえているだろうか。そうした問いは、私自身を含め、日本のレイシズム克服を目指す者すべてに向けられているのではないだろうか。

注

（1）西田秀秋は、一斉糾弾闘争校のひとつである湊川高校の卒業生、同校部落問題研究部出身、また部落解放同盟番町支部の一員であり、のちに湊川高校の教師集団の一人となる（兵庫県立湊川高校教師集団一九七二、二頁）。

（2）西田らの招請に至る経緯については、「私見［「特殊部落」発言への批判に対する日本朝鮮研究所の対応の経緯をまとめた文書］」（井上・樋口編二〇一七、二八九―二九七頁）を参照。

（3）西田らから受けた批判の克服という点について、研究所運営委員会では何度も討論がおこなわれた。「植民思想の克服」という点を研究所の共通の課題とすることでは意見の一致をみたが、その具体化の方法については二つの意見に分かれた。ひとつは梶村から提出された意見で、個人も含めた研究所総体が、政治課題へさらに実践的に参加するよう努めること、もうひとつは佐藤勝巳から提出された意見で、現実社会に密着し、その現実から植民思想を告発し、政治課題にアプローチすること、であった。これらは二律背反の認識ではなく、研究所や研究者のあり方として、どの部分に力点を置くかという方法の違いであった。前者から後者へは、結局従来と同じようなことに終わるのではないか、また政治課題の逃避ということになりかねない、との疑問が出され、後者から前者へは、それでは運動体と変わらないことになる、研究所（者）の政治課題に対する実践はもっと違うものである、との疑問が出された。結局、「今後とも、考えの違う人とやっていく。しかし従来と違って考えの違いは、違いとして、素直に討論を行うことが不可欠である。無原則的な啓蒙主義は、きびしく再検討する」とされ、二者択一とはならなかった（井上・樋口編二〇一七、二三四―二四七頁）。この力点の置き方の相違から両者の思想的分岐の手がかりを探ることもありえるが、さらに慎重な分析が必要となろう。

（4）そのひとつのメルクマールとして、一九七五年版の平凡社『世界大百科年鑑一九七五』二八七頁には「差別語の問題」という項目が登場している。

（5）なお内海は「交渉は佐藤さんが中心でしたし、抗議文などは梶村さんが書いたものにみんなで手を入れたと思います」と述べている（内藤二〇〇三a、七頁）。

（6）驚くべきことに、連載後「おとこ道」は、秋田書店、サンケイ新聞社から単行本として出版されるが、そこでは「三国人」が「K国人」に変わり、二〇〇一年に復刊された道出版版では「不良外人」となっている（内藤二〇〇三）。これは言葉を変えても出版する者の思想が変わらない限り差別の煽動となりうることを示している。

（7）一九一〇年「韓国併合」直後に出された明治天皇の詔書は、日本の植民地支配は朝鮮民衆に天皇の「恩恵」を与えるとの論理にもとづいていた。こうした天皇制秩序意識と不可分の「不逞鮮人」観の形成は、独立運動弾圧の過程で起こされた間島虐殺（一九二〇—二一年）、関東大虐殺（一九二三年）などの思想的背景であった。姜徳相（二〇二〇）を参照。

（8）のちに水野直樹はより実証的に「第三国人」という言葉の起源と流布について検証し、この言葉の「GHQ起源説」を明確に否定した。つまり連合国・GHQ側がこの言葉を使ったことはほとんどないこと、「第三国人」は日本の警察・マスコミ・官僚・政治家が使い始め広めた言葉であり、この言葉が流布される過程で官僚やマスコミの「作為」が働いたこと（水野二〇〇〇、七頁）、またこの言葉は法的根拠をもつ用語ではなく、日本人の差別意識がつくり出した曖昧な言葉に過ぎないことが指摘されている（同前、二一頁）。この「GHQ起源説」は内海がのちに書いた論文でも否定されている（内海二〇〇〇、七七—七八頁）。

参考文献

安藤彦太郎・寺尾五郎・宮田節子・吉岡吉典（一九六四）『日・朝・中三国人民連帯の歴史と理論』日本朝鮮研究所。

板垣竜太（二〇一〇）「日韓会談反対運動と植民地支配責任論——日本朝鮮研究所の植民地主義論を中心に」『思想』一〇二九号、岩波書店。

井上學・樋口雄一編（二〇一七）『日本朝鮮研究所初期資料2』緑蔭書房。

内海愛子（一九七一）「『第三国人』ということば」『朝鮮研究』一〇四号、日本朝鮮研究所。

——（一九七四）「『鮮人』ということば」『朝鮮研究』一三五号。

——（一九八六）「あとがき」『朝鮮人差別とことば』明石書店。

——（二〇〇〇）「『第三国人』と歴史認識——占領下の『外国人』の地位と関連して」内海愛子ほか

編『「三国人」発言と在日外国人』明石書店。

内海愛子・梶村秀樹・鈴木啓介編（一九八六）『朝鮮人差別とことば』明石書店。

内海愛子・梶村秀樹（一九七五）「『北鮮』『南鮮』ということば」『朝鮮研究』一五〇号。

ヴァン・デイク、テウン／山下仁ほか訳（二〇〇六）「談話に見られる人種差別の否認」植田晃次・山下仁編『「共生」の内実――批判的社会言語学からの問いかけ』三元社。

S（一九七〇）「パンフ発行にあたって」『朝鮮研究』九八号。

――（一九六九）「編集後記」『朝鮮研究』八六号。

呉林俊（一九七一）『朝鮮人としての日本人』合同出版。

梶村秀樹（一九六九）「私の反省」『朝鮮研究』八九号。

――（一九七一）「『京城』ということば」『朝鮮研究』一〇二号。

――（一九七五）「差別の思想を生み出すことば」『朝鮮研究』一五〇号。

――（一九九八）「朝鮮史をみる視点」梶村秀樹・印藤和寛『朝鮮史のあけぼの』三一書房。

――（二〇一四）『排外主義克服のための朝鮮史』平凡社。

川崎勲（一九七三）「『広辞苑』の《北鮮》《鮮人》の項の誤りについて」『朝鮮研究』一二四号。

姜徳相（一九六〇）「〝日本人の朝鮮観〟寸評」『新読書』九月号、新読書社。

――（二〇二〇）『関東大震災』新幹社。

佐藤勝巳（一九六九）「差別発言問題と私の反省」『朝鮮研究』八八号。

――編（一九七四）『在日朝鮮人――その差別と処遇の実態』同成社。

――（一九七八）『わが体験的朝鮮問題』東洋経済新報社。

『少年サンデー』編集部（一九七〇）「『少年サンデー』編集部の回答（昭和四五年九月一二日）」『朝鮮研究』九七号。

新村猛（一九七三）「辞書の登録性と規範性」『図書』一月号、岩波書店。

田中克彦（二〇一二）『差別語からはいる言語学入門』筑摩書房。

津村喬（一九七二）『歴史の奪還』せりか書房。

日本朝鮮研究所運営委員会（一九六九）「本誌差別発言問題の経緯と私たちの反省」『朝鮮研究』八七号。

――（一九七〇a）「梶原一騎ら及び『少年サンデー』編集部への抗議と要求」『朝鮮研究』九六号。

――（一九七〇b）「小学館社長・『少年サンデー』編集部に再び抗議と質問」『朝鮮研究』九八号。

内藤寿子（二〇〇三a）「『おとこ道』という経験――内海愛子氏に聞く」『未来』四四四号、未来社。

――――（二〇〇三b）「『おとこ道』復刻の論理――その書誌的検証」『在日朝鮮人史研究』三三号、緑陰書房。

旗田巍（一九六九a）「差別発言問題と私の反省」『朝鮮研究』八七号。

――――（一九六九b）『日本人の朝鮮観』勁草書房。

旗田巍・宮田節子・編集部一同（一九六九）「おわび」『朝鮮研究』八一号。

旗田巍ほか（一九六八）「日本における朝鮮研究の蓄積をいかに継承するか（一二）――日本と朝鮮」『朝鮮研究』八〇号。

野村六三（一九七五）「人と人との関係」『朝鮮研究』一五〇号。

兵庫県立湊川高校教師集団（一九七二）『壁に挑む教師たち』三省堂。

福岡安則（一九八四）「差別語問題再考」磯村英一ほか編『マスコミと差別語問題』明石書店。

水野直樹（二〇〇〇）「『第三国人』の起源と流布についての考察」『在日朝鮮人史研究』三〇号。

宮田節子（一九六九）「差別発言問題と私の反省」『朝鮮研究』八七号。

民族差別と闘う関東交流集会実行委員会編（一九八五）『指紋押捺拒否者への「脅迫状」を読む』明石書店。

李相鎬ほか（一九八六）「朝鮮人差別と表現――座談会」『朝鮮人差別とことば』明石書店。

第一五章

公的レイシズムとしての環境レイシズム

環境正義運動の示唆する社会変革への視座

澤 佳成

1. はじめに——有害廃棄物は誰が引き受ければよいのか？

工業生産の過程で出てきた有害廃棄物。危なっかしい代物だけれども、もう排出されてしまったのだから、私たちの社会のごこかに廃棄しなければならない。このとき、くじ引きでごこかの地域が処分場建設場所に選定されたならば、それも仕方のないことだと思えるかもしれない。だが、もしその処分場の建設予定場所が、政策的に、人種的マイノリティの人びとの居住区に決まったと聞いたら、あなたは正気でいられるだろうか？　おそらく、なんらかの「不公正ではないか？」という感情が、胸の中に渦巻き始めるに違いない。

ところが、驚くべきことに、自由の国であるはずのアメリカ合衆国にも、そのような手法で有害廃棄物の処分場が建設されていった歴史がある。

これは一体、どういうことだろう？　なぜ、自由の国アメリカに、そのような現実があるのだろうか？　この疑問を紐解くカギは、本書の中心テーマであるレイシズム《レイシズム》にある。結論からいえば、人種差別があったからこそ、人種的マイノリティの住む地域が、有害廃棄物処理場の建設予定地として狙われていったのである。

差別されている人種の居住区ほど有害廃棄物の危険と隣り合わせにある――この事実を「環境レイシズム（Environmental Racism）」だと問題視した草の根環境運動は、環境正義の理念を結実させ、有害廃棄物処分場の建設を撤回させる原動力となっていった。

本章では、現在、私たちが直面しているさまざまなレイシズムの改善を図ろうとするさいに、こうした草の根環境運動が示唆してくれる、社会変革にとっての重要な視座について考えてみたい。そこでまず、草の根環境運動の成立と展開の歴史的経緯についてみていこう。

2. 草の根環境運動の形成史

1 第一の系譜――公民権運動

周知のとおり、第二次世界大戦後、二十世紀の半ばを過ぎても、米国では人種差別が公然と行なわれていた。その撤廃を目指し、一九五〇年代から盛り上がっていた公民権運動のなかでは、環境問題における有色人種への差別的扱いも問題視され始めていた。たとえば、ごみ回収の仕事が、劣悪な労働環境であるという事実と、従事者における有色人種の割合が高いという事実とが符合するのは、けっして偶然ではないのではないかといったような点が、意識され始めていたのである（ダウィ一九九八、一七七）。

公民権運動の隆盛期は、レイチェル・カーソンが『沈黙の春』（一九六二）で警鐘を鳴らした化学物質による環境汚染問題が、市民のあいだで急速に意識され始めた時期とも重なっていた。一九七〇年代に入ると、有害廃棄物処理場による生活環境汚染が各地で問題になり始め、あらたな有害廃棄物処理場の建設を撤回させようとする市民運動が拡がりをみせていた。有色人種の多いコミュニティでの建設計画を撤回させる運動では、公民権運動の指導者たちも先頭に立ち闘っていた。つまり、公民権運動における環境問題への取り組みが、草の根環境運動の隆盛につながる素地を形作っていったのである。

そうした時代状況のなか、一九八二年、ノースカロライナ州のウォーレン郡でも、有害廃棄物処理場の建設計画が持ち上がり、大規模な反対デモが行なわれた。このとき、五〇〇名以上のデモ参加者が逮捕されたのだが、皮肉にも、この弾圧が契機となって、環境レイシズムの概念が紡がれていく結果となる。その中身については第二節でみることにし、次に、草の根環境運動の隆盛をもたらした第二の系譜をおさえておこう。

2　第二の系譜——有害廃棄物の危険性を懸念する運動

デモ弾圧事件より少し前の一九七八年、ニューヨーク州バッファロー市の、化学企業フッカーケミカル社が有害物質を埋め立てたラブキャナル上の造成地において、健康被害が多発していた。このラブキャナル事件は、草の根環境運動が全米に拡大するきっかけとなったのだが、その経緯について、マーク・ダウィの整理に従ってみていこう。

健康被害は、外で遊ぶこどもたちに顕著だった。息子が重度の呼吸障害に陥ったロイス・マリー・ギブスは、「ラブキャナル住宅所有者協会」を組織し、行政当局、企業を相手に交渉を開始する。しかし市当局は、企業への配慮からか責任回避の姿勢に終始したため、ギブスらは、州当局にも交渉を開始する。ギブスらの訴えを受け、州保健局は、工場跡地の化学薬品の残滓による健康被害は住民にたいして脅威となっているとの長官声明を発表する。

ラブキャナルでの健康被害が全国に知れ渡っていくにつれて、連邦政府も重い腰をあげた。健康被害が注目され始めてから二年後の一九八〇年、連邦政府環境保護庁は検査官二名を現地に派遣。するとギブスら住宅所有者協会のメンバーは、検査官から対策をとるという言質をとろうと、なんと二人を監禁してしまう。住民たちはそれほど追い込まれていたのである。ついに、カーター大統領（当時）が現地に急行する事態となり、その場で、連邦政府による被害住宅の全戸買い上げが約束された（以上ダウィ一九九八、一六〇〜一六一）。

この事件は、全米におおきな影響を与えた。戦後、高度成長とともに各地で建設されていった有害廃棄物処理場の数だけ、健康被害に苦しむ地域も増えていったわけだが、そうした地域の人びとにたいし、環境保全のために立ち上がる勇気を与える結果となったからである。

3　草の根環境運動の誕生――ふたつの系譜がひとつにつながった

ギブスは、移住後「市民による有害廃棄物クリアリング・ハウス（ＣＣＨＷ）」を立ち上げ、同様の問題に苦しむ地域の人びととつながり、全米的な草の根運動を展開していく。

この流れに、公民権運動のなかで環境意識を高めつつあった各地域の人びととも合流し、あるいは自分たちで運動体を立ち上げてCCHWとつながるといった仕方で、草の根環境運動は急成長していったのである。ちなみに、CCHW設立二年後には、同ハウスが支援する草の根の団体数は二二〇〇から七〇〇〇に増えていた（ダウィ一九九八、一八二）。

政治的な動きも、草の根環境運動が広がる一因となった。一九八一年に大統領となったドナルド・レーガンは、世論のこうした環境意識の高まりを受けて、選挙運動期間中は環境政策のさらなる進展を約束していた。しかし、実際に政権をとると、選挙公約を反故にして環境政策を後退させてしまう。そのため、再度の充実を求める世論が盛り上がったのである。

ウォーレン郡のデモ弾圧は、そうした時代状況を反映した、象徴的な事件であった。その後、全国各地で結成されていった草の根環境組織が行政や企業と交渉を始めると、なんと、伝統的な主流派環境保護団体は、そういった交渉の邪魔をしていくようになっていく。なぜ、そんな信じがたい動きが出てきたのだろうか？

第一の理由は、理念上の齟齬である。主流派の環境保護団体は、原生自然の保護を中心的な理念としてきたため、「多くの草の根環境運動から見ると、全米規模の環境運動はいまだに、地域社会内の有害汚染物質から子供達をまもるといったテーマよりも、絶滅の危機にある種を保護することにしか関心を寄せていないと言わざるをえない」状況にあった（ダンラップ・マーティグ編一九九三、六四～六五）。

第二に、多くの場合、緑のグループは企業からの多額の資金提供を受けていたため、住民の立場に立った運動を展開できなかった。

第三に、主流派環境保護団体の運営スタッフや理事は、ほとんどの場合において白人だったため、無意識のうちにレイシズムが作用したのではないかといわれている。一九九〇年、公民権運動の指導者たちは、有色人種のスタッフがいない団体に「人種差別的な雇用慣行」の是正を求める書簡を送付する（ダウィ一九九八、一八二）。それ以降の歩み寄りが功を奏し、第五節でみるような主流派環境団体と草の根環境運動との共闘が実現していった。

3. 明らかにされた環境レイシズム

1　環境レイシズム概念の登場

ここで、先に積み残していた、なぜ、ウォーレン郡のデモ弾圧事件をきっかけに環境レイシズム概念が紡がれていったのかという問いについて、明らかにしていこう。

この事件で逮捕された五〇〇名余のデモ参加者の中には、連邦下院のウォルター・フォントロイ議員もいた。釈放後、議員は、連邦議会会計検査院にたいし、有害廃棄物の立地に関する調査を要求する。その結果、検査院の調査した四つの地域のうちの三地点までもが、アフリカン・アメリカンが人口の多数を占める地域だという事実が明るみになったのである。

それだけではない。このとき逮捕された公民権運動の指導的存在であったベンジャミン・チェイビス牧師は、釈放後、精力的に活動を再開する。同牧師が事務局長を務めていた合同キリスト教会は、一大調査プロジェクトを展開し、一九八七年、「有害廃棄物と人種――有害廃棄物処分場が立地している地域社会の人種的および社会経済的特徴に関する全国調査報告書」（以下「有害廃棄物と人種」と表記）をまとめた。

このなかでも、有色人種の住む地域かどうかという差のほうが、経済的な地域格差以上に、有害物質処分場の建設地として相関関係が強いという事実の存在が報告されたのである。

こうして明らかになったレイシズムと環境破壊の問題との関連性——差別されている人種が人口に占める割合の高い地域ほど環境破壊の問題に直面するという現実——は、環境レイシズムとして問題視されるに至ったのである。

こうした事実をふまえ、チェイビス牧師は、環境レイシズムを以下のように定義した（本田・デアンジェリス二〇〇〇、二九）。

- 環境問題の政策決定、法的規制やその執行における人種差別
- 有害廃棄物処理における周到に用意された有色人種を標的にした政策配慮
- 主流派の環境保護運動、法的規制にかかわる政府機関や政策決定機関などからの有色人種の排除の歴史

この定義では、「都市のゲットーや農村のアフリカ系アメリカ人地域を、有害廃棄物の埋め立て地、焼却場、製紙工場、廃棄物の捨場、その他の公害産業などの有害な施設建設の場にしようとするやり方は、制度化された人種差別のもうひとつの形態とみなされている」のである（ダンラップ・マーティグ編一九九二、七九）。

2　公的レイシズムとしての環境レイシズム

ここで、政策的に行なわれる環境破壊問題が「制度化された人種差別《レイシズム》」のひとつだ

と指摘されているのは重要な意味をもつ。なぜなら、この、環境レイシズムの定義そのものが、本書第一三章で清原悠の指摘する「上からのレイシズム（公的レイシズム）」だといえるからである。

この点を理解するために、少し長くなるけれども、チェイビス牧師自身がベースにしたと明言している、合同キリスト教会人種的公正委員会によるレイシズムの定義を引用しよう。

レイシズムは、人種的偏見に権力も加わっている。レイシズムは、他者を孤立させ、他者を分離し、他者を私的目的で使役するために、意図的あるいは非意図的な権力をつかう。この権力の利用は、優位な人種的起源やアイデンティティは存在するという信念に裏打ちされているか、あるいは、人種的特徴といったものによって支えられている。レイシズムは、例の特権を支配集団に与え、支配集団を守る。そして、支配集団は、次々に変わったとしても、それまでと同様にレイシズムを維持し、永続させる。故意であろうとなかろうと、レイシズムは、法的、文化的、教育的、経済的、政治的、環境的、軍事的な社会諸制度によって強要され、維持される。レイシズムは、たんなる個人の姿勢というものを超えた、制度化された形態のものなのである。

（TOXIC WASTES AND RACE, ix-x）

敷衍すると、レイシズムとは、ときの権力者たちが、人と人とのあいだにみられる差異（人種など）の「意義」を必要以上に強調し、自分たちとは異なった特徴をもつ人びとを孤立させるような政策や社会制度を維持しつつ、自分たちの特権をまもろうとする政治的形態のことを指すのだと、合同キリスト教会は定義しているわけである。それゆえ、政策的な思惑によって、有色人種が被害をこうむってきた環境破壊の歴史は、公的レイシズムの一形態だといえるだろう。

3 環境レイシズムの再定義

以上、環境レイシズムがもたらされた背景とその内実を考察してきた。ここでは、これまでの考察をふまえて、本稿なりの環境レイシズムの定義を試みたい。

フランスの植民地チュニジアで生まれたユダヤ人のアルベール・ベンミ（一九二〇〜二〇二〇）は、自身が受けた差別をベースにレイシズムを定義した。その定義は、ユネスコによるレイシズムの定義の雛形にもなった。

ベンミによるレイシズムの定義は、次のとおりである。

> レイシズムとは、現実の、あるいは架空の差異に、一般的、決定的な価値づけをすることであり、この価値づけは、告発者が自分の攻撃を正当化するために、被害者を犠牲にして、自分の利益のために行うものである。
>
> （ベンミ一九九六、九八頁）

告発者とは、差異を告発する者、すなわち差異を告発することで他者を犠牲にし、自分の利益を確保しようとする者を指す。ベンミのこの定義を応用し、これまで考察してきた公的レイシズムとしての側面を加味したうえで、本稿なりの環境レイシズムを次のように定義したい。

環境レイシズムとは、一般的、決定的な価値づけがなされた、現実の、あるいは架空の差異にもとづき、権力をもった告発者が、政策をも利用しながら被害者の環境（生活環境・社会環境・自然環境等）といのちを犠牲にして、自分たちの利益を維持し正当化しようとするメカニズムである。このさい、告発者は、自分たちの利益をまもるために、法的、文化的、教育的、経済的、政治的、環境的、軍事的な社会諸制度を駆使しながら、差異による差別を正当化しようとする。

4. 環境正義理念の登場

1 前文における理解——レイシズムの誕生と植民地化の歴史との表裏一体性

注目したいのは、草の根環境運動が、こうした環境レイシズムの問題点を指摘するにとどまらず、そのような現実を改善していくために必要な環境正義の理念まで提起している点である。たとえば、CCHWのモットーは「環境正義を求めて団結する市民」であった（ダウィ一九九八、一八二）。本節では、この理念の中身を見てみよう。

環境正義は、草の根環境組織の人びとが一堂に会した「第一回全米有色人種環境運動指導者サミット」（一九九一年）のなかで提唱された。まず注目したいのは、その前文である。

われわれ有色人種は、あらゆる有色人種の全米的および国際的な運動の構築を始めるために、この多民族的な有色人種環境運動指導者サミットに参集した。それは、われわれの土地とコミュニティの破壊や収奪と戦い、われわれの文化、言語、自然界についての信念、自らを癒すわれわれの役割を相互に尊敬し祝福するためであり〔中略〕環境的に健全な生活の発展に寄与する経済的オルタナティブを奨励するためであり、われわれのコミュニティとわれわれの民族のジェノサイドをもたらすことになった五百年以上にわたる植民地化と抑圧によって否定されてきたわれわれの政治的、経済的、文化的解放をかち取るためである。(1)

すなわち、「新大陸」発見以降、植民地化の過程で昂進したネイティブ・アメリカンにとっての環境破壊、アメリカ大陸に連行されたアフリカン・アメリカンにとっての環境破壊は、五百年以上にわたり政策的に継続されたレイシズムにもとづくものであり、それゆえこの歴史は、公的レイシズムとしての環境レイシズムだという理解が示されているのである。

2　環境レイシズムを改善するための環境正義理念

それゆえ、私見では七つの柱に集約されうる環境正義の理念は、レイシズムに浸食された五百年の歴史を変革するという目的が色濃く反映されたものとなっている（澤二〇一六、四七）。以下、その七つの柱を再録したい。

第一の柱は、自己決定権の尊重である（人種や民族による分け隔てのない政治的・文化的・経済的・環境的自己決定権の尊重［五条］、そのための条約や法の重要性［第一一条］、軍事的な占領・抑圧・搾取の禁止［一五条］、資源へのアクセスの公平性［一二条］）。

第二の柱は、公共政策や経済活動における差別の禁止である（人種や民族といった属性により良好な生活環境を阻害する政策的措置の禁止［二条］、そうした措置の国際法違反［一〇条］、有色人種を対象とした生殖・医療実験の禁止［一三条］）。

第三の柱は、ニーズの評価、計画、実施、施行、事後評価における意志決定の場で、誰もが対等なパートナーとして参加できるようにすべきだという参加的正義である（七条）。

くわえて、ふたつの側面から、環境保全の重要性が謳われている。まず（第四に）、自然環境の保全の重要性である（生態系の破壊の禁止［一条］、有害廃棄物による自然環境汚染の禁止［二条］、有害廃棄物の生産停止［第六条］）。そして（第五に）、生活環境の保全の重要性である（都市と農村を浄化し自然とのバランスを回復すること［一二条］、多国籍企業による環境破壊的な操業の禁止［一四条］）。

第六の柱は、個人の基本的権利である（危険な就業への従事を迫られない労働者の権利［八条］、被害者が十分な補償や質の高いヘルスケアを得る権利［九条］）。

最後の柱は、将来世代の権利である（将来世代も良好な環境を享受しうるライフスタイル志向の重要性［一七条］、そのための教育の必要性［一六条］）。

こうしてみると、大航海時代の幕開け以来五百年にわたって環境レイシズムの被害に苦しんできた歴史的記憶のある人びとだからこそ、あらゆる局面での多様性を認めあい、誰からも侵害されることなく、自己決定にもとづき、良好な生活環境と自然環境のなかで生きる諸権利を認めようとする環境正義理念を紡ぐことができたのではないかと思えてくる。

5.……ワードバレー計画——草の根環境運動が示唆すること

1 アメリカ先住民の抵抗

しかし、理念が言語化されているだけでは、環境レイシズムは改善されない。差別にもとづく環境破壊を改善するには、理念を現実のものへと導くための実践が必要になってくる。その意味で有益な示唆を与えてくれるのが、ワードバレー計画に対抗する先住民の運動である。その経緯を、鎌田遵の秀逸な著作に従ってみていこう。

一九八八年、カリフォルニア州は、モハベ砂漠のなかにあるワードバレーを、低レベル放射性廃棄物の処分場建設候補に選定する。だが「建設予定地が選ばれるにあたり、地域に生活する先住民の存在は完全に無視されているに等しい状態だった」（鎌田二〇〇六、一三七）。先住民にとっての聖地であるワードバレーのすぐそばを流れるコロラド川は、流域の二千万の市民にとって、生活に欠かせない水甕でもある。それゆえ、流域の五つの先住民政府は「コロラド川部族連盟」（以下「連盟」と表記）をつくり、環境活動家らとともに、計画を阻止すべく立ち上がった。

当時、共和党政権であったカリフォルニア州政府と、計画を請け負う予定だったUSエコロジー社は、安全だという科学者の報告書を強調したり、低レベル放射性廃棄物はガンの患者を救うという実験の性格上、排出もやむをえないというキャンペーンを張ったりし、反対運動に対抗した。(2)

それでも、住民らはあきらめずに運動を継続する。一九九二年に誕生したクリントンン民主党政権は、世論に押される形で、連邦政府が権利をもつ土地の州への譲渡を拒否。そのさなか、一九九八年には州政府が民主党政権に移行する。こうした幸運も重なり、二〇〇二年、州政府はワードバレー計画を取りやめ、住民たちの抵抗運動の成果が実る結果となった。

2 運動が示唆すること――つながる

ワードバレー計画の抵抗運動は、環境正義理念に照らせば、先住民政府の自決権と参加的正義を実現し、自然環境を保全することで周囲の人びとの生命をも守るのが目的だったといえる。では、その目的達成のカギは、何だったのだろうか。

まず、ワードバレー計画に抵抗する運動が、全国的に注目された点があげられる。一九九八年、「連盟」は、環境活動家らとともに、一一三日間、州政府によって立ち入り禁止令が出されていたワードバレーを占拠した。その結果、運動を後押しする世論が高まり、同年、州政府は立ち入り禁止令を解除せざるを得なくなった。その裏では、州議会でアピールを繰り返した環境団体の動きもおおきな役割を果たしたという(鎌田二〇〇六、二四六)。

また、大きな目標を掲げ、細かな違いを乗り越えていく姿勢が、運動の拡大につながったと鎌田は指摘する(鎌田二〇〇六、二〇六～二〇七)。たとえば、ワードバレーに生息する砂漠亀は、五部族のうちのひとつであるモハベ族にとっては、伝統的に神聖な存在であった。一方、シェメウエビ族にとっては、貴重な食物だとされてきた。先住民のなかで、同じカメであってもこれほど捉え方の違いがあったのである。他方で、環境団体にとっては、野生生物の保護は主要目的である。しかし、運動参加者は、ワードバレーを守るというおおきな目標を達成するため、おたがいの文化や意見を尊重し、違いを乗り越えていったというのである。

日本の公害運動で顕著だけれども、補償金の優劣、公害病判定の成否といった公的(＝環境)レイシズムにより、被害者は分断されてきた。そうなると、問題を追及する声は分散され、環境レイシズムの改善もままならなくなってしまう。ワードバレー計画への抵抗運動が示唆しているのは、そうした分断を乗り越えるために、同じ思いの人びとが、こまかい違いを超えて大義のもとにつながり、矛盾を指摘する声を大きくしていく実践の重要性だといえる。

6. おわりに——可視化と共感

つながることの大切さは、さまざまなレイシズムに直面している現代の私たちが、その憎しみの連鎖を断ち切るための重要な示唆を与えているように思われる。その一方で、つながりを形成しやすい社会環境の醸成もまた、重要になってくると考える。そのためには、レイシズムをより深く理解するための問題点の可視化と、被害者への共感的な姿勢とが、あわせて重要になってくるのではないか。この点を敷衍して、本章での考察を終わりとしたい。

レイシズムを可視化するには、まず、レイシズムを持続させているしくみの問題点を、教育、報道、社会運動等により浮きぼりにしていく努力が重要ではないだろうか。可視化されなければ、問題の存在すら誰にも認識されないままになってしまいかねないからである。このとき、「ある特定の人種差別を理解するに際して、その個別の人種差別主義者がその個別の犠牲者からどんな利益を得ているかと、つねに問わねばならない」だろう（ベンミ一九九六、七一頁）。

さらに、そうして可視化されたレイシズムを改善するため、私たちがつながっていくさい重要なのは、他者の立場にたって問題を捉え直す共感的姿勢ではないだろうか。「侮辱と攻撃を受ける他人の痛み、屈辱、苦痛を理解するのに一番いいのは、彼の立場に身を置くことだ」からである（ベンミ一九九六、一四二）。

「外国人」の排斥、他宗派の排斥、生活保護受給者やホームレス等の社会的弱者の排斥といったさまざまなレイシズムが見受けられるなかで、いまや誰もが、被害側に立つ可能性があるという認識の共有が、現段階で困難な立場に置かれた他者と痛みを共有するのに有効かもしれない。環境レイシズムに限って考えてみると、あの原発公害を再現させうる原子力発電所は、全国にまだ四〇基以上残っている。地球温暖化が引き起こしかねない世界的な大飢饉が起きれば、食料自給率の低い国に住む私たちが、真っ先に飢餓の当事者になる可能性だってある。

他者を攻撃していれば安寧を得られる時間は、そう長くはないかもしれない。そうであるなら、一刻も早く、レイシズムのない未来社会を模索すべきときがきているといえるのかもしれない。

注

（1）環境正義原則の全文は、ダウィ（一九九八）の巻末に収録されている。

（2）「それは端的にいえば、病気で困っている人を救うためには、辺境で生活する声なき民は、抵抗せずに我慢するべきであるという議論でもあった。」（鎌田二〇〇六、二三二）

参考文献

鎌田遵『「辺境」の抵抗――核廃棄物とアメリカ先住民の社会運動』御茶の水書房、二〇〇六
澤佳成「原発公害を繰り返さぬために――「環境正義」の視点から考える」尾関周二監修・環境思想・教育研究会編『「環境を守る」とはどういうことか――環境思想入門』岩波ブックレット、二〇一六
藤永茂著『朝日選書21 アメリカ・インディアン悲史』朝日出版社、一九七四
本多雅和、風砂子・デアンジェリス『環境レイシズム――アメリカ「がん回廊」を行く』解放出版社、二〇〇〇
A・ベンミ、菊地昌実／白井成雄訳『人種差別』法政大学出版局、一九九六
M・ダウィ、戸田清訳『草の根環境主義――アメリカの新しい萌芽』日本経済評論社、一九九八
R・E・ダンラップ／A・G・マーティグ編、満田久義監訳『現代アメリカの環境主義――一九七〇年から一九九〇年の環境運動』ミネルヴァ書房、一九九三
COMMISSION FOR RACIAL JUSTICE, United Church of Crist, *TOXIC WASTE AND RACE In The United States: A National Report on the Racial and Socio-Economic Characteristics of Communities with Hazardous Waste Sites*, 1987（合同キリスト教会人種的公正委員会「アメリカ合衆国における有害廃棄物と人種――有害廃棄物処分場が立地している社地域社会の人種的および社会経済的特徴に関する全国調査報告書」

第一六章 ヘイトに立ち向かう社会的免疫力

オーストラリアのイスラムフォビアの事例から

小林・ハッサル・柔子

1.……はじめに

「イスラム教徒はテロ行為の最大の被害者だ」というカナダのトルードー首相の発言から明らかになるのは、グローバルに作り上げられたイスラム教徒対非イスラム教徒という分断である[1]。この分断はイスラム国（ＩＳＩＳ）の登場以前にも存在はしたが、ＩＳＩＳ以降、さらに顕著なものになり、世界各地で展開されるさまざまな規模のテロ行為に対して戦う非イスラム教徒という単純な構図をより想像しやすくすることになった。

オーストラリアもこのグローバルな流れの一端を担い、二〇一六年には約二〇年ぶりに、かつては反アジア系移民を掲げて一世を風靡したポーリン・ハンソンが今度は反イスラム移民を掲げて国会に返り咲いた。また、知名度の高いテレビの司会者は、「個人的には、イスラム教徒の移民がオーストラリアに来てほしくないです。なぜなら我々市民は、安全を気にかけることなくオーストラリアの建国記念日を祝いに出かけたいのです」と公共電波を通じて発言した[2]。このコメントは奇妙である。オーストラリアに在住するイスラム教徒すべてが、移民ではない。またイスラム教徒すべてがテロリズムに関係しているわけではない。しかし、安全保障が日常化した世界では、安全保障を乱す元凶と想定されているイスラム教徒に関するネガティブな意見の信憑性や論理性を問うという想像力はより縮小し、むしろイスラム教徒と非イスラム教徒の間の壁を高くすることに貢献する単純化された言説が、わかりやすく人々の心に浸透する。この結果、イスラム教徒＝移民＝異文明＝包摂されていない＝不満・危険分子＝テロリスト、という表象が、テロリストから自国を守ろうとする非イスラム教徒の市民の対極に配置される。

この二項対立が浸透する状況で、問われるべきなのは、分断ではない共生を可能にするために、何ができるのか、ということである。この問いを、ポール・ギルロイに沿って言えば、共に今を生きるために、どのような日常の営みがなされているのか、を検討することである。本稿では、ギルロイのコンヴィヴィアリティをレンズにしながら、オーストラリア社会では、どのような日常の営みがなされているのかを検討する。以下では、まず初めに、ギルロイの「conviviality（コンヴィヴィアリティ、共生）」の概念を検討する。

2. コンビビアリティ再考

ギルロイが、コンヴィヴィアリティ＝共生を提唱してから、コンヴィヴィアリティは、多文化主義を検討する重要な概念の一つになった（Gilroy 二〇〇四）。コンヴィヴィアリティは、イリイチが「英語でのコンヴィヴィアルという言葉は、今では宴会気分という意味と同じになっている」（イリイチ、二〇一五、一八頁）と指摘するように、コンヴィヴィアリティの持つ陽気さ、つまり肯定的な側面がより注目されてきた。ロンドン、シンガポールといった都市では、国境を問題なく超えられるような高等教育を受け、高いスキルを身につけ、世界市場から求められるグローバル・ミドルクラスの専門職の人々が各国から集い、グローバル企業やグローバル大学産業で、あたかも衝突や葛藤がないかのように勤務し共存する空間も皆無ではないだろう。しかし、このような共存のあり方を捉えることが、ギルロイの意図ではない。ライフスタイルの選択肢のような多文化主義による共存では、未来を導けないことを、ギルロイは指摘する（Gilroy 二〇〇四：一六七頁）。世界各地で起こるテロ行為は、非イスラム教徒たちの猜疑心をイスラム教徒へと向かわせ、レイシズムは文明と結びつけられ、ハンチントンの文明衝突を引きながら（ハンチントン、一九九八）、イスラム教徒と非イスラム教徒の文明が異なる二者の間に作られた壁が更に高く厚くなっていく。知らない他者たち（イスラム教徒だけでなく、海を越えてやってくる難民・移民も含め）は安全保障という座右の銘と共に正当性を持って排斥され、テロリストに対する戦争は聖戦化する（バウマン、二〇一七）。二十一世紀のこの現実において、ギルロイのコンヴィヴィアリティから探れる可能性とは陽気さではない。

ギルロイが見出すべきだと指摘するのは、スペイン語のコンヴィヴィエンシア（Convivencia）に近い意味での、共に生きることである（Nobel 二〇〇九）。このコンヴィヴィエンシアという言葉の意味に含まれるのは、実践、努力、交渉や達成などによって共に人生を共有することを意味する。それは、ノベルによれば、お互いに嫌な思いもするけれども、葛藤や摩擦を対話しながらくぐり抜けた先に共有できる幸せ、である。ここで提起されるのは、日々の共存に伴う実践や苦労である。異なる人々が存在する多様な社会において、共に生きるということは単に陽気で楽しいこと、などで達成されるようなタスクではない。困難な実践を伴い、その困難から逃げずに参加し実践することによって成し遂げられる、という共生の難しさが検討される必要があることが指摘されている（Wise & Nobel 二〇一六）。この困難な作業に携わるにあたって、ギルロイのコンヴィヴィアリティとは、決して異なる他者を人間としてすべて愛するべきだとか、あるいは、他者性を規定する一つの指標になっているレイシズムを否定することでもない（Gilroy 二〇〇四）。イスラム教徒及び海を越えて大量に渡ってくる移民・難民に対する不安とナショナリズムが絡まった人種主義が、我々が住む都市で絶え間なく発生している。と、同時に、その一方で、偶発的かつ断続的に、人々の日常における共生のための営みが実践されている。この見過ごされてしまう日常における共存のための営みを見い出すことである。

グローバル都市において、隣人、級友、職場の同僚、あるいは義理の親族が異なる宗教、言語、あるいは文化的価値観を持っている、という日常が存在する。この日常において差異を持つ他者との緊張関係を解決するために、創造的あるいは直感的な方法で、共存のための生きる術が見いだされていく。それは決して楽観的にすべての困難が解消されるということではないが、もう何も出来ないかもしれないと思えるような状況の中で人々が日常を生きるために紡ぎ出す共存する方法が、コンビヴィヴィアリティである。それは、移民が同化するか、それとも永遠に他者として存在するか、という二項対立を超える可能性を探る概念である。

ワイズとノベルが指摘するように、異なる人々が生きる社会空間では、多様な価値観が形成される一方で、同時に多様化に対する懸念やアンチも継続し再編成されていく。この両方のベクトルが同時に存在する動的なスペクトラムを持つ場が、コンヴィヴィアリティの場である（Wise & Nobel 二〇一六）。今の現実を共に生きていくために、他者に対して開いていこうとする力と、閉じていこうとする力が共に出会いながら、挑戦しながら、デコボコな場を作り出す。この現実を捉えるということは、ベックが指摘するように、多様性を美化することではなく、相反する多様な生き方が拮抗する交差点を捉えることである（Beck 二〇一六）。ベックは、ロンドンで展開される共生を考えるということは、レイシズムが絶え間なく再生産される社会において、レイシズムの対象となりながら、しかし、それに対してどのような生きる術（tools）を使って共存するのか、という日常において作り出される実践に注目し、ロンドンに在住する移民の若者達の共存の実践を明らかにしている（Beck 二〇一六）(3)。

若者たちが見せる生きる術は、小さな日常の変哲もない積み上げで、だからこそ見えづらく、また見過ごさてしまうような生きる術でもある。現状が劇的にそしてグラマラスに変化するようなことではない。だからこそ、ベックは、コンヴィヴィアリティとは、多様性を甘ったるく理想化した図を示すものではない、と警告している（Beck 二〇一六、五二―三頁）。しかし、日常の生きる術から解き放たれる可能性を見出すことで、単純化された二項対立をずらす方法を、たとえ使用可能な資源をあまり持たないマイノリティであっても、自分の立っている場所から編み出すことができることを示しているのだ。

以下では、オーストラリアのイスラムフォビアに対して、共存するために、どのような生きる術が日常において実践されているのかを考察する。まず第三節で、オーストラリアにおいてイスラムフォビア言説が構築されてきた歴史を俯瞰し、第四節では、単純化された二項対立を維持するイスラムフォビアに対して、イスラム教徒がどのような生きる術を展開するのかを、特に女性イスラム教徒に注目して検討する。そして五節では、二項対立の当事者（イスラム教徒対イスラムフォビアを展開する非イスラム教徒）以外のオーストラリア人が、この二項対立にどう関わっていったのか、という事例を提示し、二項対立をずらす可能性を検討する。

3. 反イスラム教徒言説

二〇一四年にISISが世界に安全保障の課題となってから、イスラムフォビアの言説は、日常的にみられるようになった。しかし、オーストラリアでアンチ・イスラム教徒言説が登場するのは、決してこれが初めてではなく、一九九〇年の湾岸戦争にさかのぼることができる。オーストラリアの湾岸戦争参戦に対して、イスラム教徒が異議を表明したときに、当時影響力のあったラジオの司会者が「もしオーストラリアの湾岸戦争参戦に個人的に異議があるのであれば、どうぞ〔移民する以前の国へ〕お帰りください」と番組内で述べた（Saniotis 二〇〇四、五一頁）。ここに見られるのは、マジョリティである非イスラム教徒のオーストラリア人がイスラム教徒を対象化し、彼らの現実とは無関係に、ネガティブなイメージを付与し、特定の表象が形成されていく縮図である。この構図は二十一世紀に入り、九・一一以降、さらに顕著にみられるようになる。イスラム教徒が世界的に安全保障の障害とみなされるようになった状況は、イスラム教徒に対するネガティブなイメージを形成することをむしろ容易する土壊をグローバル規模で提供することになった。
二〇〇〇年にシドニーで集団レイプ事件があった際に、ニュー・サウス・ウェールズ州の知事は、レイプ犯をイスラム教徒と結びつける発言をし、先述の国会議員ハンソンは、二〇〇一年の連邦政府選挙で、このレイプ事件を引き合いに出し、「イスラム教徒たちがオーストラリアの文化に対する敬意の念がなく、この国の文化的な基礎をおいているキリスト教に対する敬意もない」と非難した（Poynting 二〇〇八）。また、同年にオーストラリア政府はアフガニスタンからの難民庇護希望者の受け入れを拒否し、その理由として、防衛大臣ライスは「庇護希望者は、オーストラリアにテロリストとのパイプラインを作る可能性がある」と説明した。[4] つづく二〇〇二年には、数人の国会議員が、（イスラム教徒と非イスラム教の生徒の間で）文化の衝突が起こるので、学校でヒジャブ（イスラム教徒の女性が着用するスカーフ[5]）の着用を学校で禁じるべきではない、と主張した。[6]
二〇〇五年にロンドンで発生したロンドン同時爆破テロは、イギリスで生まれ育った移民二世によって引き起こされた。ロンドン同時爆破テロは、九・一一とは異なり、外部からテロリストが侵入したのではなく、イギリスで生まれ、教育を受けた移民二世が引き起こしたテロである。本来外部にあるべき野蛮なものが国産されて、自分と同じ国籍を持っている、という衝撃的な事実は、差異化の論理を必要とする。塩原が指摘するようにテロリストが自分たちと同じだと認めないことが、テロリストが他者であり続けるために重要になる（塩原、二〇一七年、一五二頁）。ロンドン同時爆破テロを受け、国産テロリストへの関心はオーストラリアでも高まり、国産テロリストを「発見」すると同時に、国産テロリスト＝移民の二世＝イスラム教徒＝文化的衝突要因＝

同化できない＝不満・危険分子、という差異化が、当時のオーストラリアの閣僚の言説から繰り返し紡ぎだされることになる。

ロンドン同時爆破テロ当時教育大臣であったネルソンは「もしオーストラリア人になりたくなければ、そしてオーストラリア人的な価値観を理解し、それに基づいて生きていくことが嫌であれば、立ち退きなさい」と発言した。また、経済大臣カステロも「もしオーストラリア的な価値観に強く反対するのであれば、オーストラリア人には、なるな」と発言し、当時の首相であったハワードも「さまざまな移民のグループには、（統合されることに）抵抗する人々が部分的には存在する。おそらくこういう人々の存在が最も顕著なのはイスラム教徒のコミュニティだろう」というネガティブな発言が閣僚によって繰り返された（Poynting 二〇〇八）。

ISIS以降反イスラム教徒言説が世界中で顕著にみられるようになったが、それはISISの出現に対しての反応だけではなく、湾岸戦争以降積み上げられてきた言説が、ISISの出現によって再び世界的に活性化された結果である。ISISの出現を受け、二〇一四年にオーストラリア政府は国内でテロが起こる可能性がより高くなったと判断した。これに伴い、イスラム教徒がより多く居住している西シドニーと南ブリスベンで、「オーストラリア史上最大の強制捜査」を行ない、テロ行為に関わっている容疑者が逮捕された。(7) そして、イスラム教徒と非イスラム教徒の緊張が高まるなか、連邦政府は新たな反テロリスト法を可決させた。これは、「急進化・軍事化したイスラム過激派が中東から（オーストラリアに）戻ってくる「新たな危険な時代」に、国家安全保障機構により大きな権限を持たせる」ことによって、安全保障を維持しようとするものである。(8) この間にも数多くのイスラム教徒のコミュニティに対する反動的な動きが報告されるなか、国会では、通過こそしなかったが、イスラム教徒の女性がヒジャブを着用して危険な爆弾等をスカーフや衣服に隠せる可能性もあるので、安全保障のためにヒジャブを着用して国会議事堂に入ることを禁じる法案が提出され、当時の首相、アボットは支持を表明した。移民＝イスラム教徒＝文化的衝突要因＝同化できない＝不満・危険分子＝テロリストという図式は、こうして政治家や公人を通じて再生産され続けることになる。

4. イスラム教徒たちの生きる術

イスラム教徒が文化的な衝突を生み出す存在として理解されており、特にスカーフを被っているゆえに可視化されやすいイスラム教徒の女性が、文化的衝突の象徴として、批判の対象にされてきた。それは前首相のハワードが「オーストラリア人の大半は、ヒジャブというか、〔イスラム教徒女性の〕服装全体が〔自分の価値観と〕相反すると感じているのではないかと思う」と言うことにも表れている。(9) 非イスラム教徒が作り出してきた「スカーフを被るイスラム教徒の女性＝文化的衝突の象徴＝オーストラリアに包摂されない＝危険物を国会に運び入れる可能性のあるテロリスト」という表象に関わらず、イスラム教徒の女性たちは湾岸戦争以前から、彼女たちとオーストラリアを繋ごうとしてきた。そのような試みは、イスラム教徒が多く居住する州首都に設立されたイスラム教徒女性によって始められた団体から知ることができる。

イスラム女性連合協会（The United Muslim Women Association Inc.）は、一九八三年にシドニーのラケンバに設立された。彼女たちの活動の目的は、「オーストラリアのイスラム教徒の女性にオーストラリア社会に参加する機会を提供し、オーストラリアの文化的そして社会的な多様性に貢献するため」である。[10] この趣旨に基づき、同協会では、イスラム教徒女性の教育のためのさまざまなコース（職を得るための英語スキル・アップ、職を得るための準備、児童保育士の資格所得、介護資格所得、美容師資格所得、アラビア語、イスラム教の理解を深める）を提供し、イスラム教徒の移民女性が定住するためのサポート（住居、法的問題、家庭内暴力、雇用、保育所の世話）、そして一般社会のイスラム教に対する理解を深めるためのキャンペーン等を行なっている。またニュー・サウス・ウェールズ州政府の地域社会奉仕課と協力し、イスラム教徒の女性のためのサポート・センター（The Muslim Women Support Centre）を一九八八年に設立する。州政府から認められたプログラムに関しては、資金援助を受けながらイスラム教徒の女性達が社会的に阻害されずに社会との関係を構築するためのプログラムやイベントを提供している。またシドニーには、イスラム教徒女性のための全国ネットワーク（Muslim Women's National Network of Australia）も設立されているが、これは年齢、職業、エスニシティ、そして移民かオーストラリア人か、生まれながらにイスラム教徒か改宗した人かに関係なく、すべてのイスラム教徒の女性が参加できるネットワークである。[11] 同ネットワークには、弁護士、企業管理職、ジャーナリスト、大学生などが参加しており、主な目的は、一、イスラム教徒の女性の権利意識を育てる教育を提供する、二、イスラム教徒、特に女性のイスラム教徒を代表して、政府や非政府組織と協力しながら、イスラム教への理解を深めてもらうようにオーストラリア社会に働きかける、三、イスラム教以外の宗教との良好な多宗教間関係を構築すること、である。

ビクトリア州では、一九九一年にオーストラリア・イスラム教徒女性人権センター

(Australian Muslim Women's Centre for Human Rights) が設立されている。この団体は、オーストラリア社会におけるイスラム教徒の女性の地位向上のために設立された団体である。イスラム教徒の女性の地位を変化、ひいてはイスラム教徒女性個々の地位を変化させることを通じて、集団としての地位向上を目指す。[12] この目的から、「イスラム教徒の女性自身が市民として自らの地位を変化させるための動力にならなければならないと信じている」と、さまざまなトレーニング・プログラム(イスラム教徒の女性がコミュニティにおけるリーダーシップを発揮するためのプログラム、青年女性に対し知識、コミュニケーションそしてリーダーシップ・スキルを提供するプログラム、オーストラリアに移民してきたイスラム教徒女性のための能力形成プログラム)を提供している。[13]

クイーンズランド州の首都ブリスベンでは、クーインズランド・イスラム教徒女性協会 (Islamic Women's Association of Queensland Inc.) が一九九一年に発足し、今日に至っている。この団体は、イスラム教徒の女性やその家族に対するサポートを提供するために設立された。当初の主な設立目的は、特にイスラム教徒の女性及びその家族をサポートすることだが、オーストラリア連邦政府各省との協力及び資金援助を通じてそのサービスを拡大し、現在はイスラム教徒の枠を超えて、福祉関連の多様なサービスを提供する団体になった。[14] 主には、難民が定住するための援助提供(職業斡旋、個人の需要に見合ったコースワーク、学校をベースにした子供のための宿題クラブ、運転免許所得のためのコース)、身体障害者をサポートするためのケア、介護ケア、介護者が一時的な休養を取るためのケア、などである。[15]

南オーストラリア州の首都アデレードでは、一九九三年に、南オーストラリア・イスラム教徒女性協会（Muslim Women's Association of South Australia）が設立されている。この協会の主要な目的は、イスラム教徒のコミュニティと非イスラム教徒のコミュニティの架け橋になることであり、そのために多文化・多宗教間理解のプログラムを学校やコミュニティ組織に対して提供することだ。それによって、イスラム教徒のコミュニティに対する広範な理解を促進し、イスラム教及びイスラム教徒に対する否定的なステレオタイプや誤解を取り除く。この協会の二十年以上にわたる異文化・多宗教間理解の試みは、アデレード大学からも評価され、二〇一三年には、イスラム教徒と非イスラム教徒の理解を深めた貢献に対して賞が与えられた[16]。

西オーストラリアのパースでは、西オーストラリア・イスラム教徒女性サポート・センターが設立されている[17]。このサポート・センターは一九九二年以前から活動していたが、同年に正式に登録し、イスラム教徒の女性たちにサポーティブな環境を提供する子ことを目的に、さまざまなプログラムを展開している（Yasmeen 二〇〇七）。また、このセンターも西オーストラリア政府の協力及び資金協力を得て、難民の定住のためのプログラムを運営している。

これらイスラム教徒女性の活動から明らかになるのは、彼女たちが、イスラム教徒対非イスラム教徒という二項対立には収まらない空間を、イスラム教徒女性団体の活動を通じて、形成してきたということである。文化衝突の要素ではなく、イスラム教徒と非イスラム教徒との架け橋として、機能してきた。塩原良和が指摘するように、オーストラリアでは、州政府や地方政府が民間の団体を利用しながら、多文化政策を展開してきた（塩原、二〇一五）したがって、これらの団体は政府政策の一翼でしかない、という見方もある。しかし、これらの団体は、政府の意図と自分たちが展開すべきだと思うプログラムが合致した場合、政府から特定のプログラムに関しては資金援助を受けることがあるが、同時に、寄付や募金も募っており、すべての財政を政府に依存しているわけではない。政府にある程度認められるということは、規制を受けることでもある半面、活動をより展開しやすくする契機でもある。資源が限られたマイノリティがゼロサム・ゲームに陥らずに、多文化社会で生きていくための重要な、そして数少ない利用可能な選択肢でもある。多文化主義政策のフォーマットを利用しながら、しかし同時にそれぞれの個別のニーズや地域性を踏まえ、二十年以上の歴史を経て、イスラム女性団体は、多様な社会的空間やサポートを提供する生きる術を獲得している。

5. 第三者達の道具箱

イスラム教徒に対して否定的なイメージを形成し続ける非イスラム教徒言説により作り出される二項対立に対して、この二者以外に、オーストラリア社会に存在する人々——イスラム教徒でもなければ、アングロ・ケルティック系オーストラリア人でもない人々——は何をしているのだろうか。川端浩平は、日本における在特会と在特会の攻撃の対象になる人々を見ながら「スルー」してしまう第三者の沈黙が、対立する二者を際立たせ、あたかも二者しか存在しないように見せてしまう、という二項対立を維持させる第三者の役割を指摘する（川端、一五九頁）。

ここでは、オーストラリアに見られる沈黙ではないかかわり方の二つの事例を紹介する。二〇一六年にイスラム教徒と非イスラム教徒の有志の人々による「ワン・ネーション党に関する事実チェック」というウェッブ・サイトが開設された。[18] ハンソン氏が率いるワン・ネーション党がイスラム教徒及びイスラム教に対して発するさまざまな根拠のない非難や誤った情報を、事実に基づき検証し、いかに根拠がなく誤っているのかを明らかにし、一般に示すために開設されたサイトである。このグループのメンバーで弁護士のヴァイザデー女史は、イスラム教徒に対する誤った理解や政策提言がジェノホビアに満ちていることを、事実を提示し検証することは最も有効なアプローチであるとし、また、事実に基づいて検証することによって彼女自身が感じている不安や怖さと向き合うためでもある、と述べている。[19]

第二の事例は、シドニーのパラマタ警察署で銃殺された華人系オーストラリア人のカーティス・チャンの息子アルファー・チャンがこの事件を引き合いに出し「イスラム教徒の移民の入国を阻止するべきである」と発言したハンソン議員に送った公開書簡である。この公開書簡は主要なテレビや新聞の関心を集めた。

私が懸念するのは、我々の社会が、存在する恐怖心や不安感のすべてを、イスラム教徒に結びつけていることです。個人の極端な行動を一般化し、ただ同じ宗教を信じているからといって、オーストラリア市民として成功し法を守って暮らしているイスラム教徒が全て同じだとみなすことはできません。

最初にオーストラリアに来たときに、ワン・ネーション党が［アジア系移民に対して］煽り立てていた嫌悪感と恐怖心の被害者になったことをよく覚えています。私はよく、お前はオーストラリア人ではなくアジア人だからもといた所に送り返させるぞ、と言われました。親から受け継いだ文化的な要素と共存させながら作り上げて来たオーストラリア人としてのアイデンティティ、そしてこの国から、疎外され、孤立化したと感じたことは、忘れません。極端に単純化された社会に対する見方によって、新しく作り出された犠牲者が、私と同じような経験をすることを、私は望んでいません。[20]

チャンは、成長する過程で自分が必要なときに自分を助けてくれ、支えてくれた友人がイスラム教徒であったことを明かしている。イスラム教徒との友情、そして彼自身が移民として苦労した経験は、チャンに反イスラム教徒言説がオーストラリアのイスラム教徒の現実に基づいていないこと、また現在吹き荒れている排他的な言説が決して他山の石ではない、と思える想像力をもたらしている。だからこそ、ハンソンがイスラム教徒移民排斥の正当化に彼の父の死を使うことは、彼の父の名において、許されるべきではない。チャンは、こう宣言する。

我々が多文化・多宗教社会を作り上げることに成功していると私は信じています。この信念が、父の悲劇的な死、そして［イスラム教徒に対する］恐怖心によって揺るがされることを、断固として拒否します。私の父は、紳士的で平和的な人でした。彼の名前は恐怖や排除を促進させるために使われるべきではない。[21]

6.……結びに代えて

前出の塩原が指摘するように、多文化主義は万能薬ではない（塩原、二〇一五、一八八頁）。ギルロイの描き出す憂鬱な側面や、ハージが示す「オーストラリアのガーディアンは自分たちだけだ」としてオーストラリアをアジア系あるいはイスラム系移民から守ろうとする人々は、スケープゴートを作り出し、二項対立を維持しようとする（ハージ、二〇〇三）。しかし、その一方で、オーストラリアの多文化主義は、日常レベルで異なる人々をさまざまな形で出合わせ、共にどう生きるのかを実践する環境を提供して来た。この日常における現実を今後さらに検討する必要がある[22]。この過程で培われた生きる術や他者を想う力こそが、オーストラリアが多文化主義実践の過程で、憂鬱さと共に生み出した可能性であり、塩原の指摘する「社会が持つ免疫力」である（塩原、二〇一七、一八八頁）。この可能性に目を向け、さらなる潜在力を解き放つことが、イスラムフォビアやヘイトが作り出す二項対立をずらしていく契機を提供するのではないだろうか。

注

（1）*Washington Post*, 29 February 2016.

（2）*Sydney Morning Herald*, 18 July 2016.

（3）ベックは、イリッヒを引用しながら、イリッヒ同様に共生のための生きる術に着目する視点を得ている。ベックが生きる術（Tools）という時、彼の着想は、イリイチの『コンヴィヴィアリティの道具箱』に依っている。ベックが生きる術（Tools）という時、彼の着想は、イリイチの『コンヴィヴィアリティの道具箱』に依っている。イリイチの論じるコンヴィヴィアリティは、ギルロイとは異なり、産業化によって道具が手段ではなくなり人間の目的となった結果、人間から想像力を奪ってしまうような状況にごう立ち向かうため、「道具」を検討する。この視点から、多文化共生を検討するときに、アイデンティティポリティックスに陥ることなく、人々の日々の営みに注目する道を開いている。

（4）*The Age*, 19 November 2002.

（5）伝統的にイスラム教徒の女性は、頭部、顔、そして身体を被服で覆い、その方法は時代と場所によって多様である。ヒジャブ（Hijab）とは通常ベールとして頭部と顔を覆うものとされ、謙虚さや道徳的であることの象徴とされる（Esposito 二〇〇四、一一一頁を参照）。

（6）*ABC News*, 21 November 2002 及び、Aly, A. & Walker, D.（2007）を参照。

（7）*Sydney Morning Herald*, 18 September 2014.

（8）具体的には国家安全保障機構が、安全保障維持のための標的を監視するため、無限のコンピューターにアクセスすることができ、監視許可の令状があれば標的になっているコンピューター内の情報を複写、削除、および、修正することを許可される。また、標的になっているコンピューターを破壊することも可能。*Sydney Morning Herald*, 26 September 2014 及び *National Security Legislation Amendment Bill (No. 1) 2014*, http://www.abc.net.au/mediawatch/transcripts/1436_bill.pdf. 参照。

（9）*The Age*, 27 Feburary, 2006.

（10）http://www.mwa.org.au/images/stories/forms/mwa%20annual%20report%20summary%202013.pdf

（11）http://www.mwnna.org.au/about-us/

（12）http://ausmuslimwomenscentre.org.au/about

（13）http://ausmuslimwomenscentre.org.au/category/programs

（14）http://iwaq.org.au/history

（15）http://iwaq.org.au/services

（16）http://www.mwasa.org.au/wp/category/achievements/

（17）http://www.mwsc.com.au/

（18）http://www.factcheckonenation.com.au

（19）'New Website Launched to Fact Check Pauline Hanson', *SBS News*, 18 July 2016.

（20）Alpha Cheng, 'Open letter to Pauline Hanson from a victim of extremism, *Sydney Morning Herald*, 26 July 2016.

（21）同上。

（22）多文化主義は従来主に政策についての研究がなされてきたが、二〇〇〇年代から文化的な多様性が日常において経験されているのか、そしてこの経験の過程でどのようなアイデンティティが形成されているのかということをテーマとしている。「日常における多文化主義（Everyday Multiculturalism）」の研究が展開されている。Wise & Velayutham（二〇〇九）、Harris（二〇一三）、及び Hardy（二〇一七）参照。

参考文献

イバン・イリイチ、二〇一五、『コンヴィヴィアリティのための道具』渡辺京二、渡辺梨佐訳、筑摩書房。
川端浩平、「反知性主義、未決性、互酬性から希望へ——ヘイトスピーチでの「分断」から考える」塩原良和、稲葉秀樹編著、二〇一七、『社会的分断を越境する』青弓社、一五三—一七三頁。
サミュエル・ハンチントン、一九九八、『文明の衝突』鈴木主税訳、集英社。
ジグムント・バウマン、二〇一七、『自分とは違った人たちとどう向き合うか——難民問題から考える』伊藤茂訳、青土社。
塩原良和、二〇一五、「制度化されたナショナリズム—オーストラリア多文化主義の新自由主義的展開」、山崎望編『奇妙なナショナリズムの時代——排外主義に抗して』岩波書店、一六五—一九六頁。
塩原良和、二〇一七、『分断と対話の社会学』慶応義塾大学出版。
ガッサン・ハージ、二〇〇三、『ホワイトネーション——ネオ・ナショナリズム批判』保苅実・塩原良和訳、平凡社。
Aly, A. & Walker, D. (2007). Veiled Threats: Recurrent Cultural Anxieties. *Journal of Muslim Minority Affairs*, 27 (2), 203-214.
Beaverstock, J. V. (2005). Transnational elites in the city: British highly-skilled inter-company transferees in new york city's financial district. *Journal of Ethnic and Migration Studies*, 31 (2), 245-268.
Back, L., & Sinha, S. (2016). Multicultural conviviality in the midst of racism's ruins. *Journal of Intercultural Studies*, 37 (5), 517-532.
Esposito, J. L. (Ed.). (2004). *The Oxford Dictionary of Islam*. Oxford University Press.
Gilroy, P. (2004). After empire: Melancholia or convivial culture?. Abingdon: Routledge.
Harris, A. (2013). Young people and everyday multiculturalism. New York: Routledge.
Hardy, S. J. (2017). Everyday Multiculturalism and Hidden Hate. London: Palgrave Macmillan UK.
Nobel, G (2009). Everyday cosmopolitanism and the labour of intercultural community. In Wise, A., & Velayutham, S. (2009). Everyday Multiculturalism. London: Palgrave Macmillan., 46-65.

Poynting, S., & Mason, V. (2006). "Tolerance, freedom, justice and peace"?: Britain, Australia and Anti-Muslim racism since 11 September 2001. *Journal of Intercultural Studies*, 27 (4), 365-391.

Saniotis, A. (2004). Embodying ambivalence: Muslim Australians as 'other'. *Journal of Australian Studies*, 28 (82), 49-183.

Wise, A., & Noble, G. (2016). Convivialities: An orientation. *Journal of Intercultural Studies*, 37 (5), 423-431

Wise, A., & Velayutham, S. (2009). Everyday multiculturalism. London: Palgrave Macmillan.

Yasmeen, S. (2007), Muslim Women as Citizens in Australia: Diverse Notions and Practices. *Australian Journal of Social Issues*, 42 (1): 41–54.

第一七章 リベラリズムにおけるヘイトスピーチへの対抗策
ミルとローティからの応答

安部 彰

1. はじめに

日本においてヘイトスピーチを撒き散らす人々がネット空間から街頭へ群れをなして繰りだすようになったのは、二〇〇〇年代後半のことである。(1) その象徴的存在が「在日特権を許さない市民の会（在特会）」であり、主な標的とされたのは在日朝鮮人である。とはいえヘイトスピーチは、この社会において、すぐに「社会問題」化したわけではない。それが「問題」として巷間に認知されはじめるようになったのは、ようやく二〇一三年頃になってのことである。またそれにともない「ヘイトスピーチにいかに抗うのか」が社会的課題として浮上してきた。

この課題への「対応」としては大きくふたつの動向が指摘できる。まず先行したのは、ヘイトスピーチに街頭で対峙・抗議する市民による「カウンター」と呼ばれる直接行動である。そしてそれに遅れて――カウンターの実践に刺激されつつ――、ヘイトスピーチの法規制という「対応」が模索されはじめた。だが後者は、その初発から法規制の是非をめぐる論争として展開し、そこでは「表現の自由（free speech）」をめぐ

る論点が中心的争点となった。(2)

ではヘイトスピーチの法規制は表現の自由との関係においてなぜ争点となり、またどのように争点化されたのか。まず表現の自由が社会生活の基盤をなす重要な価値（のひとつ）であるとの信念は、「常識」として人口に膾炙《かいしゃ》している。このことは、表現の自由が日本国憲法により保障される諸権利のひとつ、なかでも優越的な地位を占める権利とされていることにあきらかである。(3) ところが、にもかかわらず――いや、むしろそうであるがゆえに――表現の自由は「憲法に明記されている基本的権利のなかでももっとも意見の対立の種になりやすいものの一つ」（江口二〇一〇、二三）でもある。というのも、たしかに、ある種の表現――「わいせつな性表現」や「誹謗中傷」、「虚偽広告」など――は自由どころか現に法規制の対象となっているし、他方でそのような規制にたいする異議も散見されるからである。しかしそうすると、このような「対立」の事実は我々をつぎのような問いへと誘うだろう。すなわち表現の自由を「権利」として保障するとは、あらためてどのようなことを意味しているのか。また表現の自由の権利化とは、それによっていかなる価値（利益）を我々に保障しようとするものなのか。

師岡康子によれば、この問いにたいする回答はつぎのようなものとなる。すなわち表現の自由の保障は「自己実現」と「自己統治」という価値の保障にひとしい。(4) またそれらの価値の意義は「現在の世界の共通認識」（師岡二〇一三、一四七）となっている――それゆえ表現の自由は「権利」として保障されるに値する。だがそうすると、先述の「対立」の内実はつぎのように描きだすことができそうだ。すなわちそれは、ある種の表現と「自己実現」および「自己統治」といった価値との関係をめぐる対立

――つまり両者の結びつきにかんして法規制賛成派はそれを否定し、法規制反対派はそれを肯定する（すくなくとも否定はしきれないとする）――なのである、と。また以上の描像が正しければ、その対立にもかかわらず両者にはある共通の前提が存在することもみえてくる。すなわち表現の自由における「自由」とはたんなる「放縦」――表現の絶対的な自由――を意味するものではないという前提が。

ではヘイトスピーチの法規制と表現の自由をめぐる論争の実際はどのようなものだったのか。その論点は多岐にわたりつつも、中心的な争点のひとつはまさにヘイトスピーチの「表現」としてのステータスをめぐるものであった[5]。すなわち一方には、ヘイトスピーチは端的に「人権侵害」であるか「差別の煽動」であるから保障されるべき表現の名には値しない、それゆえ法規制すべきだとの見解がある。また他方には法規制には慎重であるべきだとする見解が前者と対峙するが、しかしそのなかにもヘイトスピーチに含まれる認知の歪み――一例として「在日特権」なるものが存在するという事実誤認――をはじめ、ヘイトスピーチがはたして擁護に値する表現なのかを訝《いぶか》る向きもある。だがさらにそのような懐疑とも両立可能なものとして、ヘイトスピーチを含む排外主義的な活動（表現）は「政治的な活動」でもあるとする見方もある[6]。

とはいえ以上のような見解の錯綜と相克を内包させつつも、法規制という「対応」の帰趨は二〇一六年の「ヘイトスピーチ解消法[7]」の成立をもって一応の決着をみた。ここで「一応の」というのは、同法律が罰則をともなわない理念法であるがゆえに、その抑止効果を疑問視する見方があるからである。しかしこれにたいして、たとえ理念法であっても同法制化はヘイトスピーチを許容しないとする断固たる社会的意思のあらわれである——それゆえ抑止効果も期待できる——と評価する立場もある。ではそうするといずれが正しいのか。しかしこれはいわゆる経験的な問題にほかならない、すなわち同法がヘイトスピーチの動向におよぼす影響は、今後、実証的な観点から検証されるべき問題である。よって本稿はこの問題に答えることはできない。

そのかわりに以下において考察したいのは、むしろ規範的な問題、なかでもとくに道徳的な問題である。というのは、そもそも法的な問題と道徳的な問題は別の問題であり、それゆえ、たとえヘイトスピーチ問題に法的な対応がとられたとしても、そのことは、ヘイトスピーチが道徳的な問題でなくなったことを意味しない——つまり法規制によって一部の人間をヘイトスピーチへと駆りたてる動因までもが根絶やしにされるわけではない——からである。だがそうすると、やはりヘイトスピーチへの対抗策は道徳的次元においてもさらに考察する必要があるということになりそうだし、さらには、たとえ法規制に懐疑的であろうとなかろうと、その道徳的な根拠をあらためて確認しておくことは有用であるといえるであろう。そこで以下では、この課題にとりくむために、「リベラリズム（liberalism）」という規範的理念をとりあげて検討し、それをつうじて、リベラリズムからはヘイトスピーチへのいかなる対抗策が導かれるのかについて、かんがえてみたい。そしてその考察は、法規制と両立する、あるいは法規制をこえた、いかなるヘイトスピーチへの道徳的な対応が我々にはもとめられることになるのかをかんがえる作業ともなるだろう。

2.……ミルのリベラリズム

1　表現の自由の擁護とその限界

リベラリズムとは、もっとも簡潔に定義すれば、「自由（という価値）を擁護する思想」をさす。とはいえそれは、十七世紀の西欧に誕生し、爾来《じらい》その時々の文化・社会的文脈においてその内実を多様化させつつ現在にいたっている。とりわけ「いかなる」自由を「いかに（どこまで）」擁護するのかという点で（各々の）リベラリズムはときに顕著なまでの相違をみせる。なおそれらに共通する前提をとりだすなら、「国家による個人の自由への介入は制限されねばならない」とする規範的な認識がそれにあたる。(8) したがって先述の定義は、より正確には「国家による介入から個人の自由を擁護する思想」と書きかえることができる。

さてこのようにリベラリズムはけっして一枚岩なる思想ではない。けれども、こと表現の自由の擁護という点にかぎるなら、十九世紀イギリスの哲学者J・S・ミル（John Stuart Mill）のリベラリズムをやはりとりあげないわけにはいかない。というのは、その著作『自由論』において展開された論考は、表現の自由の全面的な擁護を説くものであるからである。

ではミルはいかなる理路によって表現の自由を擁護するのか。ミルによれば、まず表現の自由が擁護に値するのは、それが「人類の精神的幸福（人類の他の一切の幸福の基礎をなしているところの幸福）」（ミル一九七一、一〇七）に不可欠であるからに他ならない。またその論拠は以下の四点に要約してあらわすことができる。

第一に、或る意見に沈黙を強いるとしても、その意見は、万が一にも真理であるかも知れないのである。このことを認めないのは、我々の絶対無謬性を仮定することである。／第二に、沈黙させられた意見が誤謬であるとしても、それは真理の一部分を包含しているかも知れないし、通常は、包含していることがしばしばある。そして、いかなる問題についても、一般的または支配的な意見が完全な真理であることは稀れであるか、絶無であるのであるから、真理の残りの部分の補充されうる機会は、相反する意見の衝突することによってのみ与えられるのである。／第三に、一般に認められている意見が単に真理であるというに止まらず、完全なる真理であるという場合においてすら、それに対して活発な真摯な抗議を提出されることが許され、また実際に提出されるということがないならば、その意見を受容する人々の大多数は、偏見を抱く仕方でそれを抱き、それの合理的根拠を理解しまたは実感するということはほとんどないであろう。……第四に、その教説そのものの意味が失われまたは弱められて、それの意見が人の性格と行為とに与える生き生きとした影響が抜きとられる、という懼れがあるであろう。すなわち、その教説は、単なる形式的な心情告白となり、永久に効能を欠いて、ただいたずらに場所をふさぎ、理性または個人的経験から真実な心からの確信が成長して来るのを妨げることになるのである。（ミル一九七一、一〇七—一〇八）

すなわちミルによれば、この世には誰ひとり全知全能であるような人間は存在しない。したがって、もし表現の自由がなければ、我々は以下のような不利益を被る可能性がある。第一に、誤っていると信じていた意見がじつは正しい意見であることに気づく機会が奪われかねない。第二に、全体としては誤っている意見が含みもつ部分的な真理を見逃しかねない。第三に、誤った意見と比較して吟味することがないために、ある意見が正しいとされるその根拠を明確に把握することができない。第四に、たとえ正しい意見であっても漫然とおもい抱かれているだけなら、人々の生き方に活かされる知識とはなりえない。

そのうえで、ミルが表現の自由の価値論的な根拠とする「精神的幸福」について、以下の補足をつけ加えておくべきであろう。すなわちここでいう「精神的幸福」とは、「進歩する存在」である人間にとっては各人における個性の涵養とその発展がもたらす効用のみならず、そのような多様性が社会を活性化し、ひいては人類の進歩を促進することでもたらされる効用をも意味するとされる。すると、このミルの見解のうちに我々は、先述の表現の自由における「自己実現」と「自己統治」という価値の認識論的な淵源をみいだすことができよう。

さて概略以上のような理路にもとづいて、ミルは表現の自由の全面的な擁護を試みる。ではそうすると、ミルのリベラリズムはいかなる表現であってもその自由を無制約に認めるのか。そうではない。むしろ『自由論』の目的は、我々が自由になしうる行為――そうした行為に含まれる表現の自由――の正当な制約原理を定めること、すなわち「社会が個人に対して正当に行使し得る権力の本質と諸限界」（ミル一九七一、九）の論証にある。またここでいう「社会の権力」とは、ミルにおいては国家権力のみならず民主制における多数派の権力をも含むように、その制約原理は法（政治）的なものであると同時に道徳的なものでもある。ではミルが提起する原理とはどのようなものか。

その原理とは、人類がその成員のいずれか一人の行動の自由に、個人的にせよ集団的にせよ、干渉することが、むしろ正当な根拠をもつとされる唯一の目的は、自己防衛（self-protection）であるというにある。また、文明社会のどの成員に対してにせよ、彼の意志に反して権力を行使しても正当とされるための唯一の目的は、他の成員に及ぶ害の防止にあるというにある。（ミル一九七一、二四）

この原理は一般に「危害原理（harm principle）」と呼ばれる。すなわちそれによれば、他者に危害をおよぼすような行為については「社会の権力」による積極的な介入・規制の対象となる。だがそれ以外の、自己の利益にしかかかわらない行為については個人の自由にゆだねられるべきである。

2　ミルからの応答――批判と説得

以上のとおり、ミルにおける表現の自由の制約根拠は危害原理にもとづけられる。ではミルのリベラリズムによるなら、ヘイトスピーチの然るべき扱いはどのようなものとなるか。素朴にかんがえれば、ヘイトスピーチへの法規制は正当化されるであろう。ヘイトスピーチは一方的にその標的とされる人類社会の成員――在日朝鮮人――にとっては誹謗中傷または脅迫といった「危害行為」にほかならないからである。

だが、この結論にはつぎのような異論があるかもしれない。なるほど危害原理によれば、ヘイトスピーチが法規制の対象とされるのはまさにそれが危害行為だからである。しかしそうならば、ヘイトスピーチが必ずしも危害行為とはいえないケースについては、どうか。たとえば、ヘイトスピーチが他者に「危害」ではなく「不快」をもたらすにとどまっているような場合、ヘイトスピーチは法規制の対象とはなりえないのではないか。

この異論が想定しているのはおそらく次のようなことであろう。たしかにヘイトスピーチは在日朝鮮人にとってはまさしく危害行為にほかならないが、その標的ではない日本人にとってはどうなのか。危害行為とまではいえないのではないか。それはおそらくせいぜい不道徳で不快な行為にとどまるのではないか。だがそうすると、たんに不快であるような行為の法規制は慎むべきだということにならないか、と。またそのうえで異論はさらにこう続けるかもしれない。というのも、じっさいミルもこう述べているではないか、と――「いかなる教説についても、それがどんなに不道徳的と考えられるものであろうとも、倫理的確信の問題としてもそれを表明し論議する・完全無欠な自由が存在しなくてはならない」（ミル一九七一、三七―三八）、と。

なるほど、たしかに以上の反論が主張するとおり、ミルによれば「不快であることと」はヘイトスピーチの法規制を正当化する根拠とはなりえない。したがって、もし日本人が「ヘイトスピーチが不快であること」を理由に法規制に反対するのなら、それは的外れだということになるだろう。だが、くり返すが、異論も認めているようにヘイトスピーチは在日朝鮮人にとってはまさに危害行為である。それゆえ、やはり危害原理にもとづいてその法規制は正当であるといわなければならない。

だが以上の結論は、さらなる含意をもっている。つまりそれは、日本人がヘイトスピーチ問題の部外者であるということを露も意味しない。むしろミルの思想によりわけいるなら、日本人にはさらなるヘイトスピーチへの対抗がもとめられる。というのもミルによれば、我々はじぶんたちが不道徳——それゆえ不快である——とみなす言動に一切干渉してはいけないわけではないからである。むしろ、そうした言動へのある種の干渉は推奨にさえ値する。[9] つまり江口も指摘するように、「我々は助言や警告、非難や叱責、あるいは懇願などによって他人がよりよい生き方をするように求めてかまわないし、むしろそうするべき」（江口二〇一〇、二八）なのである。[10]

かくして、このようにミルは、ある行為が「危害」をもたらすのか「不快」をもたらすのかという、その影響の違いにもとづいて、当該行為への「干渉」のタイプを「規制や禁止」と「批判や説得」とに概念的——かつ規範的に——に区別したうえで、その両立可能性を説く。そうすると我々は、ミルのリベラリズムから、法規制というヘイトスピーチへの対抗策だけではなく、さらに差別主義者らにたいする積極的な批判と説得という対抗策をも導きだすことができるはずである。

3.……ローティのリベラリズム

1　ローティのミル評価

ミルにつづけてとりあげるのはR・ローティ（Richard Rorty）のリベラリズムである。だがその検討のまえに、ローティという人物について簡単に紹介しておくのがよいだろう。ローティはおそらくミルほどに知られた哲学者ではないからである。

ローティは二十世紀後半からの現代を代表するアメリカの哲学者で、二〇〇七年に惜しまれつつこの世をあとにした。近年では生前に「トランプ現象」を予測していたとして再び脚光を浴びたが、[11] そもそもは分析哲学者としてその学問的キャリアをスタートとさせた。しかし彼はしだいに西洋哲学の伝統――「真理」を人間の外部に存在する知識と想定し、その探究をつうじてあらゆる学問・文化を基礎づけようとするプロジェクト――の批判へと転じていくなかで主著『哲学と自然の鏡』を刊行し、一躍その名を知られるようになる。さらにその後はアメリカにそのルーツをもつプラグマティズムと現代哲学を独自に融合させた思想的立場――「ネオ・プラグマティズム」とも呼ばれる――から政治や文学（批評）などの幅広いジャンルで独自の議論を展開していくようになるが、リベラリズム論もそのような展開の一部として位置づけられる。(12)

ところで哲学や政治学・社会思想の分野においてローティのリベラリズムがとりあげられるのは、じつは稀である。だがすくなくともミルのリベラリズムとのかかわりにおいてローティに注目するのは妥当であるし、意義あることでもある。とはいえ、もちろんこれは論点先取であるから、以下ではローティのリベラリズムの要点をミルとの関連性のもとで確認していくことにしよう。

まず注目したいのは、ローティのミルの評価である。

> 実際、西洋の社会・政治思想には、それに必要な最後の概念的な革命が起こったのではないかという気が、私にはするのである。人びとの私的な生を守ることと、その苦しみを防ぐことのあいだにあるバランスを最適化することに政府は努めるべきだ、というJ・S・ミルの提唱は、私にはほとんどご最後の言葉であるように思われる。（ローティ二〇〇〇a、一三三）

この件にはローティがミルをきわめて高く評価していることが明らかにみてとれる。

またここでいう「ミルの主張」がミルのリベラリズム、より具体的には危害原理をさしていることも明らかである。だがそうだとすれば、我々の関心はさらなる問いへと向かう――かかるミル評価はいったい奈辺に由来するのか。

まず「人々の私的な生を守ることと、その苦しみを防止することのあいだにあるバランス」と（上記引用に）あるように、ローティは行為を「自己の利益だけにかかわる行為」と「（自己利益にくわえ）他者の利益にかかわる行為」とに区別するミルの図式を継承する。またローティはさらにその区分を「公私の区分（public-private distinction）」として（再）定式化しつつ、「公」とは他者との共同性の構築にかかわる「連帯（solidarity）」的諸実践を、「私」とは各人の個性の確立にかかわる「自己創造（self creation）」的諸実践を、それぞれさすとする。そしてそのうえで、このような公私の区分をローティが支持する所以《ゆえん》は、多元主義的で民主的な社会では「私的な生の成就と人間の連帯の根源は同一」（ローティ二〇〇〇a、二）とみる形而上学的な前提は退けられるべきだからである。

また、さらに引用に「［公私の］バランスを最適化することに政府は努めるべきだ」とあるとおり、ローティは私的な自由の制約条件としてミルの危害原理を踏襲する。なぜならローティの構想するリベラル・ユートピアにおける連帯の目的は「残酷さの回避（avoiding cruelty）」にあるからである。すなわち各人による自己創造の追求は、それが他者に苦痛をもたらさないかぎりで認められるべきである――これがリベラル・ユートピアにおける社会規範となる。

以上のように、ローティがミルを高く評価する所以はなにより、公私を区分したうえで私的な自由――ローティにおいては「自己創造」の自由――の価値を最大限評価するからである。したがって、ミルの表現の自由の全面的な擁護論も、ローティは支持するであろう。そのうえで、しかし、ミルとローティのあいだには違いも存在する。すなわちミルとは異なりローティの場合、「人類の進歩」という幸福——公共的価値に——に貢献するか否かは表現の自由の擁護とは無関係である。というのはローティにおいて表現の自由の価値は多様な個性の涵養にかかわる私的な自己創造の価値と同義だからである。(13)したがってローティからすれば、表現の自由は公共的価値に貢献するがゆえに擁護されるべきであるとする規範的な見解は、むしろ公私の区分に抵触するとして斥けられることになろう。ただしそれは、私的な自己創造が結果として人類の進歩に貢献するといった公私の偶然的な結合までをも否定するものではないであろう。

2　ローティからの応答——共感・想像力の拡張

以上、ローティのリベラリズムの概要を跡づけてきた。ではローティのリベラリズムに照らすなら、ヘイトスピーチへの対抗策はどのようなものとなるだろうか。まずそれは前節におけるミルをめぐる議論と大きく重なるものとなろう。すなわちローティのリベラリズムにおいても、ヘイトスピーチは「残酷さの回避」という社会規範に抵触するがゆえに法規制の対象とされることはあきらかである。そのうえでまたミル同様、ローティにおいてもヘイトスピーチはただ法的に禁止すればよいというにはとどまらず、さらなるヘイトスピーチへの対抗がもとめられることになる。とはいえローティがうちだすそれは、ミルとは異なる、独自のものである。ではそれはいかなる対抗策なのか。以下ではローティの人権論を読み解きながら、かかる対抗の内実を確認しよう。

まずローティのみるところ、差別的な人権侵害——人種差別的なそれであれ民族差別的なそれであれ——を惹起する動因は、一般におもわれているよりも根深い欲望に投錨している。すなわち「にせの人間に満ちた世界を自分たちが浄化することによって、真の人類に貢献」（ローティ一九九八、一三八）したいという欲望に。したがって我々の認識に反して、当の差別主義者らはじぶんたちが「人」権を侵害しているとはかんがえていない。彼らにとって「人間」とは生物学的なヒト——「羽のない二足動物」——ではなく、行動様式や習慣の点で「自分たちのような人」だけをさすからである（ローティ一九九八、一三八）。

とはいえ、我々はもちろん、差別主義者らのこうした「人」の区別を恣意的で不当なものとかんがえる。そして歴代の哲学者らもまさにそうかんがえてきた。だから彼らは「人間の本質（human nature）」の探究をつうじて、特定の動物が「人」たりえる所以を発見しようと努めてきた。そうしてまた、人のみが有する権利を哲学的に基礎づけようとしてきた。だがローティの見立てでは、このような人権の基礎づけ主義はもはや時代遅れのものとなっており、現代ではむしろ「人権文化」——人権を「発見」の対象ではなく、むしろ「創造」の対象とみなす心性——が主流となっている。そしてローティによれば、この文化はここ二百年のあいだに、「人間の条件」をめぐる本質主義的な問いを棚上げにしたとしても配慮や尊重に値する対象の範囲が拡張可能であることをしめしてきた。そうしてまた、人権の基礎づけなど不要であることをあきらかにしてきた。

ではこのような人権文化はいかにしてもたらされたのか。ローティによれば、それは「感情の進歩」とかかわっている。すなわち「私たち自身と私たちとはかなり異なる人たちとの類似性のほうがさまざまな相違よりも大切だということに気づく能力」(ローティ 一九九八、一五八)が向上したことによっている。[14] そのうえでローティによれば、このような感情の進歩は多くの部分を「感情教育」に負っている。というのも我々の共感能力(想像力)を涵養する物語の創造と伝達にもとづくその教育は、我々がじぶんたちとは異質な人間を「にせの人間」とみなす傾向を弱め、「『私たちの同類』とか『私たちのような人たち』という言葉の指示対象を広げる」(ローティ 一九九八、一五一)ことに貢献してきたからである。

では概略以上のような見解にもとづけば、ローティにおけるヘイトスピーチへの対抗策はいかなるものとなるだろう。まず端的にいえば、その対抗策は差別主義者らの共感能力を高めるという方向で構想されるに違いない。そしてさらに具体的にいうならば、感情教育をつうじて、(異質な)他者の苦しみへの感受性と、他者とのオルタナティブな関係を想像-創造する能力とを養うといった道筋のもとで構想されることになるだろう。

4. おわりに

以上、本稿では、ミルとローティのリベラリズムにおけるヘイトスピーチへの対抗策がいかなるものとなりうるかを考察してきた。ここでその結論をふりかえれば、まずミルにおいては「危害原理」にもとづいて、またローティにおいては「残酷さの回避」という理念によって、それぞれヘイトスピーチの法規制は支持されるということになる。

また以上にくわえてミルの場合は、批判と説得といったヘイトスピーチへの対抗策がありうる。だがこうした対抗は、じつはヘイトスピーチへの「カウンター」というかたちですでに実践されていたとみることができる。そのうえで本稿の考察にもとづけば、今後さらにヘイトスピーチを不快におもう日本人は積極的に――ネット空間においても――差別主義者らにたいする批判と説得を推進していくべきだということになるであろう。

他方でローティの対抗策――感情教育――にたいしては「なにを悠長なことを」と懐疑的になる向きもあるかもしれない。たしかに、いわれてみれば教育には速効性はない。しかしむしろ、人格の形成にかかわる教育という営みは性急であるべきではない。(15) そしてなにより、我々には希望もある。ローティが喝破したとおり「人権文化」の創造の歴史――共感能力の向上にともなう人権の拡張の歴史――が、その希望を照らしだしている。すなわちL・ハントが活写するように、十八世紀の西洋ではまだ観念として存在していたにすぎない「人権」は、絵画鑑賞や読書の経験に媒介された「想像的共感」――「あなたは私でもある」という間身体的な感情の共振――をつうじて、血肉をあたえられ拡大していった。だとすれば、そうして先人が紡いできた感情教育の諸実践をよりいっそう強力に推進していくことこそ、人権文化の後継者たる我々の希望となるはずである。

ではミルとローティは互いの対抗策をいかに評価するであろうか。さいごに、この点について若干の考察を付しつつ本稿を閉じることにしたい。まずミルからローティの対抗策への異論はとくにみあたらない。ただし対抗策そのものへの異論ではないが、ローティが表現の自由の公共的価値を認めないことについてはミルも賛同しないだろう。だがこれにたいしてローティのほうはミルの対抗策の効果について懐疑的だろう。とりわけ相手の非合理性を突く批判は筋がわるいとみなすであろう。なぜなら、このとき批判は差別主義者らに「(もっと)合理的であれ」と要請するわけだが、ローティの見立てでは彼らは必ずしも「非合理」ではないからである。[16] しかし、そのうえでローティが与するプラグマティズムの精神——実験者精神——にもとづけば、ミルの対抗策をむしろ積極的に実践することによって、その改善をめざすべきだということになるであろう。さらには、かかる精神だけではなく多様性へのリスペクトを旗幟とするリベラルのエートスにもとづけば、ミルやローティの対抗策やその改良にとどまらない想像-創造的な諸実践をつうじてヘイトスピーチや差別主義者に抗していくことこそ、我々のとるべき道徳的な対応であるということになるだろう。

注

(1) 本稿では、ヘイトスピーチを「本人の意思では変更困難な属性にもとづいて社会的マイノリティ集団に向けられる差別的言論」と定義する。「変更困難な属性」とは、人種・民族・国籍・性別・セクシャリティ・宗教などをさし、「差別的言論」には、侮辱・中傷・扇動・脅迫が含まれる。「侮辱・中傷」(当事者の「被害」が論点)と「扇動・脅迫」(社会への「効果」が論点)との線引きについては明戸(二〇一四、二八二—二八三)。またネット空間においてヘイトスピーチがひろがりはじめたのは二〇〇〇年代前半とされる(安田二〇一五)。

(2) 言論や意見の表明は表現の一形態とみなしうることから以下では「表現の自由」という表記で統一する。

(3) 日本国憲法第二一条第一項に「集会、結社及び言論、出版その他一切の表現の自由は、これを保証する」とある。

（4）「人間は誰しも、自己の意見を形成し他者に伝え、他者の意見にも触れて、自己の意見を再形成する過程で、その人格を形成していく。このような個人の人格の実現のための過程に注目するのが、表現の自由の「自己実現」における価値である。／また、独裁を否定して平等を建前とし、社会の構成員らが協議して統治する民主主義社会の実現には、政治に関するあらゆる情報が社会全体に流通し、誰もが政治に関する自己の意見を主張できる自由、とりわけ権力に対する批判的な見解を述べる自由が不可欠である。このような民主主義の過程に注目するのが、表現の自由の「自己統治」における価値である。」（師岡二〇一三、一四七）

（5）師岡の整理にしたがって法規制慎重派の主張をパラフレーズするなら以下のとおりとなる。①「不快を事由とする規制は認められない」、②「ヘイトスピーチは政治的な意見表明でもある」、③「規制は表現の委縮効果をもたらす」、④「不特定の集団を対象とするヘイトスピーチの害悪は希釈化される」、⑤「ヘイトスピーチはヘイトクライムを防ぐ社会の安全弁となる」、⑥「規制は権力によって濫用される恐れがある」、⑦「民主主義社会では対抗言論によって解決すべきである」、⑧「法規制では差別心はなくならず、ヘイトスピーチをうむ社会構造こそが問題である」（師岡二〇一三、一四八―一五〇）。また師岡は法規制に賛成の立場からそれぞれの主張に批判的検討を加えているが（師岡二〇一三、一五〇―一七〇）、本稿では紙幅の関係もありその是非については論じない。

（6）たとえば樋口直人によれば、「日本型排外主義とは近隣諸国との関係により規定される外国人排斥の動きを指し、〔……〕排斥感情の根底にあるのは〔……〕近隣諸国との歴史的関係」（樋口二〇一四、二〇四）にほかならない。

（7）その正式名称は「本邦外出身者に対する不当な差別的言動の解消に向けた取組の推進に関する法律」である。

（8）リベラリズムの概説・入門書は枚挙に暇がないが、ここではなかでも良書とおもわれる以下の著作をあげておく。藤原（一九九三）、ウルフ（二〇〇〇）、キムリッカ（二〇〇五）。

（9）すなわちミルはこう述べている。「或る人の行為が彼自身以外の何びとの利益にも影響せず、または他の人々がそれを好まない限り彼らの利害に影響を及ぼさないですむ場合には（関係者がすべて成年に達しており、また普通の程度の理解力をもっているものとして）、このような問題をとりあげねばならぬ理由は少しも存在しないのである。〔……〕この学説を利己的な無関心の一例であると考え、それは、人間は他人の人生における行動と互いに何のかかわりをももたないと主張し、また自己自身の利益に関連しない限りは他人の善行や幸福にかかわりをもつべきではない、と主張するものであると考えるならば、この学説に対する大きな誤解であろう。他人の幸福を増進しようとする私心のない努力は、けっしてこれを減殺すべきではなくて、むしろ大いにこれを増加する必要がある。〔……〕人間は、相互の助力によってこそ、より善きものとより悪しきものとを区別することができ、また相互の激励によってこそ、より善きものを選んでより悪しきものを避けることができるのである。人間は常に、彼らのより高い諸能力をますます行使するように、また、彼らの感情と志向とを愚かな目的や企画ではなく賢明なそれにますます向けてゆき、下劣な目的や企画ではなく高尚なそれにますます向けてゆくように、たがいにどこまでも鞭撻しあってゆかねばならないのである。」（ミル 一九七一、一五二―一五四）。

(10) この点にかんしてはI・バーリンもつぎのように指摘している。「〔ミルは〕他人の意見を理解し容認するようにとは言いましたが、他人の意見を尊敬するなどということを求めたりはしませんでした。いや、彼がみとめたのはただ容認することだけで、否認したり、貶しめたり、必要とあらばあざけったり、軽蔑することさえ求めているのであります。〔……〕情熱や憎悪をこめて議論し、攻撃し、拒否し、排斥しても一向構わないのです。〔……〕論敵の意見に対する懐疑的な尊敬は、彼には無関心やシニシズムよりも好ましいと思えるのでした。しかし後者の態度でさえ、不寛容よりは、理性的討論を絶滅してしまう強制された正統主義よりは、ましである。これがミルの信念であります」（バーリン 一九七一、四一一―四一二）。

(11) ローティ（二〇〇〇b）を参照のこと。

(12) ローティの主要なリベラリズム論としては、Rorty (1991a, 1991b) およびローティ（二〇〇〇a）。

(13) ローティによれば、私的な自己創造は――「残酷さの回避」に抵触しないかぎり――「好きなだけ私事本位主義的で、「非合理主義的」で、審美主義的」（ローティ二〇〇〇、三）であってもかまわない。またシュスターマンによれば、ローティは「われわれの自己創造の努力を、私的な領域、「われわれの孤独に対して何をすべきか」といった問いへと限定することによって、際立った特異性〔個性〕を最大化することの中に、自己実現はなければならないと断定する」（シュスターマン二〇一二、一二〇）。

(14) ローティによれば、この「類似性」とは「真の人間性を裏づける深い、真の自我を共有することではなく、両親や子供たちを大切にするというような、とても些細な、表面的な類似性」（同、一五八）である。

(15) かりに速効性のある教育が存在したとして、そのような教育に私はむしろ恐怖を感じる。

(16) 「私たちがこのような〔優しくて、寛容で、裕福で、安泰で、他人を尊重する〕若者を育てれば育てるほど、私たちの人権文化はより強く、よりグローバルになるでしょう。しかし、そういう学生たちが許容しがたいと考える偏狭な人々に対して「非合理的」というレッテルを張るよう奨励するのはいい考えではありません。〔……〕そういう悪しき人たちの信念が、もう一つの信念、つまり人種、宗教、性差、性的嗜好の違いはすべて道徳的には見当違いな区別であり、これらすべての区別よりも生物学的に同じ種に属しているという事実の方が重要である、とする信念に比べて「非合理的」だとは限りません。〔……〕これらの悪しき人たちが、異質なものを尊重する私たち善人より理性や頭脳、偏見のなさなどにおいて劣っているわけではないのだ、ということを学生たちに教えるべきでしょう。〔……〕基礎づけ主義者たちはこういう人たちを真理、つまり道徳的知識を剝奪された人たちとみます。しかし、より具体的に、安全と共感を剝奪された人たちとみる方がよいでしょう」（ローティ一九九八、一五六―一五七）

参考文献

明戸隆浩、二〇一四、「訳者解説」エリック・ブライシュ『ヘイトスピーチ――「愛国者」たちの憎悪と暴力』、明戸隆浩ほか訳、明石書店、二七四―三〇一。

ウォーバートン、N、二〇〇〇、『「表現の自由」入門』、森村進・森村たまき訳、岩波書店。

ウルフ、J、二〇〇〇、『政治哲学入門』、坂本知宏訳、晃洋書房。

江口聡、二〇一〇、「ポルノグラフィと憎悪表現」、北田暁大編『自由への問い四　コミュニケーション――自由な情報空間とは何か』、岩波書店、二三一―四六。

キムリッカ、W、二〇〇五、『新版　現代政治理論』、千葉眞ほか訳、日本経済評論社。

シュスターマン、R、二〇一二、『プラグマティズムと哲学の実践』、樋口聡ほか訳、世織書房。

バーリン、I、一九七一、『自由論』、小川晃一ほか訳、みすず書房。

ハント、L、『人権を創造する』、松浦義弘訳、岩波書店。

樋口直人、二〇一四、『日本型排外主義――在特会・外国人参政権・東アジア地政学』、名古屋大学出版会。

藤原保信、一九九三、『自由主義の再検討』、岩波書店。

ミル、J・S、一九七一、『自由論』、塩尻公明・木村健康訳、岩波書店。

師岡康子、二〇一三、『ヘイトスピーチとは何か』、岩波書店。

安田浩一、二〇一五、『ヘイトスピーチ――「愛国者」たちの憎悪と暴力』、文藝春秋。

Rorty, Richard, 1991a, "The priority of democracy to philosophy," *Objectivity, Relativism, and Truth: Pilosophicai Papers vol.1*, Cambridge University Press, 175-196.

———, 1991b, "Postmodernist bourgeois Liberalism," *Objectivity, Relativism, and Truth: Pilosophical Papers vol.1*, Cambridge University Press, 197-202.

ローティ、R、一九九八、「人権、理性、感情」、スティーブン・シュート／スーザン・ハーリー編『人権について——オックスフォード・アムネスティ・レクチャーズ』、中島吉弘・松田まゆみ訳、みすず書房、一三七—一六六。

———、二〇〇〇a、『偶然性・アイロニー・連帯』、齋藤純一ほか訳、岩波書店。

———、二〇〇〇b、『アメリカ 未完のプロジェクト——二〇世紀におけるアメリカ左翼思想』、小澤照彦訳、晃洋書房。

第一八章 ヘイトスピーチに対する大学の対応のあり方

堀田義太郎

1. はじめに

日本の大学には、セクシュアル・ハラスメントに対する対策を端緒として、一九九〇年代後半以降、ハラスメントに対するガイドラインや対策室が作られるようになってきてはいる。とはいえ、すべての大学がハラスメント規定をもっているわけではないし、ハラスメント対策のための部局を独立した組織として常設させていない大学も多い。また、現在の日本のハラスメント規定が主に対象としているものは、いわゆる三大ハラスメント（セクシュアル、アカデミック、パワー）であり、人種や民族を理由にしたレイシャル／エスニック・ハラスメントは、人種や民族という言葉を併記している大学もあるが、具体的な事例を使っている規定は少ない（ただ、この数年で「レイシャル・ハラスメント」を含める傾向が出てきており、それ自体は歓迎すべきである）。

ところで、大学（および学校）でのヘイトスピーチとハラスメント対策を考える上で、参考になると思われるのが米国の事例と議論である。米国では、八〇年代後半から、大学の反差別規定やハラスメント対策に並行してヘイトスピーチに対するルールが作られ、裁判事例も含めて議論が蓄積されているからである。

以下では、今後の大学や学校でのヘイトスピーチ、差別対策を考えるための参考として、米国の有名な事例と規制を擁護する議論を紹介したい。

2. 米国の事例と議論

まず米国では、八〇年代後半に大学でも人種差別発言や、人種差別に基づく犯罪が多くなり、多くの大学で対策の必要性が認識されるようになった。では、ティモシー・シール（Shiell 2009: 17-20）に紹介されているミシガン大学の事件を見てみよう。ミシガン大学の規制は、米国のキャンパス・ヘイトスピーチ規制の最初の例の一つであり、この事件はキャンパス・ヘイトスピーチを考えるうえで必ず参照されている。事件の経緯は次のようなものだったようである。一九八七年一月二十七日に、すべての黒人を「狩る季節が来た」と書かれた手書きのビラの束を、黒人の女子学生のグループが、学生寮のラウンジで見つけた。そのビラでは、黒人は、「皿唇（saucer lips）、黒ザル（porch monkey）、汚い黒んぼ（jigaboos）」などの蔑称で呼ばれていた。その数日後の一九八七年二月四日には、大学のラジオのＤＪが、オンエア中に人種差別的なジョークにリスナーが参加するように促し、また差別的なジョークを語った。これらの事件は大学全体にすぐに広がり、学生グループはヘイトスピーチ反対を表現するために広場に集まった。そこで彼らが抗議行動を行なっている最中に、彼らから見える学生寮の窓に、誰かがクー・クラックス・クラン（ＫＫＫ）のコスチュームを掲げたことで、抗議をする学生の怒りは高まった。その後、人種差別的なジョークを含むコンピュータ・ファイルが発見され、また第二のビラが発見されたことで、学内の緊張はさらに高まっていくことになる。この第二のビラには、黒人は「木から吊るされる」べきだという言明が含まれていた。

大学側はこれに対応して、当該のコンピュータ・ファイルを閉じ、二つのビラの事件に責任のある学生を特定し処罰した。ビラ作成者は十九歳の学生だったが、学生寮からの退出および大学の居住施設への立ち入り禁止処分となり、DJはラジオ局の仕事を解雇された。学長は、二月十九日に人種的文化的民族的な多様性をもつ大学へのコミットメントを再確認し、人種差別行為を非難する声明を出した。

一九八七年三月には、大学理事関係者は一人の米国公民権運動の指導者と会合をもち、大学での人種差別問題を是正する六点の計画を採用した。そこには、適切な処罰をともなう人種差別ハラスメント反対政策も含まれていた。その後、学長選挙等があり秋まで持ち越されたが、一九八八年一月十五日の会合後に、ハラスメント・ポリシーの草案を依頼した。

この草案は、ロースクールの教授陣および大学評議会付きの法律家の諮問のもとで、十二回の審議に付され、一九八八年二月には学生新聞にパブリックコメントを求めるために掲載された。三月十六日には公聴会が開催され、登壇者はこの草案についてさらに多くの修正を求めた。これらを受けて草案はさらに書き直され、事例に基づく「解釈ガイド」が追加された。そして、一九八八年四月十四日の大学評議委員会で、このポリシーは満場一致で採用された。

スピーチ・ポリシーは、規制の程度を行為の場面によって分けていた。まず、「学生新聞」の内容はポリシーから除外された。そして、「教育的および学術的センター、教室、図書館、研究所、レクリエーション室および勉強室」では、次の場合が処罰対象となるとされた。

口頭の発言であれ身体的振舞いであれ、それがある個人を、人種、民族、宗教、性、性的指向、信条、国籍、先祖、年齢、婚姻状態、障害またはヴェトナム退役軍人であることに基づいて、スティグマ化または虐待するようなものであり、かつ、

a　個人の学業、雇用、大学が保障する追加カリキュラム活動への参加または個人的安全を脅かす表現またはその含意があるか、または、

b　個人の学業、雇用状況、大学が保証する追加カリキュラム活動への参加またた個人的安全を妨害する目的または効果をもつか、または、

c　教育研究、雇用または大学が保証する追加的活動への参加を脅かすような、敵対的な、または貶めるような環境を作る場合。

この規定に付された「解釈ガイド」には、処罰対象になる行為の事例が示されており、そこには以下のようなものが含まれていた。

- 人種差別的脅迫を含むビラを居住空間で撒くこと
- 人種差別落書きをアジア人学生が学習する空間のドアに書くこと

- 男性が教室で「女性はここでは男性より劣っている（aren't as good as men）」と言うこと
- レズビアンだと思われている学生を除くすべての学生を招待してフロアパーティを開くこと
- 黒人学生が食堂で白人学生に人種差別的に貶められること
- 男子学生が、女子学生のデスクにポルノ落書きやジョークを書くこと

以上のミシガン大学のスピーチ・ポリシーはしかし、研究発表の内容に干渉する可能性を危惧した大学院生によって、言論の自由を定めた米国憲法修正第一条に抵触するとして訴えられ、とくに解釈ガイドのいくつかが「過度に曖昧で広範」という理由で違憲判決を下されることになる。

なお、現在のミシガン大学のポリシーは、「差別とハラスメント」に関するポリシーとして改定されており、解釈ガイドは付されていない。「差別とハラスメントの定義」の箇所だけ引用しておきたい。

このミシガン大学の規定は現在のバージョンでも具体的であり参考になるが、違憲判決が下されて取り下げられた過去のスピーチ・ポリシーの「解釈ガイド」はとくに参考になる。過去のポリシーの解釈ガイドには、「あなたは、以下の時ハラスメント加害者です」と題されて以下の例が書かれている。

- 誰かを勉強会から、人種、性または民族的出自を理由に排除する場合。
- ゲイ男性やレズビアン女性について冗談を言う場合。

- あなたの学生組織が、ヒスパニックを貶す発言者を呼ぶこと。
- 学生寮の部屋の壁に南部軍旗を掲げること。
- 教室で、誰かがどもりであることについてのジョークで笑うこと。
- 猥褻な電話をしたりまたは、人種差別的なメッセージをメールで送ること。
- ある人の身体的容姿または性的指向または文化的出自または宗教的信念について、軽蔑的な仕方でコメントすること。

表　差別とハラスメントの定義

ある特定の振る舞いが、このポリシーが定める差別またはハラスメントになるかどうかを決定するために、以下の定義が用いられる。

個人の人種、皮膚の色、出身国、年齢、婚姻状態、性、性的指向、ジェンダーアイデンティティ、ジェンダー表現、障害、宗教、身長、体重、退役軍人ステータスに基づく行為が、

1　当の個人の雇用・教育・生活に関わる環境、または大学の活動への参加期間または参加条件に関して不利な影響を及ぼすこと、または、

2　当該個人の雇用・教育・生活に関わる環境、または大学の活動への参加に影響するような決定のための基礎としてまたは、その決定要因として用いること、または、

3　当該個人の雇用または教育の成績を不合理な仕方で干渉する目的または効果を持つこと、あるいは、当該個人の雇用・教育・生活環境または大学の活動への参加に対して、威嚇的で敵対的で攻撃的な環境、または虐待的な環境を作り出すような目的をもつこと、またはそうした影響を与えること、

州法および連邦法に則り、障害を持つ人々には合理的配慮が与えられ、宗教活動にも配慮が与えられる。

禁止される差別を構成するような行為の例には、以下のようなものが含まれるが、これには限定されない。

A　ある人の教育プログラムへのアクセスを、その人の人種、皮膚の色、民族的起源、年齢、婚姻状態、性、性的指向、ジェンダーアイデンティティ、ジェンダー表現、障害、宗教、身長、体重、退役軍人ステータスに基づいて拒否すること。

B　昇進、利益または進級を、その人の人種（以下同様）に基づいて拒否すること。

C　大学の資源やサービス利用を、人種等の理由で妨げること。

D　人種等に基づく非歓迎的または敵対的な環境をけしかけたり認めたりすること。

先に述べたように、この部分を含む過去のポリシーは米国では違憲判決が出されたが、この判決はポリシーの内容を評価するための一つの材料でしかない、という点は再確認しておきたい。エリック・ブライシュが指摘するように（Bleich 2011=2014）、「言論の自由」に関して米国は必ずしも理に適った対応をしているとは言えず、むしろ特殊な歴史的経緯があるからである。それは米国の「特殊主義」と呼ばれるほどである。特殊な歴史的経緯とは、第一に、米国では人種等に基づく犯罪行為は罰が加重される厳しいヘイト・クライム法があること、第二に、言論や表現規制に対して、公民権運動のなかで有色人種の活動家や運動側から強い反対論が出され、反差別運動を妨げないという点が、表現の自由の保護の一つの理由になっていることである。また、大学との関係では、米国では、職場における差別的表現は、公民権法を一つの基礎として「敵対的環境」という根拠から保護の対象にならないことも加えて確認しておきたい。

米国では、八七年のスタンフォード大学やミシガン大学を端緒として、九〇年代初頭には類似の規則が三〇〇以上の大学で採用されたが、九三年までにこれらを含む六つの大学の規則について、その違憲性を問う裁判が続けて起こされ、そのすべてに違憲判決が下された。とはいえ、その後も（大学内には限定されないが）規制の是非については活発な議論が展開されている。規制に反対する「FIRE（Foundation for Individual Rights in Education）」という団体によれば、二〇一〇年の時点で公立大学の七一％、私立大学の七〇％が「修正第一条を侵害」しうるようなスピーチコードをもっている、とされている。ただし、FIREは「表現の自由」を非常に強固に擁護する団体なのでこの統計は割り引いて見る必要はあるだろう(1)。

米国で大学におけるヘイトスピーチ規制について積極的な議論を展開している論者

の一人に、アンドリュー・アルトマンという法哲学・政治哲学者がいる。アルトマンは、言論や表現の規制に対して非常に厳しい米国の議論状況のなかで、規制を擁護する議論を展開している論者である。それは、おそらく私たちにとっても――もちろん米国の特殊性に留意した上で――有用な考察の素材になると思われる。

アルトマンの問題意識は、違憲判決の大きな理由となった「曖昧さ」をなくし規制対象となる範囲を明確化することである。アルトマンは、規制の正当化理由を「害」だけに求めるのではなく、言論や表現の目的と標的に求めるべきであると述べる。つまり、マイノリティを標的とした攻撃や罵倒が目的の表現であるかどうかである。アルトマンによれば、このマイノリティを標的とした攻撃や罵倒という点で、ヘイトスピーチはハラスメントと区別できる。しかし、同じ罵倒表現でも、その対象がマイノリティである場合にのみ規制対象にすることについては批判がある。アルトマンは、この批判に対しても応答を試みている。

3. ヘイトスピーチ規制擁護論

アルトマンの議論は大学における規制を念頭に置いており、既存のハラスメント規制との関係が問題になっている。その議論は以下の三点にまとめることができる。

① ハラスメントは一般に「行為パターン」だが、ヘイトスピーチはパターンを必要とせず個々の行為だけでも認定されうる。

② ヘイトスピーチは、それが表現する道徳的・政治的な観点に言及してい

る。つまりヘイトスピーチは単に迷惑で平穏を脅かす（disturbing）だけではなく、レイシスト、セクシスト、ホモフォビックである。

③　最も重要な違いは、ヘイトスピーチ規制は観点中立的ではないが、ハラスメント規制は観点中立的だという点にある。（Altman 1993: 304）

アルトマンによれば、第一に、ヘイトスピーチ規制について、実際の「害」の大きさは正当化理由にならない。表現の「目的」が罵倒等でなければならない。米国では、マリ・マツダなどヘイトスピーチ規制擁護論のなかでは、それがもたらす「害」の大きさを重視する議論は多い。これは日本でも同じだと思われる。そして、実際に「害」が大きいことはもちろん明らかである。しかし、アルトマンは、「害」の大きさだけでは規制の正当化根拠にはならない、と指摘する。

アルトマンによれば、たとえば「ユダヤ人は盗人だ」という表現は、科学的または哲学的言論の中で言い表されるヘイトスピーチであると言える。しかし、この言論は平叙文であり、発話者の主観的感情によって飾られておらず、客観的な主張を伝達するための手段である。情緒的側面／認知的側面という枠組みで分類するならば、後者、つまり認知的な側面の方がより大きいと言える。他方、罵倒（epithets）はまさに発話者の感情の表現であり、情緒的側面が大きい。

「害」だけで言えば、酔った学生の暴言よりも『シオン賢者の議定書』から被る害の方が大きいかもしれない。また、たとえば「社会生物学」の著書も大きな害を与えうるかもしれない。アルトマンは、しかしだからといってとくに「大学」という文脈では、こうした書物を廃棄すべきだとは言えない、と言う。大学の役割があるからである。アルトマンによれば、大学の機能と役割は、この著作を、学術専門家の批判的分析や関心を持つ学生の研究のために入手可能にしておくことを要求する。大学では、客観的妥当性をもつと主張するようなどんな著作も、批判的な評価や検討のために入手可能であるべきであり、大学の機能は、共同の議論と知識の組織化された追求を要請するのであり、それは、偏見をもつ観念や見解を伝達する著作の禁止によって、深刻な形で傷つけられるからである。これは、科学、哲学、進学などの語彙で言い表される場合、差別的内容を含む言論でも保護されるべき理由を説明する。アルトマンはこの点については、(規制反対論者の)ゴールディングの主張に従って、大学は、「ある集団は本質的に他の集団よりも劣っている」という主張を含む著書でも保護することを要請すると述べている(Altman 2014: 383-5)。

第二に、アルトマンによれば、表現の目的が「罵倒」であるというだけで規制が正当化されるわけではない。罵倒であるとしても、その標的が「マイノリティ」であることが重要だからである。

この点は、コーエン対カリフォルニア州事件(一九七一年)という有名な事例に即して説明されている。この事件は、コーエンという男性が、罵り表現を含むヴェトナム戦争反対アピールとして「くそ徴兵制度(Fuck the Draft)」と書いた上着を着て裁判所に現れたことに端を発する。コーエンは、この上着のメッセージが「ケンカ言葉」を含むとして逮捕され、この表現の違法性が問われた。裁判では、この反戦アピールは、情緒的側面と認知的側面が分かちがたいメッセージを伝達しており、言論として保護に値するという判決が下された。もし、この判決が妥当だとすると、認知的側面を含むメッセージを表現するためには、その表現の形態に「罵り言葉」が含まれていたとしても、それを保護するべきだ、ということになる。

だが、では、この判断はレイシストの罵倒や罵り言葉にも適用されるだろうか。アルトマンの答えは「否」である。ヘイトスピーチとコーエンの事例には重要な違いがあるからである。ヘイトスピーチは、むしろ次のような仮想事例に近い。ある人物が黒人従業員と働いており、その職場に「ファック・ニガーズ」と書かれた上着を着て現れた、という事例である。この表現は、米国でも平等な雇用機会にもとづいて、敵対的環境論によって正当に規制されうる（この労働者の行動を表現の自由で擁護することはできない）。

アルトマンはこのように述べたうえで、たしかにキャンパスでは学生は従業員ではないが、彼らは大学内でそれぞれ定義された役割をもっており、彼らの人種やジェンダー等に基づいてその役割のなかで、物理的に不利を与えられるべきではない、と指摘する。人種的な悪口や罵り言葉は、職場でのそれらの用語の使用が、平等な雇用機会の侵害になりうるのと同じように、平等な教育機会の侵害として考えられる。

暴言や侮蔑、罵倒などの標的が「マイノリティ」である、ということはヘイトスピーチの定義に関わっている。ヘイトスピーチは、単なる罵倒や侮蔑、攻撃や誹謗中傷などとは異なる。日本語の憎悪表現という訳語からは本来の意味が見失われているが、アルトマンが指摘する通り、ヘイトスピーチは、同じ表現でもとくに歴史的・社会的なマイノリティを標的にした表現に限定されるからである。そしてそれにより、曖昧さと濫用の危険性を避けることができる。しかし他方、規制対象になる表現をマイノリティを対象とした表現だけに限定することに対しては、批判があるのもたしかである。大学の規制に対する裁判でも指摘されたように、表現規制は、内容と観点に関する「中立性」を備えるべきだというリベラルな原理に、それが抵触しうるからである。

アルトマンの最後の論点は、この批判に対する応答にある。アルトマンは「表現的害」という語を用いて次のように論じている。それによれば、「表現的害」は、因果的な害とは区別して評価される。たとえば、「白人至上主義国家を！」といったスローガンや、南部軍旗を掲げることは、米国では心理的苦痛をもたらしうる。ただ、心理的な苦痛だけでは規制の根拠にならない。「黒人至上主義国家を！」というスローガンからも、ある種の白人は心理的な苦痛を被るかもしれない。

それに対してアルトマンは、前者のような表現の害悪を評価するためには、それが個々人に与える実際の心理的な害とは別に、人種差別やジェノサイドなどの歴史的・社会的な背景を踏まえて考えるべきであると指摘する。この指摘は、差別とは何かという問題にも関わるが、妥当だろう。たとえ個々の場面で個人が被る害が規制を正当化するに至らないとしても、特定の表現の害悪は文脈に応じて加重されると思われるからである。

アルトマンによれば、大学の表現規制は、米国でM・L・キング牧師の誕生記念日を祝日にすることが「人種平等」に対するコミットメントを象徴するのと同じく、「平等」に対するコミットメントの象徴的な表現であり、非中立的であるとしても正当化されうる。逆に、もし非中立的な規則がすべて否定されるとするならば、この記念日もなくすべきだ、ということになるはずである。だが、米国は人種平等の理念にコミットするために、非中立的な象徴を（正しくも）支持している。「表現的害」という言葉は分かりにくいが、これらの例が示すのは、差別と不平等の歴史的社会的な文脈がある場合、ある表現に対する非-中立的な評価は、平等の理念によって支持されるということだろう。

この論点は、ヘイトスピーチとハラスメントとの違いにも関係している。アルトマンによれば、ハラスメントは、個人が被る因果的な「害」によって観点中立的に認定される。キャンパス・ハラスメントにとって重要な点は、ある言動が、ある個人の大学生活での利益を享受する機会を実質的に妨害したかどうかである。たとえば、ある人が政治的立場に関して罵倒されたとして、それをハラスメントとして認定するためには、その発言が当人の諸活動を実質的に妨害したかどうか（たとえば、繰り返されていたか否か）などが問われる。他方、たとえば有色人種に対する人種差別的な暴言は、たとえ一回でもヘイトスピーチとして規制されうるし、当人の諸活動に対する妨害の程度は問われない。また、人種などに基づくマイノリティに対する攻撃的で差別的な暴言などについては、特定の個人ではなく集団に対するものでも、歴史的文脈に応じて規制対象になりうる。

あらためてまとめるならば、①罵倒や侮辱、排除や攻撃を目的とした表現であり、かつ、②その標的がマイノリティであるという二つの条件を満たせば、たとえ、被害者に対する実際の害が小さくても、または言動が単独でも規制対象になりうる、ということになる。単一の事案でも、たとえば人種差別的な悪口は、ヘイトスピーチ・ポリシーの侵害と判断されうるが、他の形態の虐待的な言論、たとえばその人の「政治的立場」に向けられたものなどの場合、当人の利益を妨げていること、また害をもたらす程度に繰り返されていることが必要になる。ハラスメントの場合、「虐待的な発言が、学生生活の利益を得る機会を妨げたか」どうかが重要だからである。

また、ヘイトスピーチとハラスメントの違いについて、アルトマン自身は明確に言及していない点を補足しておきたい。それは、自明だとは思われるが、ハラスメントは罵倒や侮蔑表現である必要はない、という点である。つまり、発言内容そのものは攻撃的ではなくても、たとえば加害者の意図も発言の内容も「好意の表現」でしかなくても、それが個人の活動を妨げるような害を与えるときには（セクシュアル）ハラスメントになりうる。他方、このような（文脈も内容もトーンも「求愛」でしかないような）表現をヘイトスピーチと呼ぶことは、どんな解釈のもとでもありえないだろう。

4.……おわりに

以上、米国のキャンパス・ヘイトスピーチの事例とアルトマンの擁護論を簡単に紹介してきたが、ヘイトスピーチとハラスメントの共通性と違いについて、また既存のハラスメント規制のなかにヘイトスピーチ規制を含める可能性については、さらに考えるべき課題は多い。また、もちろんアルトマンの議論自体、検討の対象にされるべきである。

たとえば、客観性要求を行なう著書について、アルトマンは別の論文では、「ホロコースト否定論」の著書等を発行禁止にするドイツの政策に対して、批判的な議論を展開している（Altman 2012）。これはアルトマンの議論の一貫性を示している。だが、平叙文で書かれていればすべて客観性要求を行なっており、「保護」に値すると言えるかどうかについては疑問があるだろう。たとえば、明確に虚偽の内容に基づいて、マイノリティ集団を犯罪者扱いするような著書は、たとえ平叙文で書かれていたとしても、それ自体、意図と目的そしてその標的という観点からヘイトスピーチと呼ばれうると思われる。ただ、そのうえで、そうした著作を図書館から廃棄するべきだと言えるかどうかはたしかに問題になるかもしれない（たとえば有害図書として扱うべきか、あるいは閲覧請求が必要な閉架に保管するか、議論はあると思われる）。

また、大学の授業などで教員が特に侮蔑的な用語を用いずに、アルトマンの基準ではそれ自体としてはヘイトスピーチとは呼べないと思われる。もちろん、その授業を受講している中国人、在日朝鮮人の学生が害を受ける場合にはハラスメントにはなる。またもしこれが侮蔑的な表現や貶める表現を含んでいる場合には、アルトマンの議論でも、実際にその標的となっているマイノリティが直接見聞きしなくてもヘイトスピーチとして規制できるだろう。しかし、侮蔑的な言葉や貶める表現を用いていない言動は、アルトマンの議論では許容される余地がある。

私は、この点についてはアルトマンの議論は狭すぎると考えている。いわゆる平叙文で、冷静な文体や口調で述べられたり書かれたりしているからといって、差別を扇動したり肯定したりすることは可能であり、それらについて、侮蔑用語を用いた発言等に比べてその悪質さが少ない、とは単純には言えないと思うからである。これに関連する点について、ウェンデル（Wendel 2004）は次のように述べている。

たとえば、「国家の強制的な人種隔離は、道徳的に極めて悪質である」という命題があるとする。これは、「真空の光速は300×10［5乗］m/sである」や「あなたは望むだけのドーナツをすべて食べることはできない」と同じく正しいと言える。ウェンデルによれば、「人種隔離政策は極めて悪質だ」という命題が「正しい」ということを否定する人は、大学において、最初の二つのうちの一つを否定する人と同じく誤りであると判断される。そして、もし大学が、これら三つの命題のどれかの否定を教えるならば、その大学は「インチキ薬」と同じものを売っていることになる。もちろん、価値判断に関わる問題は、経験科学のように真偽が判定できるわけではない。だが、だからといって、合理的な疑いが存在しないような問題、たとえば奴隷制や人種隔離政策、人種的偏見について、それが悪いということを否定することはできない。また、ホロコーストの歴史なども含めて、大学の教員や学部の方が、学生よりも専門性が高い判断が可能な問題については、物理学者が光速について教える内容が正しい、ということと同じことが言える（Wendel 2004: 413-4）。私も、価値判断に関わる言動についても、大学が積極的にコミットすべき価値が存在し、たとえ平叙文で述べられていたとしても大学として許容すべきではない言動が存在すると考える。とはいえ、その根拠や対象の範囲をめぐっては議論が必要だろう。

以上の議論は包括的なものではないし対象とした議論も限られているので、他にももちろん検討すべき点は多い。ただ、次の点は再確認しておいてよいと思われる。つまり、現に不平等な状況においては、平等を実現するための実践が「非中立的」になるというのは資源分配に関わる場合には自明のことだが、同じことが言論や表現の評価についても当てはまるということである。

もちろん、大学や教育機関に限らず、組織にとって本当に大切なことは、単に規則を作るだけでなく、ポリシーとして明確に人種や民族差別に対して明確に反対する理念を掲げ、様々な局面で学内外に向けてその価値を擁護する姿勢を、積極的に示し続けることだろう。残念ながらそのための機会は増えており、またそうした理念の正しさには疑いがなく、それを公示することの象徴的な意義は非常に大きいからである。

この文章が、望ましいポリシーや規制のあり方を具体的に考えるための、また、今後のヘイトスピーチ対策のための具体的な実践にとって少しでも参考になれば嬉しい。

注

（1） 次のサイトを参照。
http://www.thefire.org/public/pdfs/9aed4643c95e93299724a350234a29d6.pdf?direct

参考文献

Altman, Andrew 1993 "Liberalism and campus hate speech: A philosophical examination," *Ethics* 103 (2).

——— 2012 "Freedom of Expression and Human Rights Law: The Case of Holocaust Denial," in. M. McGowan and I. Maitra, eds. *Speech and Harm: Controversies Over Free Speech*, Oxford University Press. 2012

——— 2014 "Speech Codes and Expressive Harm," *Ethics in Practice: An Anthology*, 4th Edition, John Wiley & Sons.

Bleich, Erik, 2011 *The Freedom to be Racist?: How the United States and Europe Struggle to Preserve Freedom and Combat Racism*, Oxford University Press.（＝二〇一四 明戸隆浩・池田和弘・河村賢・小宮友根・鶴見太郎・山本武秀訳『ヘイトスピーチ——表現の自由はどこまで認められるか』明石書店）

Shiell, Timothy C. 2009 *Campus Hate Speech on Trial* (*Second Edition, Revised*), University Press of Kansas.

Wendel, W. Bradley 2004 "A Moderate Defense of Hate Speech Regulations on University Campuses," *Harvard Journal on Legislation* 41.

第一九章 トランスナショナル・ヒストリーとしての美術史に向けて
ブリティッシュ・ブラック・アートを中心にレイシズムに抗するアートを考える

山本浩貴

僕は、君たちに代わって声を落として語っているのに、そのことに誰も気づいてくれない。

ラルフ・エリスン『見えない人間』

ぼくたちはかくれて暮らしている。彼らは見て見ぬふりをする。

レイ・ベントゥーラ『ぼくはいつも隠れていた』

1.……はじめに

本論考は、美術史や芸術学からのレイシズムにまつわる問題へのアプローチについて考える。近年、「ソーシャリー・エンゲージド・アート」と呼ばれる、私たちの社会の諸問題に取り組むアートの潮流がある。それは、一九九〇年代後半から欧米を中心に広まり、後に世界各地で注目を集めるようになった。日本も例外ではない。しかし、それ以前にも美術館やギャラリーといった制度的枠組みから飛び出し、社会に参入しようとするアーティストは数多くいた。例えば、ヨーゼフ・ボイスやアラン・カプローは有名である。社会をより多くの人にとってよいものにするためにアートに何ができるかという問いに向き合う現代のアーティストにとって、彼らはすぐれた手本であり続けている。

本論考でとりあげるブリティッシュ・ブラック・アートも、第二次世界大戦以降、イギリスが抱えてきたある問題に対して挑戦してきた。現在のナイジェリアやジャマイカなど旧植民地からの移民に対する差別や偏見である。戦後、労働力不足を補うため、政府は多くの移民を受け入れた。主にその時期の移民やその子孫である黒人アーティストは、芸術表現をとおして、レイシズムと格闘してきた。彼らのアートは、他国での類似の動きと区別するため、「ブリティッシュ」・ブラック・アートと呼ばれる。欧米諸国の反レイシズムにおける成熟過程で、こうした芸術文化の表現活動が果たした役割は小さくない。それにもかかわらず、ブラック・アートのようなエスニック・マイノリティによる芸術は、美術史の中でほとんど記述されてこなかった。

その理由は、美術史という分野が抱える、ある根本的な問題に起因する。そこで、本論考はまずエスニック・マイノリティによるアートを排除してきた美術史における構造的問題に迫る。次に、日本における一例として在日コリアン美術に触れつつ、新しい美術史の今後の展望を示す。最後に、同様にエスニック・マイノリティのアートとしてブリティッシュ・ブラック・アートの歴史をたどりながら、感性の学（人々の感覚に関する研究）としての「エステティクス」という要素に着目して、レイシズムに抗するアートの可能性について考える。理由は後述するが、本論考ではその時期を「戦後〜一九七〇年代」、「一九八〇年代」、「一九九〇年代〜現在」の三つに区分する。

2.……ナショナル・ヒストリーという問題

よく知られるように、ベネディクト・アンダーソンは、国民国家（ネイションステイト）が「想像の共同体」であることを明らかにした（Anderson 1983）。それは、資本主義の成立と印刷技術の発達によって生まれた、イマジネーションを媒体に広がる想像上のユニットである。その百年以上前の一八八二年、仏ソルボンヌで「国民とは何か？」という講演が行なわれた。講演者であるエルネスト・ルナンは、幻想としての国民を成立させる「本質的因子」（ルナン 一九九七、四〇）が忘却のメカニズムであることに気づいていた。同質的な「想像の共同体」に住まう国民は、異質な「他者」の征服の歴史を忘れる必要があった。ルナンは例として一五七二年のサン・バルテルミでの異教徒虐殺を挙げるが、近代日本の場合、アイヌ民族や琉球民族に対する強制的な同化政策が想起される。

忘却の過程で、国籍・民族・言語が一致する「自然な」国民像が捏造され、国民国家という神話が誕生した。美術史の領域でも、この神話は支配的な物語として生き長らえた。ここに美術史の構造的な問題がある。すなわち、国民国家を前提とするナショナル・ヒストリーが自明のものとして当然視され、国境線をこえる存在はその「歴史」から除外された。「東アジア」美術史あるいは「アフリカ」美術史といったものは確かに存在する。けれども、そのほとんどはナショナル・ヒストリーの寄せ集めに過ぎない。ゆえに、日系アメリカ人などによる「ディアスポラ・アート」が刻まれる余地はそこにはほとんどなかった。越境的な存在は、ナショナル・ヒストリーのはざまで押し潰された。

　こうした状況への反省から、トランスナショナルなアーティストの掘り起こし作業が近年進められている。たとえば、二〇〇八年出版のジェーン・デュッセラーの『喪われた工芸』（未邦訳）が挙げられる。これは、第二次世界大戦中に強制収容所にいた日系アメリカ人が制作した工芸品の歴史的意義を再考する仕事である（Dusselier 2008）。また、神奈川県立近代美術館葉山館を皮切りに、二〇一五年から日本各地を巡回した「日韓近代美術家のまなざし――『朝鮮』で描く」展もある。[1]これは、日韓の美術家に加え、久保田天南など日本植民地時代の在「朝鮮」日本人作家にも光をあてた画期的な展覧会である。彼らの経歴や活動に関する資料は、ほとんど残っていなかったという。

　イギリスのブラック・アートについては、八〇年代の動きを中心に研究が蓄積されてきた。しかし、ブラック・アートはイギリス美術史の枠組みではなく、独立したジャンルとして論じられてきた。ここでもナショナル・ヒストリー概念は強固に作用している。美術史家のソフィ・オーランドは、二〇一六年に『ブリティッシュ・ブラック・アート』（未邦訳）を著し、その限界に挑戦した。すなわち、彼女はその中でブラック・アーティストを同時代の「ヤング・ブリティッシュ・アーティスト（YBA）」などと比較しながら論じたのである（Orland 2016: 76-88）。YBAは、ロンドンの美大出身のアーティストを中心とし、挑発的作風で一九九〇年代英国アート界を席巻した世代である。オーランドは、英国現代アートの「正史」のど真ん中に位置付けられてきたYBAとブラック・アーティストを同列に議論することで、強固なナショナル・ヒストリー構造を突き崩そうとした。

先行研究の蓄積が豊富な英国ブラック・アートに比べ、日本におけるトランスナショナルなアーティストの一例である在日コリアン美術家についての調査は端緒についたばかりである。これについて日本語で読むことのできる文献は、筆者の知る限り、現段階では少ない。とはいえ、事実、日韓両国において、このトピックへの関心の高まりが見られる。二〇一五年には、在日コリアン二世の実業家である河正雄《ハ・ジョンウン》氏の膨大なコレクションの中からセレクトされた、戦後の在日コリアン美術の大規模な展覧会が韓国の光州市立美術館で開催された(「在日の人権」展)。戦後、約六十万人の朝鮮人が日本に残ることとなったといわれる。その中で美術家として活動した人たちに関する包括的研究のさらなる進展が望まれるが、次節ではその最近の動向に焦点をしぼって在日コリアン美術を見ていく。

3. 現代日本における在日コリアン美術

ここでは「在日コリアン」という言葉を、「明治時代以降に朝鮮半島から日本にわたってきた人々とその子孫(オールドカマー)、さらに一九八九年の渡航自由化などを機にやってきたニューカマーを含む包括的呼称」として用いる。これから見る事例は二〇一〇年以降に行なわれた現代アートの展覧会である。多くの参加アーティストは在日コリアン三世にあたる。自らのエスニシティの引き受け方や、国籍の変更・日本名の使用などの選択に関し、在日コリアン一・二世の人々が微妙に異なっていたのと同じく、三世の内実も多くの点で驚くほど多彩である(世代間の違いもある)。加えて、グローバリゼーションと多民族・多文化化が急速に進展する日本では、在日コリアン三世の経験は加速度的に多様化している（水野・文二〇一五、二一三—四）(2)。

当然、同様のことはアーティストに限っても言える。ひとつのカテゴリーに括られることを拒否して、より普遍的な表現に向かおうとするアーティストもいれば（これは自らの出自を引き受けないことと同意ではない）、これから見る展覧会の参加作家のように、自らのアイデンティティと意識的に向き合いながら制作する者もいる(3)。「在日コリアン三世のアーティスト」という言葉には、記述しきれない多様性が内包されている。ゆえに、ここでその一般化された像を作るつもりはまったくない。そうではなく、日本美術史における「トランスナショナル・ヒストリー」構築に向け、ある越境的な存在に目を向けるひとつの試みとして本節は位置づけられる。とはいえ、在日コリアンに特化した展覧会をピックアップして論じることには、その内的多様性を取捨選択し、硬直したカテゴリーの再生産と強化に貢献するリスクが伴う。その点に十分注意を払いたい。

取り壊し予定の朝鮮学校旧校舎を舞台とした「Document YAKINIKU ——アーティスト・アクション in 枝川」（二〇一〇）といった先駆けもあるが、ここでは「在日・現在・美術」（二〇一四、eitoeiko）と「突然、目の前がひらけて」（二〇一五、武蔵野美術大学・朝鮮大学校）という二つの展覧会を紹介したい。

二〇一四年に現代アートのギャラリーである eitoeiko で開かれた「在日・現在・美術」は、朝鮮大学校美術科の五人の作家による、絵画を中心とした展覧会であった。企画立案者の鄭裕憬《チョン・ユギョン》は在日コリアンのアーティストに特化した展覧会をさまざまなギャラリーに打診したものの、ほとんどはメールの段階で断られたという。その中で eitoeiko のオーナーである癸生川栄が興味を示し、展覧会の実現にいたった。そのタイトルからもわかるように、「在日・現在・美術」展は「在日コリアン」というエスニック・アイデンティティを強く意識したものである。

参加アーティストの一人である李晶玉《リ・ジョンオク》は、朝鮮新報のインタビュー（二〇一四年五月十九日）の中で「閉鎖的な日本美術界で『在日朝鮮人アーティスト』としてチャレンジすることに意味がある」と述べている。このことは、このような展覧会を開くこと自体が、日本のアート界の中での在日コリアン作家という「異質な」存在を可視化するひとつのチャレンジであったことを示唆する。企画者の鄭はこうした展覧会を立案したねらいは、日本社会にあるエスニシティをめぐるさまざまな問いについて、それらを「問いかける場を築く」ことにあったと述べる（筆者へのメール、二〇一七年三月三日）。

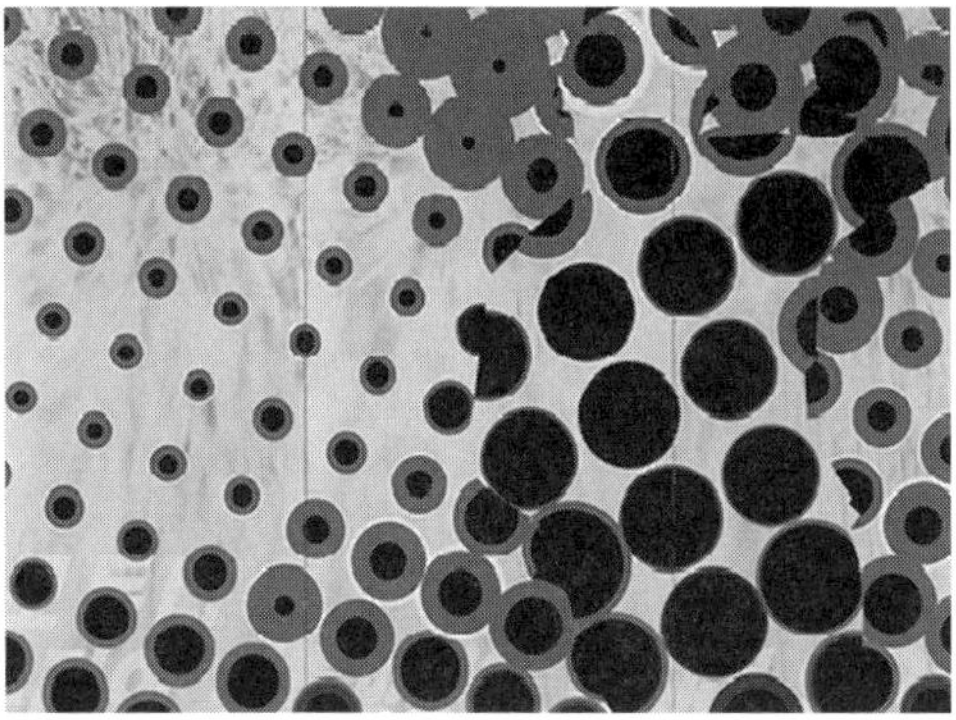

図1　チョン・ユギョン
Let's all go to the celebration square of victory!
2230 x 3300 x 60 (mm), 2018, Acrylic on Canvas
photo : 上野則宏
画像提供：チョン・ユギョン

そして当然、大まかな同意はあれども、参加アーティストの意見や制作目的はばらばらであったという。出展アーティストの個別の作品に目をむけると、写実的なものからポップ・アートを彷彿とさせるものまで幅広い作品が出揃い、その振幅はそのまま在日コリアン作家の多様性を象徴している。なお二〇一六年には、「在日・現在・美術Ⅱ」が同じくeitoeikoで開催されている。

二〇一五年に行なわれた、武蔵野美術大学と朝鮮大学校美術科の学生五人による「突然、目の前がひらけて」は、隣り合う両校を隔てる「壁」をまたぐ「橋」をかけるというコンセプトが話題となった展覧会である。壁をとり去るのではなく橋をかけるという行為は、日本人と在日コリアンを隔てる心理的・現実的な差異を消去しようとするのではなく、それを認めたうえでなおかつ対話を始めようとする意思のメタファーと解釈することもできる。実際、参加アーティストの間で交わされた多くの対話の記録はアーカイブとして展示された。このプロセス自体をひとつの「コラボレーション作品」と見ることもできるだろう。

美術批評家の椹木野衣は、この展覧会をとおして可視化されたものは「両者のはらむ非対称性」だと考える（椹木 二〇一六）。そして椹木も注意を促すように、その非対称性には、社会的に優越した立場にあるマジョリティとしての日本人と有形無形の社会的抑圧を受けるマイノリティとして在日コリアンの間の権力関係がある。可視化された不公正を是正するためには、そこを訪れた一人一人がさらなる行動を起こす必要がある。だが、アートがもつ視覚的なものにアプローチする独特の力（可視化はそのひとつである）は、さまざまな社会問題をよりよい方向へと導く可能性をもつ。次に、その実例としてブリティッシュ・ブラック・アートを取り上げ、レイシズムの問題に取り組むアートの可能性を検討していきたい。

4. ……ブリティッシュ・ブラック・アート（戦後〜一九七〇年代）

史上稀に見る膨大な植民地帝国を有したイギリスは、日本同様、旧植民地からの移民にまつわるポストコロニアルな問題を数多く抱えてきた。かつての植民地の多くは、現在「コモンウェルス（英連邦）」と呼ばれる緩やかな国家連合体を形成する。コモンウェルス諸国に起源をもつ黒人アーティストを中心に一九五〇年代に緩やかに開始されたブラック・アートの流れは、次第に大きなうねりとなっていく。

黒人移民への迫害は戦後早くから存在した。現在では高級住宅街として知られるノッティング・ヒルは、カリブ海諸国からの黒人移民が戦後最初に定着した場所であった。当時貧しい黒人が多く住んでいたこの場所で、一九五八年に白人による移民排斥暴動が発生した。これは、後にいくつかの映画の題材になるほど大規模な事件として記憶されている。黒人を中心とした移民のアーティストたちは、いわゆる「ブラック・アート」が注目を集める以前から、こうした迫害の中で、独自の視点から独創的な作品を生み出してきた。しかし、その大部分は前述したようなナショナル・ヒストリーの陥穽の中に落ち、美術史の中で正当な評価を受けてこなかった。(4)

その例として、一九五〇年代から六〇年代における、ジャマイカ出身のロナルド・ムーディーによるカリブ海神話に着想を得たユニークな彫刻や、ガイアナ出身のフランク・ボウリングやオーブリー・ウィリアムズによる現在では高い芸術的評価を得ている絵画がある。あるいは、インド出身のフランシス・ニュートン・ソウザやアンワル・シェムザといった個性的なアーティストもいた。ソウザは、ロンドンで人種暴動が激化した一九五七年に、「喪に服する黒人」という示唆的な題の絵画を制作している。五〇年代後半から数々の受賞をし、各地で展示をしていたソウザはやや例外的であるが、こうしたアーティストたちの作品は後述する「別の物語」展に出展される八〇年代後半までほとんど注目されなかった。

一九七七年に行なわれたあるパフォーマンスは、八〇年代ブリティッシュ・ブラッ

図２　ニュートン・ソウザ「喪に服する黒人」
http://www.bmagic.org.uk/objects/1999P10

ク・アートの戦略的方向性を象徴する。それは、ラシード・アリーンによる「パキスタンのやっかいもの、一人の黒人としてのアーティスト」である。アリーンは、これ以後ブリティッシュ・ブラック・アートを積極的に理論化し、自らアカデミックな領域（特にカルチュラル・スタディーズ）との接点となった。彼が創刊した『第三のテキスト』誌は、今日でも非欧米圏の文化研究における重要なジャーナルのひとつである。そこにはスチュワート・ホールなど著名な学者がイギリスのブラック・アートについての論考を寄稿した。

　このパフォーマンスでは、アリーンは目隠しをして猿轡《さるぐつわ》をはめ、ほうきを手にしている。その横には、プロジェクターによりミニマリズム（極端にシンプルな構成の絵画や彫刻）を彷彿とさせる彼の過去作品が大きく投射された。それは、シンプルな平面や立体から介入的なパフォーマンスへと移行してきた彼の関心の変化を示す。それとともに、アリーンの格好や身振りは、（彼の出身地であるパキスタンなどからの）

移民に与えられた「やっかいもの」という「表象」を風刺的に誇張して表現している。それにより、鑑賞者の中にあるステレオタイプを明るみに出し、その解体を試みる。八〇年代ブラック・アートの戦略は、この「表象」概念をめぐって展開される、というのが本論考が提示する見方である。これについては次節で詳しく説明するが、さしあたり「典型的イメージ」くらいに理解してほしい。

5. ブリティッシュ・ブラック・アート(一九八〇年代)

本論考では、一九八〇年代の作品に特化してブリティッシュ・ブラック・アートを見る。中でも、エディ・チェンバース、ブラック・フィルム、ソニア・ボイスの作品を軸に論じる。八〇年代に特化することには、以下の二つの理由がある。第一に、イギリスの黒人アーティストが自ら「ブラック・アート」と名乗るようになったのは、八〇年代前半以降のことであった(Chambers 2014: 1)。それ以前は、「アフリカ系カリブ人の」アーティストや「西インド諸島の」アーティストといった名称が用いられた。第二に、ブリティッシュ・ブラック・アートは八〇年代にひとつのピークを迎える。この時期にブラック・アートの歴史の中でカギとなる展覧会が開催されている。たとえば、女性アーティストに注目した先駆的な「黒人女性の現在」展は、八三年にバタシー・アーツ・センターで行なわれた。また、イギリスの黒人アーティストにフォーカスした最大の展覧会のひとつである「別の物語――戦後イギリスにおけるアフリカ系・アジア系アーティスト」展は、八九年にヘイワード・ギャラリーから巡回をスタートした。前節末尾で触れたアリーンは、「別の物語」展のキュレーター兼参

図 3　エディ・チェンバース「国民戦線の破壊」
http://www.tate.org.uk/art/artworks/chambers-destruction-of-the-national-front-t13887

加作家である。これらは、イギリスに暮らす人々にレイシズムの問題について深く考えることを促し、民族的な「他者」にまつわるポストコロニアルな問題をより開かれた議論の俎上に載せたという点で意義深い展覧会であった。

日本には、この時期のブリティッシュ・ブラック・アートを多彩な視点から論じた、すぐれた先行研究が複数存在する（荻原 一九九〇、清水 二〇一三、石松 二〇一五など）。イギリス本国においてすら大部分のブラック・アートが「正統の」美術史から長らく排除されてきたことを考えると、これは特筆すべきことである。それらは、戦後から二〇〇〇年代に至るまでイギリスの黒人アーティストがおかれてきた周縁的状況や、彼らをとりまく政治的環境あるいは文化政策の変化について詳細に論じている。

これら先行研究と異なる視座として、本論文は「エステティクス」の側面から八〇年代ブリティッシュ・ブラック・アートを検討する。「美学」と訳されることが多いこの用語は、本来「人間の知覚と感覚の全領域に関係するも

図 4　ソニア・ボイス「横になって ...」
http://www.tate.org.uk/research/publications/tate-papers/no-12/the-other-story-and-the-past-imperfect

の」（Eagleton 1990: 13）という広い含意を有していた。アートは、鑑賞者の知覚と感覚に独特の仕方で働きかけることができるという意味で、エステティクスと親和性が強い。本論文では、（知覚の中でも）視覚に照準を合わせて議論を進める。これにより、「なぜアートか？」という問いをより深く考察できる。

エスニック・マイノリティによる反レイシズム的な芸術や文化は、しばしば人種差別への怒りや、民族的不平等を看過するマジョリティとその社会に対する拒絶の表現として理解されてきた。それは誤った理解ではないが、あくまで一側面を捉えているにすぎない。先述の最新の研究書の中でオーランドも明言するように、「怒り」や「拒絶」といった記述のみでは、ブリティッシュ・ブラック・アートが英国美術史の自民族中心的な構造に対して果たしてきた脱構築的な役割を見過ごしてしまう（Orland 2016: 44）。そのため、「エステティクス」の視座が重要となる。

八〇年代にブラック・アートが盛り上がった

背景には、経済停滞などを理由とした極右勢力台頭により、イギリスの黒人たちが一層強い差別を受けるようになったことがある。一九七〇年代から八〇年代にかけて躍進した極右政党の代表格が、一九六七年設立のブリティッシュ・ナショナル・フロントである。この政党が掲げた、「キープ・ブリテン・ホワイト（イギリスを白く保て＝白人中心のイギリス社会を維持しよう）」というスローガンは、その人種差別的な色合いを明確に表す。この政党は、経済不況の追い風を受け、この時期に支持率を上昇させた。

このブリティッシュ・ナショナル・フロントとそれが象徴する当時の右傾化に対し、強烈なイメージを用いて明確なノーを突きつけた作品が、エディ・チェンバースが一九七九年から八〇年にかけて制作した「国民戦線の破壊」である。四つのパネルには、ナチスの鉤十字を連想させるかたちに切りとられたユニオンジャックが黒い紙のうえにコラージュされている。コラージュされた英国の象徴は、左から右に移動するにつれて徐々にバラバラにほつれて、文字通り破壊されていく。チェンバースは、この作品によって、黒人が社会の中で「見えない人間」のごとく不可視化されていることを批判し、イギリスという国家の白人中心的な表象にはっきりと異議申し立てをした。

「表象」という概念は、現代アートにおけるキーワードのひとつである。英語の「リプリゼンテーション」が政治の場などで「代表・代理」という意味でも用いられるように、「表象」行為とは「ある集団やそこに属する人々の代表的なイメージを作り上げる」ことである。ガヤトリ・スピヴァクが、一九八八年の論文「サバルタンは語ることができるか」で指摘した重要なことは、表象（とその構築）は権力関係と切り離せないということだった（スピヴァク 一九九八）。

人種をめぐる権力関係はその典型である。「白人女性よ、聞きなさい！」という非常に示唆的なタイトルの論文で、ブラック・フェミニズムのパイオニアの一人ヘーゼル・カービーは、当時の支配的なフェミニズム運動が暗黙裡にその主体を「白人・知識人階級の女性」と想定してきたことを喝破した（Carby 1982）。その「普遍的女性」の表象から、黒人女性や十分な教育を受けることができなかった女性はあらかじめ排除されていた。

ブラック・アーツ・ムーブメントは、白人によって歪められてきた自らの「表象」を、黒人が自身の手に取り戻す格闘の軌跡として読むことができる。これが最も明確にわかるのは、ビデオ・アートである。アイザック・ジュリアンやジョン・アコムフラといった黒人映像作家は、マスメディアなどによって作り出されてきたステレオタイプを、感性のレベルから解体・再構築することに挑んだ。ジュリアンの一九八四年の映像作品「テリトリーズ」は、BBCのドキュメンタリーなどから抽出した黒人のイメージを組み合わせて、それらがいかにステレオタイプの（再）生産に寄与しているかを可視化してみせた。

ジュリアンや「ハンズワース・ソングス」（一九八六）を制作したアコムフラの他にも、「パッション・オブ・リメンブランス」（一九八六）をジュリアンと共同制作したモリーン・ブラックウッドや、「ドリーミング・リバース」（一九八八）でカリブ海生まれの老人女性の記憶を描いたマルティナ・アテルといった映像作家がいる。恣意的に作られた一面的「表象」に抵抗するため、彼らは「イギリスにおける黒人の経験の均質性ではなく複雑性を強調する」（Mercer 1994: 53）ことによって、つねに新たな表象のかたちを模索し続けた。彼らにとって、映像は複数のイメージを重ね書き可能なパランプセスト（羊皮紙）のようなものであり、単純化された表象に回収されない重層的なアイデンティティを描くために格好の媒体であった。

ともに大英帝国の植民地であったバルバドスとガイアナ出身の父母をもつソニア・ボイスは、英国を代表するアーティストであり、八〇年代ブラック・アートの代表的存在でもある。白人社会における黒人女性という自らの（民族とジェンダーをめぐる）二重の抑圧経験から生まれた作品は、戦後イギリスに残るアイデンティティにまつわる数々の問題を露わにした。ともに一九八六年制作の、「彼女は彼／彼女らを持ち上げているのではなく、つかまっているのだ」や「横になって落ち着いたら、なぜイギリスがすばらしい国であるかを思い出して」といったボイスの初期絵画には、しばしば自身がモデルとして登場する。そこに現れる黒人女性の「表象」には、表象されないものへの暴力を告発するための一時的な戦略（「戦略的本質主義」）を読み取ることもできるだろう。

このように、一九八〇年代のブリティッシュ・ブラック・アートは、「表象をめぐる闘争」として位置づけることができる。つまり、それを見る者の知覚や感覚に働きかけるアートのエステティクスの力を最大限に行使しながら、黒人に強制的に押し付けられた視覚的イメージを変容させていく闘いである——自らの表象を自らの手で再び作り上げるために。

6.……ブリティッシュ・ブラック・アート（一九九〇年代～現在）

八〇年代ブリティッシュ・ブラック・アートの見逃されがちなもうひとつの重要な貢献は、後続世代の黒人アーティストが出現する素地を準備したことである。たとえば、次のような、現在では国際的に認知されているブラック・アーティストたちが一九九〇年代以降に頭角を現してきた。一九九八年にイギリス在住のアーティストに贈られる最大の賞であるターナー賞を黒人として初めて受賞したクリス・オフィリ、二〇一四年に映画『それでも夜は明ける』でアカデミー賞作品賞を受賞したスティーヴ・マックイーン、そして、二〇一〇年に有名な「第四の台座」プロジェクトの一環でトラファルガー・スクエアに巨大彫刻「ボトルの中のネルソンの船」を設置したインカ・ショニバレといった作家である。彼らは、黒人アーティストという枠組みをこえて、しばしばYBAの作家として分類される。その国際的活躍は、イギリス社会における黒人アーティストのプレゼンスをさらに高めた。

二〇〇〇年代に入ると、二〇一一年にヴェネツィア・ビエンナーレで銀獅子賞を受賞したハルーン・ミルザや、二〇一三年にターナー賞にノミネートされたリネッテ・イアドム＝ボアキエといった、新世代のブラック・アーティストの台頭が見られた。

イアドム＝ボアキエは、二〇一〇年の「数々の気がかりなこと」などの絵画で、斬新なメソッドを見せた。彼女は、しばしば歴史書などの二次文献から着想を得て、黒人の歴史的イメージを再解釈する方法を模索する。それは、人種という概念に拘束されないオルタナティブな表象のかたちといえる。彼女の絵画は、黒人の「表象」が民族的・文化的に周縁に位置づけられてきた世界に根幹から――言い換えれば、人々の認識レベルから——揺さぶりをかける。これは主に自らの経験に基づいて作品を制作してきたソニア・ボイスら先行世代のブラック・アーティストとは異質である。

ミルザは、アンティーク調の家具やレトロな音楽機材・LED照明などを組み合わせる、視覚と聴覚を同時に刺激するようなポップなサウンド・インスタレーションを得意とする。これも先行世代にはあまり見られない特徴である。彼がパキスタン滞在中の二〇〇八年に制作した、「タカ・タック」(タカ・タックはパキスタン料理の名前)は、アーティスト本人が刺激を受けたという、現地の食文化や音楽をモチーフに宗教や言語に関する思索を融合させたインスタレーションである。

これらのユニークなアプローチに見られるように、九〇年代以降のブリティッシュ・ブラック・アートを特徴づけるのは、戦略の多様化といえる。アートをとおして民族的な問題に接近しようとした黒人アーティストたちの種々のアプローチはいまだ有効性を失っておらず、さらなる可能性を湛えている。

7.……おわりに

本論考はまず、美術史における「ナショナル・ヒストリー」幻想を批判的に検討した。続いて、その構造的欠陥ゆえに「歴史」から排除されてきた越境的な存在の例として、在日コリアン美術について言及した。そこでは現代アートに焦点をあてたが、その戦後以降の在日コリアン美術に関するより広範な調査は始まったばかりであり、その進展が待たれる。最後に、先行研究の蓄積が豊富なイギリスのブラック・アートを、一九八〇年代を中心に概観し、レイシズムに抗するアートの可能性を「エステティクス」や「表象」を鍵概念として考察した。言うまでもなく、本論考の見方は、あくまで多層的な運動のひとつの捉え方に過ぎない。

ヘイトスピーチを行なう排外主義的な右翼団体の台頭や、自国の加害の歴史に関する修正主義的言説の蔓延などに見られるように、現在日本ではレイシズムが勢いを増しつつある。近年のイギリスでも、EU離脱に関する国民投票で注目を集めた新しい極右政党「ブリテン・ファースト」など、似たような排外主義的傾向が見られる。その中で、大部分が無視されてきたエスニック・マイノリティによる芸術文化の表現活動に目を向けることには確かな意義がある。

法学、政治学、社会学、心理学、歴史学などの学問分野において、レイシズムの問題に対する積極的取り組みがなされてきた。それらに比べて、美術史や芸術学においては、人種や民族に関係する差別や不公正の問題に対する取り組みが多くなされてきたとは言い難い。しかし、私たちのイマジネーションや感覚が他者への偏見やステレオタイプの形成に及ぼす影響の大きさを考えると、それらの学問領域がなしうる貢献は決して小さくないだろう。実際、イギリスのブラック・アートを例に見てきたように、アートの知覚や感覚に作用する力は、人種や民族に関する差別や偏見に独自の仕方で効果的に介入することができる。

「ナショナル・ヒストリーとしての美術史」の排他的力学の中で無視され忘れられてきた、国境を横断するアーティストの表現に目を向け、その独自の力で差別や偏見と闘ってきた彼らの戦略を過去に遡って掘り起していくことはきわめて重要である。それは、美術史や芸術学においてレイシズムの問題にアプローチする有効な方法のひとつである。それらの多様な実践を丁寧にかつ批判的に検討することによって、レイシズムに抗する芸術表現のさらなるアクチュアリティが切り開かれていく。本論考が主張してきた「トランスナショナル・ヒストリーとしての美術史」は、その豊かな可能性を蔵している。

注

（1）この展覧会に関して、神奈川県立近代美術館主任学芸員の李美那氏（現・東京藝術大学准教授）に貴重なお話を伺った。本論考での美術史における「ナショナル・ヒストリー」概念についての考えも、このときの実りある対話から多くの示唆を得ている。この場を借りて感謝を申し上げたい。

（2）多文化化と多文化「主義」化を混同してはならない。日本社会では、多文化化が急速に進んでいる。それに反して、日本政府は在日外国人の同化主義的でない社会統合に関する包括的な政策をいまだ持たず、そこに暮らす国民は移民や難民に対する知識や理解を著しく欠く。こうした日本の現状を、韓東賢《ハン・トンヒョン》は「多文化主義なき多文化社会」と呼ぶ（韓 二〇一六）。

（3）同様のことは、イギリスの黒人アーティストについても言える。現在国際的に活躍するアーティストとなったインド出身のアニッシュ・カプーアは、前述の「別の物語」展への出展要請を拒否した。その理由として、彼は、黒人アーティストに特化した展覧会が、彼らをより狭い他者性という名の檻の中に閉じ込めてしまうことへの懸念を表明している（石松 二〇一五、五九）。

（4）自身も一九八〇年代年代ブラック・アートの重要人物であるソニア・ボイスは、二〇一五年から「ブラック・アーティスト&モダニズム（BAM）」プロジェクト（http://www.blackartistsmodernism.co.uk）を主導している。これは、戦後初期からイギリスで活動していたブラック・アートのパイオニアの発掘と再評価を目的としている。

参考文献

Anderson, Benedict, 1983, *Imagined Communities: Reflections on the Origin and Spread of Nationalism*, London: Verso.（＝白石隆・白石さや訳『想像の共同体――ナショナリズムの起源と流行』一九八七、リブロポート）。

Carby, Hazel, 1982, "White Woman Listen!: Black Feminism and the Boundaries of Sisterhood", in Centre for

Contemporary Cultural Studies, ed., *The Empire Strikes Back: Race and Racism in 70s Britain*, London: Hutchinson, pp. 212-235.
Chambers, Eddie, 2014, *Black Artists in British Art: A History since the 1950s*, London: I.B. Tauris.
Dusselier, Jane E., 2008, *Artifacts of Loss: Crafting Survival in Japanese American Concentration Camps*. New Brunswick, NJ: Rutgers University Press.
Eagleton, Terry, 1990, *The Ideology of the Aesthetic*, Oxford: Blackwell.（＝鈴木聡ほか訳『美のイデオロギー』一九九六、紀伊國屋書店）。
荻原弘子『この胸の嵐――英国ブラック女性アーティストは語る』一九九〇、現代企画室。
韓東賢「多文化主義なき多文化社会、日本」北田暁大・神野真吾・竹田恵子編『社会の芸術／芸術という社会 社会とアートの関係、その再創造に向けて』二〇一六、フィルムアート社、七九―九六頁。
石松紀子『イギリスにみる美術の現在――抵抗から開かれたモダニズムへ――』二〇一五、花書院。
Mercer, Kobena, 1994, *Welcome to the Jungle: New Positions in Black Cultural Studies*, New York, Routledge.
水野直樹・文京洙『在日朝鮮人 歴史と現在』二〇一五、岩波新書。
Orland, Sophie, 2016, *British Black Art: Debates on the Western Art History*, Paris: Dis Voir.
エルネスト・ルナン、鵜飼哲訳『国民とは何か』一九九七、インスクリプト。
椹木野衣「この橋に両端《はし》はあるか武蔵美×朝鮮大『突然、目の前がひらけて』展」二〇一六〈https://bijutsutecho.com/series/262/〉（参照 2017-3-1）.
清水知子『文化と暴力――揺曳するユニオンジャック』二〇一三、月曜社。
ガヤトリ・スピヴァク、上村忠男訳『サバルタンは語ることができるか』一九九八、みすず書房。

「。」？

第二〇章

プロパガンダの中の「日本人《ニッポンジン》」
文学研究とレイシズム批判の接続に向けて

五味渕典嗣

1.……………はじめに――文学研究とレイシズム批判

現代の日本社会で猖獗をきわめるヘイトスピーチや、その歴史的・社会的・文化的基盤をなすところのレイシズムに対する対抗運動と文学研究とが無関係であるはずがない。

しばしば誤解されるが、わたしが専攻する日本近代文学研究は、例えば夏目漱石や森鷗外や谷崎潤一郎や川端康成ら、評価の定まった有名作家の作品について解釈を競い合うだけの学問ではない。そもそも〈日本・近代・文学〉というカテゴリー自体が近代の産物であることは自明だし、決して長くはないその歴史の中でも、どんな種類の言説を〈文学〉と見なすかという境界線はたえず揺れ動いてきた。すぐれたテクストは書かれていたにしても、どの書き手のどのテクストを〈文学史〉の正典《カノン》として登録するかは、つねに・すでに歴史的にかつ社会的に決定されてきたのである。そのように考えれば、従来は必ずしも正統的な〈文学〉とは見なされてこなかった種類の書きものを、文学研究の対象から除外する理由もなくなる。

一般にひとは、多くの「物語」とともに生きている。さまざまなジャンルのフィクションだけではない。周囲に生起した事象や自らが経験した出来事を表象し、時間軸の中で位置づけ、理解・説明する筋道を作り上げることも、一種の「物語化」と言える。このように考えれば、文学研究の方法や知見とレイシズム批判を接続する回路を開くことができる。「「人種」とは、空虚な記号内容《シニフィエ》をもつ差異の究極の記号表現《シニフィアン》」だと主張する斉藤・竹沢（二〇一六）は、「人種化は単に有徴化や可視化という表象レベルの問題だけではなく、何らかのかたちで物語化、つまり空虚な記号表現に内容を与える筋書きとしての物語を要求し、それが歴史や制度としての差別や表象を再強化していく」と述べている。差別の暴力を発動するためには、表象によって他者を差異化し、徴づける（＝「有徴化」）」だけでなく、たとえ荒唐無稽な「筋書き」でしかなかったとしても、さしあたってその「徴」に文脈を付与し、その由縁を説明する「物語」が必要なのである。逆に一定の「物語」ができあがってしまえば、ほとんど恣意的に特定の差異を取り上げ、差別の由来を捏造できることにもなる。

よって、レイシズム批判を遂行する上では、現実の社会的な不平等・不条理を問い直し、是正する営為と合わせ、レイシズムの表象と想像力を問題化するアプローチが欠かせない。レイシズムを成り立たせ、機能させる「物語化」のプロセスと歴史的展開を問うことは、文学研究の重要な責務の一つであるとわたしは思う。

梁英聖（二〇一六）は、レイシズム批判は「レイシズムが必然的に暴力に結びついてしまう近代社会そのものをどうするかという問題と向き合わねばならない」と書いた。近代日本について言えば、出発期の明治維新政権が「北海道開拓使」を設置し、「琉球処分」を行ない、征韓論争・台湾出兵・江華島事件と砲艦外交的振る舞いに及んでいった経緯を想起すれば、国民国家形成と植民地主義・レイシズムの問題とが骨がらみだったことは瞭然である。しかも、しばしば指摘されるように、戦前・戦時の日本国家とその代弁者たちは、自分たちがアジアを西洋列強の植民地支配から解放すると公言しながら、そのアジアに対して植民地主義の暴力を行使することに対し、まるで矛盾を感じていなかった。あるいはその矛盾を知りながら、見ないようにした。自分たちをアジア「人種」の中に位置づけつつ、「民族」のレベルで階層性と差別の線を持ち込むことで、敵国の「人種」差別を糾弾しつつ、自分たちのレイシズムを否認することができたのである。こうした事例に鑑みても、近代日本のレイシズムを考える際には、抑圧と排除の対象となる他者がいかに表象され、どんな「物語」によって有徴化されたかを問うだけではなく、そうしたレイシズムの暴力を否認する機制がどのように構造化されてきたかも合わせて検証する必要がある。

以上の問題意識にもとづき、本稿では、ひとつのケース・スタディーとして、現在のわたしの研究の中心である日中戦争期の戦争・戦場を描いた日本語のテクストを取り上げたい。一般に戦時にあっては、他者を傷つけ殺してはならないという法的・倫理的な規制が部分的に解除される。とはいえ、その解除を全面化するわけにはいかないので、〈われわれ〉と〈かれら〉の間に明確な線を引き、嘆かれ悼まれるべき生とそうではない生とを表象の上で選り分けることが必要になる。戦時におけるプロパガンダ言説の役割とはまさにその点にあるのだが、後述するように、一九三七年七月から本格化した中国大陸での戦争は、こと日本語の文脈では、きわめて表象の構図が作りにくい戦争としてあった。書き手たちは、明確な戦争目的も〈敵〉の姿も描けない不安定な表象空間の中でなお、〈われわれ〉が戦う意味を説明することが求められたのである。結果、日中戦争期の日本語のプロパガンダでは、他者を否定的に象る以上に、表象のレベルで〈われわれ＝日本人〉を純化し卓越化させていく、独特の論理を編み上げることになった。

では、その論理はいったいどのような理論でレイシズムの暴力を作動させ、どんな筋道でその暴力を合理化し、忘却へと追いやっていったのか。具体的なテクストの分析と検討から、近代日本におけるレイシズムの歴史の一端を浮上させてみたい。

2.……労働としての戦争

日本語で日中戦争の戦場を描いたテクストとしてまず挙げるべきは、火野葦平の〈兵隊三部作〉だろう。一九三七年九月に陸軍伍長として応召、日本陸軍上海派遣軍第一八師団所属の分隊長として杭州湾上陸作戦の実戦にも参加した火野は、一九三八年二月、短篇「糞尿譚」で、第六回芥川賞に選出された。戦場の文学者として注目を集めた火野は、現地軍報道部に引き抜かれ、日本軍隊の立場から戦場を描いたテクストを数多く発表していった。百二十万部以上を売り上げたという『麦と兵隊』（一九三八）は、〈兵隊作家〉としての火野の第一作にあたる。[1]

注目したいのは、火野が中国の戦場を語る言葉の中に、しばしば人種主義的な不安が書き込まれることである。一九三八年五月の徐州戦に取材した『麦と兵隊』には、「支那の兵隊や、土民を見て、変な気の起るのは、彼等があまりにも日本人に似ていることだ」という一節がある。同年十月の広東作戦を描いた『広東進軍抄』（一九三九）では「われわれがバイヤス湾上陸以来遭った支那兵は、一層日本人に似ている」「われわれはなにか兄弟喧嘩をしているような、いやな気持ちを禁ずることが出来ないのである」と、より親密さの度合いを強めた表現が用いられている。当時火野葦平と並称された〈兵隊作家〉上田広の従軍記『黄塵』（一九三八）には、戦場で銃を向け合う対手のことを「鏡に映る自分の姿を見せられたように思われた」という記述もある。つまり、戦場での〈かれら〉と〈われわれ〉は同じである、というわけだ。〈敵〉と〈味方〉、〈かれら〉と〈われわれ〉とを截然と区別することが求められるはずの戦場で、むしろ互いの類似性・近縁性の方が意識されてしまう。重要なのは、戦場でのこうした認識が、そのような対手と戦う意味への問いに接続されないことだ。日中戦争期の戦場を描いたテクストにあっては、〈われわれ〉と〈かれら〉、自己と他者の通底性を発見することは（あるいは、その発見が語られること自体は）戦場での〈友〉と〈敵〉との境界の危機や混乱とは直結していない。なぜか。

断っておくが、これは日本人と中国人との見た目の近しさに由来する問題ではない。タカシ・フジタニ（二〇一六）は、近代日本におけるレイシズムは、単に可視的な形象だけではなく、血統や衛生、文明化の度合いなどの指標が時と場合に応じて持ち出される、すぐれて恣意的なものだった、と論じている。確かに、十九世紀末の第一次日中戦争＝日清戦争の際には、日本語の文脈では〈文明－野蛮〉〈近代－前近代〉という明確な二項対立が設定され、その構図の中で清＝中国が差別化されていた。[2] むしろ考えるべきは、一九三〇年代後半の日本帝国にとって、中国との戦争がどうにも位置づけがたい曖昧なものとしてあった、という事実の方だろう。そもそも、開戦当初から掲げられた「暴支膺懲」というスローガンは、日本を軽侮し粗暴な振る舞いを止めない中国に制裁を与えて懲らしめるという意味の文言である。このスローガンの含意に従えば、日本側の行動は、あくまで反省を求め態度を改めさせるための〈しつけ〉としてなされているのだから、中国の人々を、自分たちとは相容れない〈敵〉と完全には見なしていないことになる。開戦当時の首相・近衛文麿は、当時の中華民国の最高指導者だった蒋介石を交渉相手とは見なさないと宣言することで、自らこの戦争の〈目的＝終わり〉を遠ざけてしまっていた。

では、いったい〈われわれ〉は、誰と・何のために戦っているのか。興味深いのは、中国での戦争体験・戦場体験を記述したテクストの中に、戦争を労働の延長線上に位置づけていく語りが頻出することだ。その代表的な事例が、先にも名前を挙げた上田広の従軍記『建設戦記』（一九三九）である。上田は、一九三八年五月の徐州作戦前後、中国大陸西北部の山西省付近に展開した日本軍の輸送ルートとなる鉄道路線の保守に従事した経験をもとに、このテクストを書いた。『建設戦記』には、中国軍や遊撃隊が行なったさまざまな破壊工作が実に詳細に書き込まれている。橋を爆破し、線路の土台を掘り崩し、レールを外してはどこかに隠し、レールと枕木を固定する釘を抜き、レールそのものをひっくり返す。「私たち」は、泥だらけになってそれらを修理するが、その度に待ち伏せしていた中国軍に襲われ、ようやく仕事を終えると今度は別の箇所が壊されている。以下の引用は、まさにほんの少し前に「私たち」が復旧させた箇所が、再び襲撃されているという場面で語られた内省である。

私たちは初めてこの集団列車の南進にたいする妨害の意図が、どんなに悪辣に執拗であるかを見せられたような気がした。私たちはこの前途の破壊を修理すれば、容易く目的が果されるかのように思っていた自分自身に、激しい鞭を加えな

> ければならない必要に迫られた。私たちは敵に包囲されたまま前進しているのである。私たちはやれるだけやってくるがいい、と言い合った。我々もまたやれるだけやるであろう。何れが最後まで頑張るか、そこに勝負があるのだと自分自身に言いきかせる。〔……〕私はびしょ濡れになっている自分も忘れている。何日の連続作業による疲労も忘れている。なにもかも忘れている。私は目まぐるしい中にもさわやかな気持ちの中にその瞬間を置いている。私は死ぬときは、たとえ声がたたなくも　天皇陛下の万歳を叫び、大和の民族の為に両腕をあげ、我が水間部隊の名誉のために「作業をつづける」と言い残そうと思う。私にはもう考えることがない。私はただ槌をふりあげる。なにも見えなければなにも聞えない。

「私たち」と「敵」と、「何れが最後まで頑張るか」。まさしくこの戦争は我慢比べなのである。だから、たとえ「人間の歩行に劣る」ほどの速度であったとしても、列車を前進させなくてはならない。「私たち」は生命の危険を省みず、命じられた「仕事」を「義務」として引き受け、それだけに集中する。その瞬間に「私たち」は、「祖国」「民族」の意志を体現し、「日本人」――テクストは、この語を「ニッポンジン」と促音付きで読ませる――という「絶対」の観念に生きることが可能になる。見られるようにここでは、「敵」たる中国軍将兵は、自分たちの行く手を妨げる数ある災厄か障害の一つとしか思惟されていない。死と隣り合わせの戦場で、いつ終わるとも知れない作業にひたすら注力すること、自らの行為の意義自体が磨滅するような戦場での経験こそが、自己自身を鍛えるための格好の試練として意識されている。戦場とは、他でもない〈修行〉の現場なのだ。だが、何のための？

その問いに対する答えは、火野葦平『花と兵隊』（一九三九）が教えてくれる。火野の〈兵隊三部作〉の中で最も小説的な結構を有するこのテクストでは、従軍前に画家をしていたという下士官が、「私に話しかけるようでもあり、全くの独り言でもあるような口調で」次のように語るシーンがある。

戦争は人間が集って作っている国と国とが戦い、戦場では人間と人間が戦う。それは甚しく気狂いじみて見えるが、それはやっぱり人間によって行われるものだ。人間が新に人間の道を探す人間としての戦いだ。戦争の中に常に人間があり、人間はその中から新しい人間として抜け出て来なければならぬ。俺にはこの人間の成長が楽しみだ。ところがこの人間の成長は何かの心の中での戦いによって、一層完成されなければならぬ。〔……〕ああ、これは大変なことだよ。兵隊は戦場で銃を把って戦わなくてはならん。同時に心の中の戦いがなされなければならん。常に反省がなされなくてはならん。その反省が人間を本当に鍛え、本当の人間を完成し、日本を美しくすることだ。

〈敵〉とされた他者に暴力を行使し、人間としての生を毀損する行為が「人間の成長」を可能にする――。これが驚くべき詭弁であることは誰でも分かる。むしろ注目したいのは、幾度となく繰り返される「反省」という言葉の向かう先が、語り手によってあからさまに統制されていることだ。当然ながら、この戦場での人間と人間の戦いは、「国と国」の立場で行われる行為以外ではない。だが、それが「人間が新に人間の道を探す人間としての戦い」だと言い直されることで、確かに血の通った人間たちを傷つけ殺しているという現実認識が、個々の「兵隊」の「心の中での戦い」へと置き換えられ、上書きされる。すなわち、戦場で出会う他者からの暴力を自らにとっての試練と位置づける〈修行〉の言説は、戦場で遭遇する〈かれら〉=〈敵〉の存在それ自体を後景化させる役割を担っていたと考えられるのだ。しかも、この論理に従えば、戦争の中から「新しい人間」として「抜け出て」くるのは、実際のところ「日本」の「兵隊」だけでしかない。自らが暴力の主体として行為しているという生々しい自覚は、「日本」の「兵隊」としての自己自身の「完成」を目途する戦いへと転位され、論理のレベルで正当化されていく。

日中戦争期に描かれた中国の戦場は、つまるところ、自己鍛錬のための〈修行〉の場に他ならない。それは、兵士としての技能の向上や戦術的な修練や身体的な強靭さの獲得を目指すものではまったくなく、あくまで〈いま・ここ〉の自己自身を乗り越えていく、克己の戦いとして意識される。よって、その成果を判断する物差しはどこにもないし、「完成」された自己とはいかなるものかを示すことは誰にもできない。つまり、この〈修行〉には、本質的に終わりがない。加えて、こうした自閉的な〈修行〉の回路に参入すること自体が、「日本人」としての主体化=国民化と意識されてもいる。それこそが、「最も簡素にして単純なものが最も高いものへ、直ちに通じている」（火野葦平『土と兵隊』一九三八）という、「日本人」としての「道」に他ならない、というわけだ。

3.……「非国民」の論理

ここまで見てきたように、日中戦争期に中国の戦場を描いたテクストには、特徴的な論理構成を観察することができる。戦争体験・戦場体験を労働の延長線上に位置づけることで、表象としての自己を定立するために必要な他者の像を、自分（たち）の内側に固定化させる自閉的な回路が作り出されているのだ。しかもこの言説は、「日本人」というアイデンティティと固く結びつけられている。棟田博の従軍記『分隊長の手記』（一九三九）には、「兵隊の道はチャンときまっているのだ。その道は険わしくも難しくもない坦々たる大いなる道である。日本人ならば、誰もが容易に堂々と進んで行ける道である」という一節がある。本稿でわたしは、こうした理路で紡がれた物語を、〈修行〉の言説と呼んだ。

この〈修行〉の内実は、戦場での危険や困難の度合いによって左右される。戦場での死を基準点に、そこからの距離によって各々の戦争体験の意義や価値が判断されるからである。当時の戦争小説や従軍記の中で、戦闘に参加していない兵士や後方業務に関わる兵士が負い目や後ろめたさを口にする場面がたびたび書き込まれるのは、こうした事情に拠っている。また、同じ理屈が、戦時のセキュリティ意識を刺激しながら、「日本人」の中にある種の序列性を呼び入れることで、銃後の身体を統制するイデオロギーへと転用されていくことも重要だろう。

たとえば、なぜ戦争遂行に対する協力貢献が不十分とされた人々に、「非国民」という悪罵が投げつけられたのか。字義通りに考えれば、「非=国民」は、日本国民ではないすべての人間のことを指す。しかし、周知のように、アジア太平洋戦争期の日本語でこの言葉は、あくまで「日本人」が「日本人」に向かって発話する語としてあった。より丁寧に言い直せば、この表現は、対手が自分と同じ「国民＝日本人」に属することを前提としたうえで、なぜより積極的献身的に戦争に投企しないのかと詰問する言表であり、同時に、そうした発話を通じて、「日本人」としての主体化＝国民化を競い合う回路の中で、自らの方が優位な位置にある、だからより権力的に振舞うことが許されるという行為遂行的な言明でもあった。死を賭した戦場での投企によってこそ、「日本人」としての自己を発見し実感できるのだとすれば、つまりはより正しく純粋な「日本人」になれるのだとすれば、「日本人」を自認する者でも、戦場から遠ざかるほど、自らの「日本人」性を目に見えるかたちで証明し、行為として可視化する必要があったからである。

そのためだろう、日中戦争期の戦争・戦場を描くテクストにあっては、〈修行〉する身体としての兵士のイメージを揺さぶるような契機が徹底して排除されている。たとえば火野葦平（一九五八）は、先に引用した『花と兵隊』の連載時に、日本人兵士と若い中国人女性――同時代にはしばしば「姑娘《クーニャン》」の語が用いられた――との恋愛を描こうとした矢先に、大本営報道部からの電報で、「コノカワハラトオウエイトイウクーニャントノコト、コレカラサキ、ドウナルカ」「ソレガハッキリセネバ、アト、キョウカセヌ」と連載差し止めを含む圧力をかけられた、と回想している。確かに、同時代の戦争・戦場を描く日本語のテクストには、日本人兵士に恋愛感情を抱く中国人女性の姿がたびたび点綴される。だが、日本人男性と中国人女性の関係がロマンスへと発展していくことは、かなり慎重に避けられているように見える。例えば、山本和夫『青衣の姑娘』（一九四〇）は、当時の映画スター、李香蘭のイメージを彷彿とさせる「葉姑娘」という女性を愛し、彼女を宣撫工作に利用しようと目論んだ陸軍少尉を主人公とした物語だが、彼女は日本軍のスパイを助けた廉で中国軍の遊撃隊に射殺されてしまう。山口季信『火線を征く――台児荘激戦記』（一九三九）にも、日本軍兵士と中国人女性「呂文林」との「淡い交際」が微笑ましいエピソードとして語られるが、その兵士はまるで懲罰を受けるかのように、直後の戦闘シーンで命を落としてしまう。

こうした表象の統制が、中国の戦場で日常的に頻発していた日本軍将兵による性暴力を否認し、隠蔽する役割を担っていたことは確実である。だが、加えて考慮すべきは、兵士たちのセクシュアリティを前景化させる言及が、戦争を試練の場と捉える〈修行〉の言説を内側から瓦解させかねないと判断されていた可能性である。言うまでもなく、恋愛やセクシュアリティは、基本的には個々の身体に関わる問題である。しかるに〈修行〉の言説は、戦場や戦地で、ひたすら全体に奉仕する兵士の表象をモデルとして、あるべき「日本人」像の物語を織り上げていた。こうした言説の場にあって、兵士たちが恋愛のような私事にうつつを抜かす様子や、性欲を統御できない様子が描かれてしまうことは、〈修行〉の言説の正統性を根本から揺さぶることになりかねない。

もちろん〈修行〉の言説は、他にも多くの矛盾や綻びを抱え込んでいる。論理的に考えれば、〈修行〉の言説は「日本人」になることを当為の問題と見なすので、結果的に「日本人」というカテゴリーを他者に向けて開いてしまう。すなわち、台湾人や朝鮮人のような被植民者にも、等しく「日本人」への階梯に参加できる余地が生み出される。

実際に日本の植民地当局は、こうした〈修行〉の言説を制度化するかたちで、台湾人や朝鮮人を帝国の戦争に包摂しようとしていた。例えば、一九三八年には朝鮮で「陸軍特別志願兵」制度が創設されたが、試験に「合格」した朝鮮人青年たちが入所した「訓練所」は、意志を鍛え、生活を改造することを通じて「自己を修養練磨」し、「人間修養」を行う場と位置づけられた（緑旗連盟一九三九）。ここで言うところの「人間」が「日本人」と同義語であることは明らかだ。当時「訓練所」の所長だった塩原時三郎（一九四〇）は、朝鮮人志願兵初の戦死者として喧伝された李仁錫の死に触れながら、「同君の脳裡には一意君国の為に殉じ皇国臣民の務を果した感激一杯で恐らく自分は朝鮮人であるという考や観念は微塵も無かったであろう」と憶面もなく書きつけた。朝鮮人は死に臨んで、あるいは死後に初めて「日本人」として認められる、というわけだ。同様の認識は上田広にも観取できる。上田（一九四〇）は、中国の戦場で出会った朝鮮人通訳について、前線で死線を越えることで「戦う身になりきれた、落ちつきのある日本人」となっていたと書いた。

しかし、志願兵として「訓練」されれば、戦場で戦火をくぐれば、誰もが「日本人」になれるわけではない。「日本人」として認められるか否かはあくまで当人の〈修行〉如何にかかっており、それを承認する権力は他の「日本人」たちが握っている。先掲の塩原は、戦死した李仁錫を引き合いに、こうした論理の機制を次のように表現した。「訓練所に於ける僅か六箇月の訓練と軍隊生活一期間の教育のみで同君が斯くも立派な皇国臣民となり切ったと考えることは甚だ軽率であり大胆であるが、あらゆる要素が同君の素質を築き上げたのである」。

金杭（二〇一〇）は「帝国臣民はみな均質な存在なのではなく、あくまでも日本人と被占領地の住民とに区別された、非均質かつ位相学的に複雑な構造を持つ集団だった」と述べている。「日本人」たちは、「帝国臣民」の内部に、法や制度のレベルも含めてさまざまな差異の線を引き、一定の表象として括りだし、根拠としての物語を供給することで、「日本人になる」ためのハードルを事後的に、かつ恣意的に設定していった。と同時に、こうした差異化＝差別化の可能性それ自体が、「日本人である」ことをある種の特権と受け止める意識を醸成する源泉にも転化した。近代日本国家は、ときどきの「国益」や利害関係に応じて、ほとんど恣意的に「日本人」のトビラを開け閉めしてきたが、まさにこうした歴史的経緯こそが、日本社会に無自覚なレイシズムを蔓延させる素地を作り上げてきたのである。(3) 国家代表クラスのスポーツ選手たちのことを想起すれば、同様の構図は現状においても観察できる。

重要なことは、一方で欧米列強諸国からレイシズム的なまなざしの対象ともされてきた近代日本にあって、「われわれ＝日本人」を構成していく論理と、植民地体制が要請する差異化・差別化の論理、それらを操作しながら利益を最大化しようとする資本の論理とがどのように編制され、葛藤してきたかを具体的に分析し、記述することであるだろう。ジェンダーやセクシュアリティといった切り口を手がかりに、テクストに刻まれた表象や論理の綻びを読み出すことは、レイシズムに対する批判的な介入のポイントを押し拡げることにつながっていく。その意味で、文学研究の知見を援用してレイシズムの言説編制をつぶさに読み解いていくことは、レイシズムの内破に向けての重要なステップとなるはずだ。

はじめに述べた通り、本稿の議論は、あくまで近代日本におけるレイシズムの歴史的編制の一コマを素描したものでしかない。レイシストたちが駆使する壊れた論理は、しばしば過去の言説の陳腐な焼き直しにすぎないと言われる。もちろん、そうした側面があることは事実である。しかし、現在の日本社会に跳梁跋扈する恥知らずたちを生み出す土壌を正しく見つめ、内側からねじ切っていくためには、彼ら彼女らの議論が過去のレイシズムからどんな問題や論理を受け継ぎ、時代と状況の変化に即して何を付け加えているのかを、つぶさに検証することが必要だとわたしは思う。近代日本におけるレイシズムの歴史的批判から見えてくるものは多くある。

注

(1) 火野葦平の経歴や、中支那派遣軍報道部への転属・抜擢の経緯については、五味渕(二〇一八)、渡辺(二〇一五)を参照。

(2) 成田龍一(一九九四)は、日清戦争前後の雑誌『少年世界』の誌面では、「中国人や「野蛮人種」」を「われわれ」とは異質な外部の「かれら」として括り出す論理が展開されていたと論じる。

(3) 遠藤正敬(二〇一三)によれば、日本の植民地でも、台湾・樺太と朝鮮とでは国籍法に関して異なる規準が採用された。例えば、国籍法の施行自体が見送られた朝鮮では、朝鮮人は法的には日本国籍を離脱することができなかった。

参考文献

上田広、一九三八、『黄塵』改造社
上田広、一九三九、『建設戦記』改造社
上田広、一九四〇、『戦場より帰りて』学芸社
遠藤正敬、二〇一三、『戸籍と国籍の近現代史――民族・血統・日本人』明石書店
金杭、二〇一〇、『帝国日本の閾――生と死のはざまに見る』岩波書店
五味渕典嗣、二〇一八、『プロパガンダの文学　日中戦争下の表現者たち』共和国
斉藤綾子・竹沢泰子、二〇一六、「差異の可視性/不可視性」、斉藤・竹沢編『人種神話を解体する　可視性と不可視性のはざまで』東京大学出版会
塩原時三郎、一九四〇、「志願兵から見た朝鮮人」、『モダン日本　朝鮮版』八二―八五

タカシ・フジタニ、二〇一六、「日本の天皇制と近代人種主義」、斉藤・竹沢編『人種神話を解体する　可視性と不可視性のはざまで』東京大学出版会
成田龍一、一九九四、「『少年世界』と読書する少年たち――一九〇〇年前後、都市空間のなかの共同性と差異」、『思想』（八四五）、一九三―二二一
火野葦平、一九三八、『麦と兵隊』改造社
火野葦平、一九三八、『土と兵隊』改造社
火野葦平、一九三九、『花と兵隊』改造社
火野葦平、一九三九、『広東進軍抄』新潮社
火野葦平、一九五八、「解説」、『火野葦平選集　第二巻』東京創元社
棟田博、一九三九、『分隊長の手記』新小説社
山本和夫、一九四〇、『青衣の姑娘』河出書房
山口季信、一九三九、『火線を征く　台児荘激戦記』大隣社
梁英聖、二〇一六、『日本型ヘイトスピーチとは何か――社会を破壊するレイシズムの登場』影書房
緑旗連盟、一九三九、『今日の朝鮮問題講座　第三冊』緑旗連名
渡辺考、二〇一五、『戦場で書く――火野葦平と従軍作家たち』ＮＨＫ出版

後記

行論の都合上、本稿は拙著『プロパガンダの文学――日中戦争下の表現者たち』（共和国）と重複する内容を含んでいる。なお、資料の引用に際しては、読みやすさを考え、新字・現代仮名づかいに改めている。

第二一章　「戦後補償問題」に取り組む社会運動
歴史に埋め込まれたレイシズムに向き合うとは

清原 悠

1.……はじめに

社会運動は、個人の問題として済ませられてきたことを社会が取り組むべき課題として提起する力を持つ。身近な例で言えば、日本では「セクハラ」は一九九〇年以前には女性の被害妄想や過剰反応として社会的には処理されてきたが、女性解放運動(フェミニズム)の粘り強い取り組みによって、現在では社会的に許容できない問題として認められ、企業などでは研修が設けられるようにもなっている。一人ひとりでは力が弱く泣き寝入りさせられてしまうことも、力を合わせることで社会変革を可能にするのが社会運動である。他方で、集団としてのまとまりを作ることは、それに関わる個々人の複雑な事情を捨象しかねない難しさも持っている。社会運動研究は、社会運動によって社会がどのように変化してきたのかを明らかにするだけでなく、社会運動の中での個人と集団の関係にも注目するのである。レイシズムは人と人とのつながりを断ち切るものであるが、これに対抗する社会運動では個人と個人の関係性、個人と集団の関係性は一層鋭く問われることとなる。

本章では、日本の戦後史の中に潜むレイシズムの問題を社会運動がどのように掘り起こしてきたのかについて検討する。この問題は一九九〇年代以降に「戦後補償問題」という名称で知られるようになったが、この言葉は日本の市民と海外の市民の連携によって問題追及がなされる過程で定着してきたものである。以下、この「戦後補償問題」に注目し、社会の中に埋め込まれたレイシズムがどのようにあぶりだされ、変化してきたのかについてレヴューを行なう。また、「戦後補償問題」に係る社会運動の中で、当該問題に取り組む日本人がどのような立場性を問われたのかについても論じたい。

本章の構成は以下の通りである。二節では「戦後補償問題」についての紹介を行なう。三節では、「戦後補償問題」の端緒にして、当該問題群の中では一定の改善が進んだ「韓国原爆被害者問題」を取り上げる。ここでは「戦後補償」を行なうための障害となってきた「国籍条項」について、それがレイシズムの現れであることを浮き彫りにするとともに、この「韓国原爆被害者問題」の影響が現在にもさまざまな形で及んでいることを確認する。四節では、「戦後補償問題」への取り組みが拡大する契機となった「日本軍『慰安婦』問題」を取り上げ、日本人が「戦後補償問題」について取り組む際に、運動の中で問われる立場性について論じる。

2.……戦後補償問題とは何か

アジア・太平洋戦争の敗戦後、戦争責任・植民地支配責任を問われるようになったのが日本の「戦後史」の一側面であり、それらは現在では「戦後補償問題」と総称されている。だが、実際にこれがどのような問題なのかを正確に把握している人は少ないのではないだろうか。たとえば、一九四一年十二月八日の太平洋戦争開始後、日本が宣戦布告を行なった相手国の数は三十四カ国にもなる。世界各地で多くの戦争被害を引き起こした結果、他国家への賠償が戦後必要になった。公式に賠償協定を結んで支払った国は、フィリピン、インドネシア、ビルマ、南ベトナムの四カ国である。また、犠牲になった「個人」に対しての加害責任、そしてそれ以前からの朝鮮半島や台湾などへの植民地支配への責任といった「被害補償」を求める裁判は、二〇一九年までに日本の裁判所で提訴されたものだけで百件を超える。(1) ここで問われた問題は多岐に及ぶ。空襲被害、虐殺、戦時性暴力、強制労働、捕虜抑留といった戦争被害への国家賠償、そして戦時債権や在外資産の補償、歴史否定（たとえば南京大虐殺の否定）への名誉棄損などであるが、シベリア抑留や引揚者への補償などのように日本人から提訴されたものもある。

それでは、日本が公式に賠償を行なったケースと、そうではないケースにはどのような違いがあるのであろうか。いくつかのポイントがあるが、最も重要な点は「戦争責任」と「植民地支配責任」の違いである。たとえば、朝鮮半島や中国東北部（満州国）を植民地支配したことに由来する朝鮮人・中国人の強制労働や「慰安婦」問題は、アジア・太平洋戦争に関する東京裁判（極東軍事裁判）では主要な論点にはならず、主に裁かれたのは「戦争責任」についてである。これは東京裁判の担い手である連合国にはイギリスやフランスなどのように植民地を有している国があったことから、植民地支配責任を問うことを避けたためである。ナチス・ドイツの「第三帝国」の場合も、すでに第一次世界大戦での敗戦により植民地を失っていたことから、ニュルンベルク裁判では「植民地支配責任」は問われようがなかった。

また、中国大陸では国民党と共産党の勢力争い（中華人民共和国の設立は一九四九年十月）、朝鮮半島では南に大韓民国（一九四八年八月）、北に朝鮮民主主義人民共和国（一九四八年九月）が成立し、朝鮮戦争（一九五〇～一九五三年）が勃発するなど、冷戦の始まりに伴う「熱戦」が繰り広げられ、日本の戦争責任・植民地支配責任を追及する余力が東アジアで存在しなかったという事情も大きい。日本で最大のマイノリティ・グループである在日コリアンも、この分断国家化による影響で一つにまとまって政治力を発揮することは難しかった。外交的にも内政的にも、東アジアにおいて戦争責任・植民地支配責任を問われる機会が少なかった日本では、被害者への加害責任として国家補償を行うことは一貫して否定され、戸籍を持つ日本国民に限定した「援護政策」、すなわち「恩恵」としての戦後処理が行われていた。これに対し、加害行為を行なった国家の法的責任に基づく「補償」として「戦後補償問題」が追及される契機となったのは、一九七〇年に始まる「韓国原爆被害者」への支援運動であった。

3. 戦後補償裁判の始まり

1　韓国原爆被害者への支援運動

韓国原爆被害者への支援運動は、一九九〇年以降の戦後補償裁判の前史に位置づけられるものである。現在でもよく聞く、「唯一の被爆国」というナショナル・アイデンティティが形成されたきっかけはビキニ岩礁での核実験による第五福竜丸事件であるが、実際には長崎・広島での原爆被害者には少なくない朝鮮人が含まれていた。[2]朝鮮人原爆被害者に関していえば「戦後、大多数のコリアンが大韓民国に帰国した」と指摘されている（辛亨根二〇一四、四頁）。いくつかの推算がありバラつきがあるものの、韓国原爆被害者協会および『広島原爆戦災史』（広島市）などの算定値が合致するところで、広島・長崎で約七万人の被爆韓国人がいたと考えられている（全被爆者の一〇％程度）。このうち四万人が死亡、三万人の生存者のうち七千人が日本に在留し、二万三千人が韓国に帰国したという（数字は朴秀馥・郭貴勲・辛泳洙編一九七五）。この被爆韓国人の存在が日本で知られるのは一九六五年の日韓基本条約締結直後であり、中国新聞の記者であった平岡敬（後の広島市長、一九九一〜一九九九）の紹介を通してであった。日本の「唯一の被爆国」というナショナリズムは、この頃に変化が現れるようになる。

ここで重要なのは、このときに至るまで、韓国の中でさえも韓国人原爆被害者の存在はほぼ省みられてこなかったという点である。一九六五年の日韓基本条約締結と前後して、韓国人原爆被害者たちは社会の無理解と周囲からの差別に晒されながらも被害者たちの団体を結成するが、原爆治療の整っている日本での治療および補償を求める活動を始める。日本政府はそれを拒絶するが、日本社会の市民は韓国人原爆被害者の渡日を受け入れ、日本人の責任として支援活動を行ない始めたのが一九七〇年頃であった。代表的な団体に「韓国原爆被害者を救援する市民の会」（一九七一年）と「在韓被爆者問題市民会議」（一九八八年）がある。この市民による支援活動を象徴するものが、韓国人原爆被害者の孫振斗《ソン・ジンドゥ》が被爆者健康手帳の交付を求めた裁判（支援）である。

韓国人原爆被害者は、日本が植民地支配をしていなければ被爆することはなかった人々であり、かつ被爆当時は「日本国籍」であったが、孫振斗裁判以前では日本政府はその補償を行なってこなかった。その理由は、被爆者健康手帳の交付の根拠となる原爆二法はあくまで現在の日本国民への「社会保障」であり、かつ戦争被害への「補償」ではないからというものであった。しかし、原爆二法には「国籍条項」がなかったこともあり、孫振斗裁判の過程でこの日本政府の「解釈」は法理論上通用しなくなっていく（地裁、高裁、最高裁で孫振斗側が勝訴）。そして、孫振斗裁判の最高裁判決（一九七八年）では、明確に「国家補償」を認めたのである。しかしながら、日本政府は孫振斗裁判の一審判決以降、韓国原爆被害者が現在は日本に住んでいないから被爆者手当てを交付しないという「属地主義」を新たに提示して補償を拒絶しようともした（四〇二号通達）。それに対し日韓の市民は連帯して対抗し、裁判でこの「属地主義」をも覆したのである（日本政府が敗訴）。この韓国人原爆被害者に係る日韓の市民の連帯運動は五十年近くの歴史を有しているのだが、この運動を研究した辛亨根によれば、この問題は植民地責任に関するさまざまな問題群の中では改善が進んだものであり、かつ日韓の市民の草の根の協力がそこに決定的な役割を果たしたという（辛亨根二〇一四、一頁）。もちろん、未だ日本政府の法的責任を認めた上での謝罪や、一九九四年制定の「原子爆弾被爆者に対する援護に関する法律（以下、被爆者援護法）」の完全な平等適用などがなされていない点で問題が残っている。

他方で、このケースのように多少なりとも結果を出すことができた運動はほとんどない。それでは、戦後補償全体の中での「韓国原爆被害者」問題がなぜ一定程度解決することができたのであろうか。この点を次項では、制度の側面から検討したい。

2　国籍条項はなぜ存在しなかったのか――制度の外への放逐

この韓国原爆被害者裁判だけが例外的に勝てたのは、原爆二法（五七年の原爆医療法、六八年の原爆特別措置法）だけは国籍条項がなかったからであった。敗戦後、GHQは国籍差別禁止の指令を出していたが、GHQの占領が終わった一九五二年四月二十八日以降につくられる制度には次々と国籍条項が再登場した。戦争犠牲者援護に関わる法律は十三あるが、いずれにも「国籍条項」が設けられている。政府は旧軍人やその遺族たちには恩給的に「補償」を行なったが、そこでは国籍条項によって旧植民地出身者を除外し、サンフランシスコ条約ほか二国間条約などで多くのアジア諸国も排除した。「韓国原爆被害者」以外の戦後補償裁判では、この「国籍条項」や時効・除斥期間、[3]大日本帝国憲法での国家無答責（国家は悪をなさないという考え）、あるいは戦争という非常事態で生じた国民の被害への補償を日本国憲法は想定していないという戦争被害受忍論（憲法学では「戦争損害論」と呼称）により、ほとんどの訴えが棄却されたのである。[4]

だが、自国民への甚大な被害とされた原爆だけは、被爆者たちの運動と世論の盛り上がりにより、日本政府も何らかの形で補償をせざるをえなくなった。原爆への補償をめぐって政府が一番危惧したのは、原爆の問題が他の空襲をふくめた一般の戦争被害への補償問題に波及することであった。軍人恩給や引揚者への対応などは「援護政策」として、厚生省引揚援護局が管轄となって行なっていたが、同部局が原爆への「国家補償」を担当してしまうと、他の問題へと「飛び火」するのではないかと政府内では考えられた。[5]そこで政府が考えたのが、原爆被害は医療の問題、すなわち公衆衛生に関わるものとして扱うということであり、したがって「戦後補償」ではないという理屈であった（担当部局は厚生省公衆衛生局）。公衆衛生は、伝染病の問題がそうであるように、一部でも被病者がいれば社会全体が危機にさらされる。そのため対象者を国籍条項で選別することは公衆衛生の理念と実務にふさわしくないため、原爆二法には国籍条項が設けられなかったのである（田中宏二〇〇五、二五―二八頁）。

以上に見てきたように、できるだけ戦後補償をしないようにさまざまな操作をした結果、国籍条項のない原爆二法が出来上がったのだが、皮肉なことに、それが韓国原爆被害者への「戦後補償」が裁判で認められた勝因だったのである。ここに見られるのは、徹底的に「責任」（その証としての補償）を認めないこと、仮に認めるにしても、補償問題が全体として大きくならないように、さまざまな区分を設けて対象者を制度の外へ放逐しようとする志向である。真っ先に排除されたのは国内のマイノリティであり、他の国の人々である。典型的な上からの（＝公的な）レイシズムと言ってよい。[6]

3　国家賠償否定論の再編――戦争被害受忍論の登場と、それへの対抗に向けて

この問題に風穴を開けたのが「韓国原爆被害者」への支援運動及び裁判闘争であったが、日本政府はこの風穴を塞ぐための動きを早々に起こす。「国家補償」を認めた孫振斗裁判の最高裁判決（一九七八年三月）の直後、一九八〇年に厚生大臣の私的諮問機関「原爆被爆者対策基本問題懇談会」（以下、基本懇）は、次のような答申を出した。それは、戦争という「非常事態」のもとでは、国民の生命、身体、財産に生じる犠牲は「国民が等しく受忍しなければならない」という答申である。[7] 分かりやすく言うと、戦争時に発生した国民の被害を国は一切補償せず、責任は負いません、という意味で

ある（たとえ、自国政府が起こした戦争であっても国民は政府を責任追及できない）。いわゆる「戦争被害受忍論」であるが、現行の「原子爆弾被爆者に対する援護に関する法律」はこの答申を理論的根拠にして策定されている（直野章子二〇一一、二一八―二一九頁）。ここで注意すべきは、この答申が「過去の原爆被害」についてのみ述べたものではなく、「受忍しなければならない」と現在形で書かれていることから分かる通り、現在あるいは今後生じるかもしれない戦争被害も射程に含めた論理である点だ。これは現在進行形の原子力災害や、これから生じうる戦争被害に対する「国家補償否定論」へと再編・強化されたことを意味しているが、裏を返せば、公的なレイシズムの解消への取り組みは、これらの問題とも無関係ではないことを表している。

たとえば、憲法学者の永田秀樹は、戦争被害受忍論（戦争損害論）の問題が、日本国憲法の平和主義の理念の解釈と深くつながっていることを指摘している。永田（二〇〇七）は、戦争被害受忍論（戦争損害論）が持ち出された十二の判例を批判的に検討したうえで、「戦争損害論」が判例ごとに恣意的に持ち出されていて一貫性がなく、根拠薄弱であることを示しているが、そもそもアジア・太平洋戦争の反省のうえに立って制定された日本国憲法が戦争犠牲について「まったく予想していない」などという態度をとっているはずがないと指摘する。すなわち、戦争防止策として将来にむかっての立法政策や加害者の処罰、犠牲者への補償は憲法の平和主義を定着させるために期待されているはずなのである（永田二〇〇七、一六五頁）。日本国憲法の平和主義の理念を積極的に追求することが、公的なレイシズムの解消へつながるのだ。(8)

4. 日本軍「慰安婦」問題への取り組み
――日本人は何のために行動しなければならないのか

最後に、戦後補償問題への取り組みが拡大する契機となった日本軍「慰安婦」問題について一瞥しておきたい。この問題が特に重要なのは、第一に、世界的に戦時性暴力が問題視される流れの中に位置しているという意味で普遍的な問題であること、第二に、植民地支配のもとで性奴隷制度が軍・官憲によって組織的に構築されてきたという意味で日本に固有の問題であること、第三に、日本国内で右派による強烈なバックラッシュに晒されてきたことにある。以上の事情は、この問題に取り組む日本人に対して、その立場性を不可避的に問うこととなる。

日本軍「慰安婦」問題は、一九八六年の韓国民主化とそのなかでの女性解放運動の展開を背景にして、一九九一年に韓国人の金学順が自ら「慰安婦」と名乗り出たことから顕在化したものである。これを契機にして、フィリピン、台湾、中国、北朝鮮、インドネシア、マレーシア、そしてオランダの被害女性たちが声をあげ、正義の回復を求めた。「慰安婦」たちの声は、旧ユーゴスラビアやルワンダなどの内戦で性暴力の犠牲になった女性たちを勇気づけ、戦時・性暴力を女性への戦争犯罪として裁こうという国際世論へと結実していく。この日本軍「慰安婦」問題に対して、日本政府は一貫して法的責任を認めず、あくまで「道義的責任」の問題として処理しようとしてきた。そのため、韓国と日本の女性たちが協力して、民衆法廷として「日本軍性奴隷制を裁く二〇〇〇年女性国際戦犯法廷」を開催し、法的責任を追及した[9]。

他方の日本政府は、法的責任に基づく国家賠償（補償）ではなく、道義的責任に基づく人道支援という名目のもと、民間からの募金による「償い金」事業として「アジア女性基金」が一九九五年に設立されたが、設立当初から韓国・挺身隊問題対策協議会（以下、挺対協）をはじめとする内外四十三団体が設立に反対する声明を出した（同基金は二〇〇七年解散）。韓国の被害者・支援団体が当初から提示してきた要求は、真相究明、真の謝罪、個人賠償、責任者処罰、正しい歴史教育、追悼碑の建立の六項目であり、またこれらの項目を一体のものとして実施することであったが、アジア女性基金方式はこれに沿うものではなかったのである（徐二〇一六、一九六―一九七頁）。

同基金の問題についてここで詳述することは叶わないが、同基金の呼びかけ人にして理事を務めた朝鮮史・ロシア史の研究者である和田春樹による回想が近年出版された（和田二〇一五、二〇一六）。ここでは、植民地支配責任に取り組む日本人の責任について言及した、在日朝鮮人作家の徐京植《ソ・キョンシク》による和田およびアジア女性基金への批判を見ておきたい。徐による批判は、一九五〇年代から日韓の問題に関心を持ち、日韓連帯運動に取り組んできた和田への敬意を踏まえたものであるが、それだけに重い意味を持つものである。ここでは、何のために償いのための事業を実施するのかという点についての言及に注目する。

基金の「償い金」支給事業を正当化するときに、よく用いられるレトリックは「被害当事者は高齢化しており残り時間は少ない。せめて償い金を受け取ってもらって心の安らぎを与えたい」というものです。これが、一人の個人の純粋な善意から出た言葉なら、異議を唱える理由はありませんが、この場合、和田先生は「一人の個人」とはいえず、日本政府が行う基金事業の実行主体なのです。ある時は民間、別の時には国家事業、ある時は個人の善意、別の時は国家意志、このようなあいまいな二面性がアジア女性基金の特徴といえるでしょう。〔中略〕そもそも「被害当事者のため」というレトリックのもつ絶対性を、あらためて虚心に検討してみる必要はないでしょうか？　かりに、当事者が誰も名乗り出ていなかったら、あるいは当事者の全員が「償い金」を受け取ったら、つまり可視的な被害者がいなかったら、この事業の意義はどうなるのでしょう？　この事業は「被害当事者」の存在によって支えられているのですか？　私の考えは違います。この事業は「加害当事者」のためにあるのではないでしょうか。慰安婦制度という前代未聞の悪が行われたという事実の前に震撼し、被害当事者が見えなくとも、あるいはかりに被害者が「許す」と言ったとしても、自律的な倫理観から行われるべき行動ではないでしょうか？（徐二〇一六、一九五—一九六頁）

念のために言えば、ここで述べられているのは、被害者の希望を無視した加害者側の独善的な「償い」ではない。加害者側が自律的に「償い」を行なうのは、彼ら・彼女ら自身が日本社会に遍在する「差別意識」と闘うために必要なものなのであり、「被害者はむしろそれを支援してくれている存在ととらえるべき」（徐二〇一六、一九七頁）と徐は指摘している。アジア・太平洋戦争やそれに先立つ植民地支配に直接加担したわけではない時代に生きる日本人の「戦後責任」（高橋哲哉二〇〇五）は、自分たちが新たな加害者にならないためにも必要なものなのである[10]。

得てして、日本社会で人権が語られるときは、事後的な被害者救済に偏っており、それが「人権」を「弱者への施し」として表象させてしまい、マジョリティにとって

「自分には関係ない」という考えをもたらしていると言えないだろうか。歴史に埋め込まれたレイシズムに向き合うために試されるのは、被害、そして加害への想像力であり、それが社会運動の質を考えるうえで決定的に重要なものとなるはずだ(11)。

5. おわりに

本章では、戦後補償問題に係る韓国原爆被害者への支援運動ならびに日本軍「慰安婦」問題への支援運動について注目し、歴史に埋め込まれてきたレイシズムへ社会運動がどのように取り組んできたのかについて論じてきた。戦後補償問題においては、一定の前進が見られたケースは例外的であり、その意味では社会運動は「社会変革」のための役割を十分に果たせたとは言い難いだろう。しかしながら、社会運動史の研究者である道場親信が述べるように、「『抵抗』はそれを支える可視／不可視の多様な『つながり』の質に多くを負っている」（道場二〇〇八、二八五頁）のだとするならば、「差別」への取組みはそれが最も試される領域である。それは他のテーマに係る社会運動に取り組んだり、考えたりするうえでも重要な試金石となるものであり、市民社会に内実を持たせるために欠かせないものだと言えるのではないか。

注

（1）弁護士の山本晴太は「法律事務所の資料棚アーカイブ」のサイト内で「日本戦後補償裁判総覧」を公開している（二〇二一年三月二十日確認、http://justice.skr.jp/souran-jp-intro.html）。

（2）マーシャル諸島での現地住民の被ばく者も存在していたが、当時から現在に至るまで彼ら・彼女らへの想像力が欠けている点に対して、竹峰誠一郎による「グローバルヒバクシャ」の概念提起が重要である（竹峰二〇一五）。

（3）時効・除斥期間は改正前民法第七二四条に定めがある。除斥期間とは、不法行為による損害賠償を請求する権利は、不法行為の時より二十年を過ぎるとなくなるというものである。時効とは、利益を得る側（この場合は国）が主張すれば適用されるもので、被害者や法定代理人が損害及び加害者を知ったときから三年間これを行わない時に消滅すると定義されている。

（4）「国家無答責」と「戦争被害受忍論」の違い、並びに「戦争被害受忍論」の形成経緯については直野章子（二〇一六）が詳しい。

（5）なお、政府と関わりのあった戦死者の靖国神社合祀に関わったのはこの部局で、旧日本軍関係者が多く所属していた。

（6）国籍条項によって内外人を区別して処遇すること（＝差別）は、日本が批准しているはずの国際人権諸条約に違反している。同じ問題は、近年のヘイトスピーチの問題や朝鮮学校に関する事柄でも繰り返されていると言える。日本も批准している人種差別撤廃条約の条約第一条一項は人種差別を定義し、第一条二項では、市民と市民でない者との間に区別を設けることができることを規定している。しかし、二〇〇四年の人種差別撤廃委員会による一般的勧告三〇「市民でない者に対する差別に関する一般的勧告」では、第一条二項については「差別の基本的な禁止を害することを回避するよう解釈しなければならない」としており、実際には制限が許容されるのは政治参加など一部に限られるのである。

（7）同答申には在韓被爆者への言及は一切存在しなかった。

（8）日本国憲法の英語版におけるpeopleを日本語で「国民」と訳し、基本的人権の享有主体と社会保障の対象者を日本国籍を有している国民に限定している問題とも通じているだろう（注三も参照）。この問題の経緯については古関彰一（二〇一七、三六〇―三六三頁）を参照のこと。また、国内の理屈（法理）である「国家無答責」あるいは「戦争損害論」を多国間にまたがる問題にそのまま適用するには無理があったと言える。実際、アジアの四カ国には公式に賠償協定を結んでいる。なお、戦後補償問題をまとめた入手しやすい文献としては内海愛子（二〇一〇）や、特に戦争被害受忍論を中心としてまとめた栗原俊雄（二〇一六）がある。

（9）国際実行委員会の共同代表となったのは、韓国の尹貞玉《ユン・ジョンオク》（韓国挺身隊問題対策協議会）、日本の松井やより（元・朝日新聞記者、「戦争と女性への暴力」日本ネットワーク）、フィリピンのインダイ・サホール（女性の人権アジアセンター）である。

（10）この文脈での「日本人」の意味として、私はエスニック・マジョリティとしての「日本人」のことを念頭に置いている。明戸隆浩（二〇一五）は九〇年代以降の日本のナショナリズム論において、戦後責任に対して「日本人として」向き合うことと、「マジョリティとして」向き合うことの区別が適切になされてこなかった点を指摘している。

（11）加害への想像力という点から言えば、日本の事例では元兵士たちによる一九五七年設立の中国帰還者連絡会の取り組みや、加害者である兵士たちの「沈黙」に注目する兵頭晶子（二〇〇七）や中村江里（二〇一八）が参考になる。

参考文献

明戸隆浩、二〇一五、「ナショナリズム批判と立場性――『マジョリティとして』と『日本人として』の狭間で」、山崎望編『奇妙なナショナリズムの時代――排外主義に抗して』岩波書店、一九七―二三一頁

内海愛子、二〇一〇、『戦後補償から考える日本とアジア』〔二版〕山川出版社

古関彰一、二〇一七、『日本国憲法の誕生〔増補改訂版〕』岩波書店

栗原俊雄、二〇一六、『戦後補償裁判――民間人たちの終わらない「戦争」』NHK出版

辛亨根、二〇一四、「韓国原爆被害者問題の実態と意義についての研究――特に韓日間草の根協力に注目して」広島大学国際協力研究科博士論文

徐京植、二〇一六、「日本知識人の覚醒を促す――和田春樹先生への手紙」、前田朗編『「慰安婦」問題の現在――「朴裕河現象」と知識人』三一書房

高橋哲哉、二〇〇五、『戦後責任論』講談社

竹峰誠一郎、二〇一五、『マーシャル諸島――終わりなき核被害を生きる』新泉社

田中宏、二〇〇五、『戦後60年を考える』創史社

直野章子、二〇一一、『被ばくと補償――広島、長崎、そして福島』平凡社新書

――、二〇一六、「戦争被害受忍論――その形成過程と戦後補償制度における役割」、『地球社会統合科学』第二十三巻第一号、一一―二九頁

中村江里、二〇一八、『戦争とトラウマ――不可視化された日本兵の戦争神経症』吉川弘文館

永田秀樹、二〇〇七、「『戦争損害論』と日本国憲法――最高裁判例の批判的検討」、佐藤幸治編『現代社

会における国家と法――阿部照哉先生喜寿記念論文集』成文堂、一六一―一九九頁
朴秀馥・郭貴勲・辛泳洙編、一九七五、『被爆韓国人』朝日新聞社
兵頭晶子、二〇〇七、「加害者であり、被害者であるということ――『英霊』たちの生と死」、『季刊日本思想史』（七一）、八七―一〇三頁
道場親信、二〇〇八、『抵抗の同時代史――軍事化とネオリベラリズムに抗して』人文書院
VAWW-NETジャパン編、二〇〇一、『裁かれた戦時性暴力』現代書館
和田春樹、二〇一五、『慰安婦問題の解決のために』平凡社
――、二〇一六、『アジア女性基金と慰安婦問題――回想と検証』明石書店

読者のためのブックガイド

ジョン・スチュアート・ミル『自由論』（塩尻公明、木村健康訳、一九七一、岩波書店）

哲学における自由論は形而上学に属する意志の自由論と倫理学に属する社会（政治）的自由論とに大別されるが、後者の嚆矢をなす記念碑的著作。表現の自由や意見の多様性はなぜ大切なのかなど、本書においてミルが提示する問いとその考察の意義はいまもまったく色褪せない。それどころか読むたびに我々をあらたな発見へと誘い、くり返し、もう一度と、繙読の永劫回帰への意志を喚起する稀有な一書。（安部）

ハンナ・アーレント『全体主義の起原1——反ユダヤ主義』（大久保和郎訳、一九七二、みすず書房）

ナチスのイデオロギーとなった反ユダヤ主義がいかなる歴史的経緯を経て形成されてきたのか、伝統的な「ユダヤ人憎悪」と近代的イデオロギーとしての「反ユダヤ主義」を区別しつつ、その過程が丹念に辿られる。最終章で考察されるドレフェス事件の経緯も現代に示唆的。（百木）

藤永茂『朝日選書21　アメリカ・インディアン悲史』（一九七四、朝日出版社）

私たちは、ネイティブ・アメリカンが迫害されてきた近現代史について、ほとんど学ぶ機会をもっ

ていない。この点について知るためには、欠くことのできない一冊。（澤）

旗田巍『朝鮮と日本人』（一九八三、勁草書房）

旧朝鮮植民者であった朝鮮史研究の大家・旗田巍が、自らの歩みをふりかえりつつ朝鮮史研究のありかたを示す書。日本における朝鮮史研究は実は日本の朝鮮植民地支配、大陸膨張政策と密接に結びついていたこと、それを戦後どう克服しようとしたかがよくわかる。本書の前編にあたる『日本人の朝鮮観』（一九六九、勁草書房）も必読。（山本〔興〕）

民族差別と闘う関東交流集会実行委員会編『指紋押捺拒否者への「脅迫状」を読む』（一九八五、明石書店）

「いやなら朝鮮に帰れ」。この言葉ほど日本の排外主義を端的にあらわすものはない。本書は八〇年代に広がっていった指紋押捺拒否の闘いのなかで在日朝鮮人に投げつけられた脅迫状に対して、その誤りを歴史・現実・法・実態に即して批判しつつ、なぜ朝鮮人が日本にいるのか、なぜ法改正が求められるのか、なぜ日本社会がこうした事実と向き合わなければならないのかを示した、市民運動の闘いの記録である。（山本〔興〕）

江原由美子『女性解放という思想』（一九八五年）**『フェミニズムと権力作用』**（一九八八、いずれも勁草書房）

江原氏のこの二つの著書には、日本の社会学的な差別論に大きな影響を与えた議論が含まれている。とくに、八五年の本に所収されている論文「差別の論理とその批判」は、これを読まないと九〇年代以降の社会学の差別論の問題設定が理解できないと言ってもよいくらいに重要。また、差別論はもちろんとして、それ以外にも性差別に関する具体的で非常に鋭い分析は、今もまったく色褪せることはない。（堀田）

内海愛子・梶村秀樹・鈴木啓介編『朝鮮人差別とことば』（一九八六、明石書店）

ことばは歴史と現実の関係を反映するものであるがゆえに、「人ひとりを殺す」ものとなる。本書はそうしたことばを問うことを通じて日本人の植民地主義意識を撃つ。また本書は日本社会に遍在する差別語・差別表現を粘り強く問うた市民運動の記録でもある。（山本［興］）

梶村秀樹『梶村秀樹著作集第六巻　在日朝鮮人論』（一九九三、明石書店）

朝鮮史研究者の梶村秀樹が生前遺した在日コリアンに関する論文をまとめたもの。その多くが金嬉老裁判支援や指紋押捺運動への連帯など、運動実践の必要に迫られて産みだされたため、大変鋭い問いが立てられている。未開拓分野であった在日コリアンの歴史や法的地位をもっとも初期に整理した仕事からは、いまにつながるアクチュアリティに触れることができる。特に講演録「解放後の在日朝鮮人運動」は必読。（梁）

ハンナ・アーレント『イェルサレムのアイヒマン――悪の陳腐さについての報告』（大久保和郎訳、一九九四、みすず書房）

本書は、ユダヤ人への組織的・行政的大量殺戮を、その機構の「歯車」となった人物に焦点を据えることによって、改めて深く分析した著作である。これまでの研究でも頻繁に参照される本書であるが、全体主義的テロルを考察するうえで、同著者の別の論考「組織的な罪と普遍的な責任」（邦訳『アーレント政治思想集成１』みすず書房）とともに今一度読み返すに値する文献であろう。（間庭）

苅谷剛彦『大衆教育社会のゆくえ――学歴主義と平等神話の戦後史』（一九九五、中央公論社）

「第五章『能力主義的差別教育』のパラドクス」は、日本の学校空間では生徒個々人の「学力」や

「能力」の差異について言及すること自体が「差別」であるとの特異な認識が作られていったことを論じている。集団的属性に係る劣等処遇（差別）の問題を教育で扱う際、日本の学校の中で生じうる障壁について示唆を与えてくれる。同著者の『教育と平等──大衆教育社会はいかに生成したか』（二〇〇九、中央公論社）と合わせて一読されたい。（清原）

アルベール・メンミ『人種差別』（菊地昌実、白井成雄訳、一九九六、法政大学出版局）

レイシズムとはそもそも何か。レイシズムはなぜいけないといえるのか。そうした理論的観点からの考察を深めたい場合には、欠かせない一冊。（澤）

藤田省三『全体主義の時代経験』（一九九七、みすず書房）

全体主義が精神史における一つの凝集点であるならば、それは人類史的な普遍の問題でもある。そうした観点から本書は、二十世紀の破局と現代日本社会とを貫く「時代経験」としての全体主義的心性とでも言うべきものの立体構造を明らかにすべく探求された、コンパクトでありつつも骨太な思想書である。（間庭）

David Miller, *On Nationality*, Oxford University Press, 1997

（『ナショナリティについて』富沢克、長谷川一年、施光恒、竹島博之訳、二〇〇七、風行社）

グローバル化の中で一国レベルでも格差が広がり政治の機能不全が指摘される中で、正義（具体的には福祉レジーム）と自由民主主義を機能させるために、ナショナリティの重要性を訴える書。多数派民族の文化の重視を訴えるなど、マイノリティへの視線は弱いが国民国家、とりわけ国民という単位の重要性を主張する「リベラルナショナリズム論」と呼ばれる研究分野に先鞭をつけた本。（山崎）

マーク・ダウィ『草の根環境主義——アメリカの新しい萌芽』（戸田清訳、一九九八、日本経済評論社）

アメリカにおける草の根環境運動が、どのような運動の系譜のもとで成立していったのかについて、歴史的背景とともに詳細に知ることができる好著。（澤）

リチャード・ローティ『偶然性・アイロニー・連帯——リベラル・ユートピアの可能性』（齋藤純一、山岡龍一、大川正彦訳、二〇〇〇、岩波書店）

前期ローティの主著『哲学と自然の鏡』につづく後期ローティの主著。ローティのリベラルユートピアの構想は、この書名に端的にしめされている。すなわち我々のいだく信念はその生成において も価値においても偶さかのものであるが（偶然性）、そのことを受けいれるエートス（アイロニー）こそが、傷つきやすい存在としての人間の相互共感にもとづく共同性をひらき、ひろげる（連帯）。（安部）

上野千鶴子『差異の政治学』（二〇〇二、岩波書店）

レイシズムを考えるうえで、民族や人種のみならず、階級、ジェンダーやセクシュアリティなどの様々な差異は捨象する事は出来ない。本書所収の論文「差異の政治学」は一九九五年初出だが、複雑に交錯する支配／従属関係を明らかにすべく「複合差別」の概念を提示しており、現在でも有用な示唆に溢れている。（山崎）

高橋哲哉編『「歴史認識」論争』（思想読本、二〇〇二、作品社）

第一三章一節で触れた「歴史修正主義（歴史否定論）」の問題について、九〇年代の日本の状況を中心にまとめたもの。読みものというよりはハンドブック的な構成で、当時行なわれた膨大な議論の概略が一冊でわかる。（明戸）

Paul Gilroy, *After Empire: Melancholia or Convivial Culture?*, Routledge, 2004

多文化主義が持つ限界と、そして同時に開いていくためにどのような可能性があるのか、ということを多文化主義が必ずしも肯定的に受け入れられなくなっていくグローバルな潮流の中で検討した一冊。英連邦圏から多文化主義を考えるための必読書。（小林）

佐藤裕『差別論——偏見理論批判』（二〇〇五、明石書店）

「差別とは何か」という問いに正面から取り組み、さまざまな事例の考察に基づいて「見下し」と「排除」によって定義を試みた本。「共犯者」を作り出すメカニズムなども含めて、非常に重要な議論が展開されていて必読である。ただ、第五章で中心的に論じた「マイノリティ」という観点は、佐藤の議論では「社会的カテゴリー」に依拠する議論として批判の対象になっている。（堀田）

ばるぼら『教科書には載らないニッポンのインターネットの歴史教科書』（二〇〇五、翔泳社）

ネット右翼の母胎となったネット右派論壇は、九〇年代後半のアングラ掲示板文化の中から生み出されたものだった。あやしいわーるどからあめぞうへ、そして2ちゃんねるへと受け継がれながら形作られてきた文化の様相に触れることのできる本。（伊藤）

ホミ・K・バーバ『文化の場所——ポストコロニアリズムの位相』

（本橋哲也、正木恒夫、外岡尚美、阪本留美訳、二〇〇五、法政大学出版局）

著者はインド出身の比較文学研究者。植民地出身者の異種混淆的な語りをどう読むべきかを問う。文学研究者の仕事は、テクストの細部の粒立ちを注視することから、統一性・全体性の神話を突き崩し、批判的な介入の契機を作ることにあると教えてくれる。（五味渕）

道場親信『占領と平和――〈戦後〉という経験』（二〇〇五、青土社）

本書は日本の戦後の経験を、社会科学と社会運動を縦軸にして、冷戦構造との関わりを横軸にして素描している。全体で七百頁を超える大著だが、特にルース・ベネディクト『菊と刀』がどのように形成され、いかなる影響を戦後日本にもたらしたかについての論及は重要である。（清原）

Bailey, David A., Ian Baucom, Sonia Boyce, eds., Shades of Black: Assembling Black Arts in 1980s Britain, Durham, NC: Duke University Press, 2005

一九九七年にテート・ギャラリーで行なわれた、八〇年代ブリティッシュ・ブラック・アートに関するカンファレンスの記録。二十年後の時点から当時を振り返って執筆された各収録文はいずれもその運動の意義を再評価するうえで示唆的であるが、ラシード・アリーンによる論考はその「失敗」（運動が衰退した理由）を客観的に分析しており、とりわけ興味深い。（山本［浩］）

小森陽一『レイシズム』（二〇〇六、岩波書店）

人種主義（レイシズム）とは、そもそも一体いかなる現象なのか。「白人」対「黒人」といった図式に限定されず、子どもの自我の発達過程やいじめをめぐる研究成果、発禁にされた永井荷風の短篇の分析などを交えつつ、その本質に肉薄する好著。（兼子）

ジークムント・フロイト「集団心理学と自我分析」『フロイト全集』一七巻

（須藤訓任、藤野寛訳、二〇〇六、岩波書店）

フロイトが初めて精神分析的な観点から本格的に「集団」の問題を論じた論文。集団がいかにして成立・維持されるのかを軍隊や教会をモデルにしながら解明しようとする本論文がなければ、後の「権威主義的パーソナリティ」（フロム／アドルノ）などの概念も生まれ得なかっただろう。（松本）

松本健一『思想としての右翼』（二〇〇七、論創社）

「ネット右翼」について考えるためには「右翼」について考えてみることも必要だろう。両者はどこでつながり、どこで切れているのか。「保守」と「右翼」とはどう違うのか。右翼という摩訶不思議な存在の思想的な核心に触れることのできる本。（伊藤）

ミシェル・ヴィヴィオルカ『レイシズムの変貌——グローバル化がまねいた社会の人種化、文化の断片化』（森千香子訳、二〇〇七、明石書店）

フランスの左派知識人を代表する社会学者によるレイシズム論入門。バリバールらが「新しいレイシズム」論を提唱しているのにたいし、独自の視点からレイシズム暴力と国家の関係に焦点をあてている。現代日本のヘイトクライムを理解する上でも必読。（隅田）

ミシェル・フーコー『社会は防衛しなければならない——コレージュ・ド・フランス講義1975—76年度』（石田英敬・小野正嗣訳、二〇〇七、筑摩書房）

規律型権力から生権力へと権力構造が推移し、「生」が「政治」の賭け金になるのと並行して、人種差別主義が言説・政治の舞台に登場していく歴史過程が辿られる。「生政治」が「死政治」（全体主義）へと反転する契機がレイシズムにあるとする最終章の分析は鋭い。（百木）

李静和編『残響の音——「アジア・政治・アート」の未来へ』（二〇〇九、岩波書店）

現在の東アジアが抱えるポストコロニアルな問題とそれに取り組むアートの可能性について、沖縄、台湾、朝鮮を中心に考察した諸論考が収められている。本稿との関連では、ともに在日コリアン三世の美術家、呉夏枝《オ・ハジ》と琴仙姫《クム・ソニ》の諸作品を論じたレベッカ・ジェニスンの議論が示唆に富む。（山本［浩］）

高榮蘭『「戦後」というイデオロギー——歴史／記憶／文化』（二〇一〇、**藤原書店**）

戦後日本の知識人たちの言説が、いかに脱植民地化に挫折しつづけたかを追尋した一冊。抵抗と連帯を説く側の言葉にはらまれたイデオロギーを問題化する筆者の議論は、「戦後民主主義」の資産を是認・肯定するような現在の思想状況に対する、鋭い問題提起となっている。（五味渕）

塩原良和『共に生きる——多民族・多文化社会における対話』（二〇一二、**弘文堂**）

新自由主義が席巻し、国民と国家の関係が問い直される時代に、いかにして多民族・多文化社会は形成可能か、を問う著作。支配／従属関係が複雑化し、同化主義や棲み分け、排外主義といった手法が無効となる現状を見据えながら、日常の実践から共生へ至る道を模索する。（山崎）

遠藤正敬『戸籍と国籍の近現代史——民族・血統・日本人』（二〇一三、**明石書店**）

戸籍と国籍の一般的な概念の変遷を知ったうえで、戸籍が国籍と絡みつつ、「国民」「外国人」「民族」などの境界線を設定し、さらに「日本人」の内部にも差別を再生産してきたという重層的な「日本人」史を学べる研究書である。（遠藤）

田中宏『在日外国人　第三版』（二〇一三、**岩波書店**）

今日までの日本における国籍差別の歴史、とりわけ旧植民地関係に焦点を当て、出入国管理、社会保障、教育などにおける法制上の問題点を通して丹念かつ平易に解明してくれるコンパクトな入門書である。（遠藤）

野間易通『「在日特権」の虚構――ネット空間が生み出したヘイト・スピーチ』（二〇一三、河出書房新社）

巻に言われる「在日特権」なるものがいかに根拠のない誤謬であるかを丁寧に検証した一冊。特別永住資格、年金問題、通名と生活保護受給率、住民税減免などの項目に分けて、近年のヘイトスピーチ・レイシズム発言を取り上げながら、その誤謬内容が順に検証される。（百木）

***Demos, T. J., Return to the Postcolony: Specters of Colonialism in Contemporary Art*, Berlin: Sternberg Press, 2013**

ヨーロッパ諸国の旧植民地を舞台に制作を行なってきた、多様な民族的・文化的バックグラウンドを持つ現代アーティストについて論じた著作。特に写真家のザリナ・ビムジによるウガンダでのプロジェクトを論じた第三章は、その旧英植民地の辿った複雑な歴史とそれに介入するアートの可能性を示す。（山本［浩］）

エティエンヌ・バリバール、イマニュエル・ウォーラーステイン『人種・国民・階級――「民族」という曖昧なアイデンティティ』（若森章孝、岡田光正、須田文明、奥西達也訳、二〇一四、唯学書房）

論文集でありながら、資本主義とネイション・レイシズムの関係を論じるうえで避けて通れない古典的著作。世界システム論やレイシズム論の基本的理解を前提としているため、やや難解だが、伝統的マルクス主義において「空白」であったネイション・レイシズム論を包括的に学ぶことができる。（隅田）

梶村秀樹『排外主義克服のための朝鮮史』（二〇一四、平凡社ライブラリー）

戦後日本において「内在的発展」の視角から朝鮮史研究を民衆を主体とする歴史研究として刷新し

た梶村秀樹の講演録。なぜ日本の排外主義を克服するために朝鮮史を学ぶことが必要なのか、そしてなぜ日本においては左右問わず排外主義意識が根深いのか、朝鮮民衆の歴史と生きざまを自らの生きかたに突き刺すことを通してその克服の道筋を示す書。（山本［興］）

加藤直樹『九月、東京の路上で——一九二三年関東大震災ジェノサイドの残響』（二〇一四、ころから）

第一五章四節で扱った関東大震災の際の朝鮮人虐殺の問題を、現代的な視点で再構成したもの。より詳細な議論は他にもあるが、ここで扱ったような（とくにネット上での）否定論を明示的に意識し、それに対する「対抗言論」として書かれた本として、類書にない特色をもつ。（明戸）

マーザリン・R・バナージ、アンソニー・G・グリーンワルド『心の中のブラインド・スポット——善良な人々に潜む非意識のバイアス』（北村英哉、小林知博訳、二〇一五、北大路書房）

人間ならおそらく誰もがもつ心理的バイアスを社会心理学における「非意識」研究の知見から分析し、意図しない差別の深淵を探っている。隠れた心の領域に迫る方法として潜在連合テストが紹介されており、実際にそのテストを行なうこともできる。差別ないし差別の心を科学的に測定する試みが非常に興味深い。（金）

Todd D. Nelson（Ed.）***Handbook of Prejudice, Stereotyping, and Discrimination:* 2nd Edition. Psychology Press, 2015**

偏見、ステレオタイプ、差別のハンドブック。初学者にはやや難しいかもしれないが、トピックごとに研究動向を押さえるのに役に立つ。（高）

川島聡・飯野由里子・西倉実季・星加良司『合理的配慮――対話を開く、対話が拓く』（二〇一六、有斐閣）

障害者差別の文脈で、従来の「等しい者を異なって扱う」差別に加え、「異なる者を等しく扱う」ことも差別と位置づけ、これらの差別を解消するために新しく概念化された「合理的配慮 reasonable accommodation」について多角的に論じている。障害者差別に限らず、「差別」とその是正のための取り組み方について理解を深めることができる。（清原）

斉藤綾子・竹沢泰子編『人種神話を解体する1　可視性と不可視性のはざまで』（二〇一六、東京大学出版会）

現代社会に観取される諸差別を「人種神話」という観点から検証する学際的共同研究論集の一冊目。とくに、島崎藤村『破戒』の映画化を手がかりに、映画は〈見えない差別〉をどう表象してきたかを問う斉藤綾子論文、小林よしのりの『天皇論』に触れながら、天皇制と「人種」言説との接続を検討したタカシ・フジタニ論文が重要。このシリーズ「3」では、「ハーフ」「ダブル」と意味づけられた人々の表現を問い直す論考も収録されている。（五味渕）

田中辰雄、山口真一『ネット炎上の研究――誰があおり、どう対処するのか』（二〇一六、勁草書房）

第一―三章の議論ではインターネット特有の問題についてはあまり扱えていないが、そこでの事例はいずれもネット上で生じたものである。この本で扱われているネット炎上の特性は、ここで扱った問題を考える上でも示唆に富む。（明戸）

梁英聖『日本型ヘイトスピーチとは何か』（二〇一六、影書房）

日本で「ヘイトスピーチ」と呼ばれる差別は、過去の在日コリアンへの差別とどのような点で連続していて、どのような点で画期性を持つのか。一方では継続する植民地主義の産物であると同時に、他方で過去のどの差別とも異なる醜悪性をもつ日本の「ヘイトスピーチ」の特徴を、欧米の反レイシズム規範／政策や、過去の在日コリアンへのレイシズム暴力との比較検討することで分析しようとした本。（梁）

Mary E. Kite & Bernard E. Whitley, Jr. *Psychology of Prejudice and Discrimination*: 3rd Edition Routledge, 2016

偏見、ステレオタイプ、差別の心理学研究の概説書。具体的な研究を引用しながら議論しており、読みやすく勉強になる。（高）

兼子歩・貴堂嘉之編『「ヘイト」の時代のアメリカ史——人種・民族・国籍を考える』

（二〇一七、彩流社）

顔を黒く塗って「黒人」を演じることは、なぜ暴力的なのか。「人種」や「民族」が異なれば、別々に住むのがお互いにとって幸せだ、という議論の欺瞞性はどこにあるのか。現代日本を考えるための、アメリカ史研究者たちによる論文集。（兼子）

櫻井緑監修『ちがいドキドキ多文化共生ナビ——在日外国人教育実践プラン集』

（二〇一七、大阪府在日外国人教育研究協議会）

長年、在日朝鮮人をはじめとした外国にルーツをもつ子どもたちの教育に向き合ってきた大阪府在日外国人教育研究協議会が開発した学習教材。さまざまな実践プランが紹介されているなかで、「日常生活の中にある『何気ない』差別に気づくプラン」としてマイクロアグレッションが取り上げられている。（金）

塩原良和『分断と対話の社会学』（二〇一七、慶応大学出版）
ヘイトを考えるうえで、二十一世紀において人々がどのような分断を生きているのかを考える必要がある。二十一世紀の分断を社会学的理論からどう理解すべきかをわかりやすく導く入門書。（小林）

塩原良和、稲津秀樹編著『社会的分断を越境する――他者と出会いなおす想像力』（二〇一七、青弓社）
分断と共存が交錯する場――ヘイトスピーチ、移民、難民、テロ、犯罪、ポスト世俗化時代の宗教、多文化共生――を具体的な事例から学際的、かつグローバルに検討する本書は、現代の共生と分断を事例から理解するための必読書。（小林）

ダイアン・J・グッドマン『真のダイバーシティをめざして――特権に無自覚なマジョリティのための社会的公正教育』（出口真紀子監訳・田辺希久子訳、二〇一七、上智大学出版）
社会はマジョリティに有利に作られている為、「ふつう」に暮らしているだけで実際には抑圧するシステムに加担してしまう。マジョリティの特権性を自覚させる社会的公正教育によって差別をなくしていこうとする試みの有効性が具体的なノウハウとともに示されるが、教師の側が陥りやすい失敗についても教えてくれる。（清原）

ヤニス・スタヴラカキス『ラカニアン・レフト――ラカン派精神分析と政治理論』（山本圭、松本卓也訳、二〇一七、岩波書店）
難解なラカン理論を政治理論に応用し、その貢献を政治理論の文脈のなかに明確に位置づける丁寧な書物。特に五章ではナショナリズムとレイシズムの分析がなされ、ラカン理論によるレイシズム理解について明快な視座を与えてくれる。（松本）

デボラ・ヘルマン『差別はいつ悪質になるのか』（池田喬、堀田義太郎訳、二〇一八、法政大学出版局）

とくに二〇〇〇年代後半以降、英語圏では哲学的な差別論が活発に展開されており、ヘルマンのこの本は「不利益」や「被害」の大きさとは異なるところに差別の「悪」を見出そうとした議論の嚆矢と言える。差別とは貶価（demean）であるという立場から、さまざまな論点を非常に深く掘り下げて検討している。細かい議論が続くところもあるが、哲学的な差別論の一つの典型と言ってよいと思う。（堀田）

野間易通『実録・レイシストをしばき隊』（二〇一八、河出書房新社）

ヘイトスピーチへのカウンター運動の中心的人物の一人によるドキュメントである。二〇一三年以降の「レイシストをしばき隊」を中心としたカウンター運動の理念と具体的な戦略が述べられるだけでなく、そこに至る過程でヘイトスピーチデモに対してなされてきた試みの歴史についても紹介されている。（清原）

李美淑『「日韓連帯運動」の時代――一九七〇－一九八〇年代のトランスナショナルな公共圏とメディア』（二〇一八、東京大学出版会）

一九七〇―八〇年代の日韓連帯運動について、社会運動論に留まらず国際関係論、メディア論などから多角的に分析を行なっている。他者との実際の付き合いの中で、どのように「連帯」の考えが彫琢されていったかをさまざまな手法から明らかにする本書からは学ぶことが多い。（清原）

デラルド・ウィン・スー『日常生活に埋め込まれたマイクロアグレッション——人種、ジェンダー、性的指向：マイノリティに向けられる無意識の差別』（マイクロアグレッション研究会訳、二〇二〇、明石書店）

それとないうえにあいまいなので認識しづらい差別的言動をマイクロアグレッションと位置づけて詳細に論じた記念碑的著作。豊富な事例とともに、そのメカニズムや影響を分析、対処法を明らかにしている。マイノリティが感じる日々の「もやもや」は、決して過剰反応などではないことがわかる。（金）

『現代思想　10月臨時増刊号　総特集　ブラック・ライヴズ・マター』（二〇二〇、青土社）

ブラック・ライヴズ・マター（Black Lives Matter）運動の問いかけを、警察の人種暴力にとどまらず、ジェンダー・セクシュアリティや階級、民主主義、福祉国家、大衆文化など多角的な視点から検討する多数の論考を収録。日本におけるレイシズムの問題にも言及されている。（兼子）

梁英聖『レイシズムとは何か』（二〇二一、ちくま新書）

リンネの博物学からホロコースト、新自由主義による統計を使った人種差別からブラック・ライブズ・マターまで、本書は「レイシズムとは何か」という問いを正面から論じた入門書である。ミシェル・フーコーなど欧米のレイシズムに関する理論を用いた本書は、人種化して殺す権力というシンプルなレイシズムの定義を採用。現代世界で台頭する「自国ファースト」のようなナショナリズムに隠されたレイシズム現象の普遍性と同時に、たとえ六世代経とうとも在日コリアンに参政権さえ認めない日本社会の差別状況の特殊性の両方を、一貫した理論枠組みで分析している。（梁）

あとがき

本書は多くの人に助けていただくことで生まれた。『図書新聞』編集長・須藤巧さんと話す中で、リレーエッセイの企画となるアイデアが生まれた。須藤さんには貴重な紙面を割いて自由に連載をさせていただくとともに、連載中もさまざまな心遣いを頂いたことに感謝している。

また、実際にリレーエッセイを始めることができたのも、企画段階でエッセイの執筆を快諾してくれた明戸隆浩さん、隅田聡一郎さん、竹田恵子さん、松本卓也さん、梁英聖さんの協力があればこそである（五十音順）。間庭大祐さんはエッセイの寄稿だけでなく、書き手の紹介もしてくださった。安部彰さん、金友子さん、堀田義太郎さんはこのご縁で参加くださった。一度も面識がない人間にご協力いただけたのは、ひとえに間庭さんの人徳のおかげに違いない。小林・ハッサル・柔子さんは塩原良和さんにご紹介いただき、本書に参加くださった。研究会・学会等でお会いした伊藤昌亮さん、遠藤正敬さん、兼子歩さん、五味渕典嗣さん、澤佳成さん、高史明さん、百木漠さん、山崎望さん、山本興正さん、山本浩貴さんにも執筆を快諾いただいたことに感謝している。書き手のジェンダーバランスを保てなかった点については編者としての力不足であるが、何の実績もない一介の院生に過ぎなかった私に玉稿を預けてくださった皆様と、それを出版として引き受けてくださった共和国の下平尾直さんに感謝申し上げます。

なお、残念ながら本書には収録できなかったものの、リレーエッセイにご協力いただいた古賀光生さん、山田創平さんにもこの場を借りて感謝申し上げる。お二人のエッセイについては『図書新聞』ホームページからアクセスすることができる。

山田創平「世界と人間の複雑さ、友情についての覚書——私が『カウンター』に参加する理由」

古賀光生「西欧における極右の活動家のメンタリティ——使命感と優越意識、他の活動家との人間関係が、活動継続の理由」

二〇二一年三月二十一日（制定から五十五年目の国際人種差別撤廃デーの日に）

清原 悠

執筆者について

清原 悠（きよはら・ゆう）
一九八二年生まれ。立教大学兼任講師。専攻は、社会運動論、メディア論。論考に、「『ヘイト本』のメディア論」『唯物論研究年誌』（二二号、二〇一七）など。

金 友子（きむ・うぢゃ）
一九七七年生まれ。立命館大学国際関係学部准教授。専攻は、歴史社会学、ジェンダー研究。著書に、『歩きながら問う』（インパクト出版会、二〇〇八）など。

兼子 歩（かねこ・あゆむ）
一九七四年生まれ。明治大学政治経済学部専任講師。専攻は、アメリカ社会史、ジェンダー研究。共編著に、『「ヘイト」の時代のアメリカ史』（彩流社、二〇一七）など。

松本卓也（まつもと・たくや）
一九八三年生まれ。京都大学人間・環境学研究科准教授。専攻は、精神病理学。著書に、『心の病気ってなんだろう？』（平凡社、二〇二〇）など。

高 史明（たか・ふみあき）
一九八〇年生まれ。神奈川大学非常勤講師。専攻は、社会心理学。著書に、『レイシズムを解剖する』（勁草書房、二〇一五）など。

堀田義太郎（ほった・よしたろう）
一九七四年生まれ。東京理科大学准教授。専攻は、政治哲学、倫理学。共著に、『差異と平等』（青土社、二〇一二）など。

隅田聡一郎（**すみだ・そういちろう**）
一九八六生まれ。オルデンブルク大学客員研究員師。専攻は、社会思想史。共著に、『マルクスとエコロジー』（堀之内出版、二〇一六）など。

山崎　望（**やまざき・のぞむ**）
一九七四年生まれ。駒澤大学法学部教授。専攻は、政治理論・国際政治。著書に、『来たるべきデモクラシー』（有信堂高文社、二〇一二年）など。

小林・ハッサル・柔子（**こばやし・ハッサル・やすこ**）
一九七〇年生まれ。立命館大学グローバル教養学部准教授。専攻は、アジア太平洋における人の移動、移民から見るトランスナショナル史。論考に、*Transpacific Visions: Connecting Pacific Histories between North and South*, Lexington Books, 2021. など。

間庭大祐（**まにわ・だいすけ**）
一九八三年生まれ。甲南大学非常勤講師。専攻は、社会学、社会思想史、市民社会論。共著に、『アーレント読本』（法政大学出版局、二〇二〇）など。

遠藤正敬（**えんどう・まさたか**）
一九七二年生まれ。早稲田大学台湾研究所非常勤次席研究員。専攻は、政治学。著書に、『天皇と戸籍』（筑摩選書、二〇一九）など。

梁　英聖（**りゃん・よんそん**）
一九八二年生まれ。一橋大学大学院言語社会研究科博士後期課程卒業。専攻は、在日コリアンへのレイシズム。著書に、『レイシズムとは何か』（筑摩新書、二〇二〇）など。

百木　漠（**ももき・ばく**）
一九八二年生まれ。関西大学法学部准教授。専攻は、社会思想史。著書に、『アーレントのマルクス』（人文書院、二〇一八）など。

伊藤昌亮（**いとう・まさあき**）
一九六一年生まれ。成蹊大学文学部教授。専攻は、メディア論。著書に、『ネット右派の歴史社会学』（青弓社、二〇一九）など。

竹田恵子（たけだ・けいこ）
東京女子大学女性学研究所特任准教授。専攻は、社会文化学、表象文化論。著書に、『生きられる「アート」』（ナカニシヤ出版、二〇二〇）など。

明戸隆浩（あけど・たかひろ）
一九七六年生まれ。立教大学社会学部助教。専攻は、社会学、多文化社会論。共著に、『排外主義の国際比較』（ミネルヴァ書房、二〇一八）など。

山本興正（やまもと・こうしょう）
一九八一年生まれ。東京大学大学院総合文化研究科博士課程単位取得満期退学。専攻は、思想史、日朝関係史。論考に、「戦後朝鮮史研究における『六〇年代の問題意識』の一断面」（『歴史学研究』一〇〇一号、二〇二〇）など。

澤 佳成（さわ・よしなり）
一九七九年生まれ。東京農工大学大学院農学研究院専任講師。専攻は、環境哲学。共著に、尾関周二、環境思想・教育研究会編『「環境を守る」とはどういうことか』（岩波ブックレット、二〇一六）など。

安部彰（あべ・あきら）
一九七五年生まれ。三重県立看護大学准教授。専攻は、哲学、倫理学。著書に、『連帯の挨拶』（生活書院、二〇一一）など。

山本浩貴（やまもと・ひろき）
一九八六年生まれ。金沢美術工芸大学美術科芸術学専攻講師。専攻は、文化研究、美術史。著書に、『現代美術史』（中公新書、二〇一九）など。

五味渕典嗣（ごみぶち・のりつぐ）
一九七三年生まれ、早稲田大学教育・総合科学学術院教授。専攻は、近現代日本語文学・文化研究。著書に、『プロパガンダの文学』（共和国、二〇一八）など。

レイシズムを考える

二〇二一年五月二〇日初版第一刷印刷
二〇二一年五月三〇日初版第一刷発行

編者・執筆者代表……清原《きよはら》 悠《ゆう》
発行者……下平尾 直
発行所……株式会社 共和国 editorial republica co., ltd.
東京都東久留米市本町三-九-一-五〇三 郵便番号二〇三-〇〇五三
電話・ファクシミリ 〇四二-四二〇-九九九七
郵便振替 〇〇一二〇-八-三六〇一九六
http://www.ed-republica.com

印刷……モリモト印刷
ブックデザイン……宗利淳一
DTP……木村暢恵

ISBN978-4-907986-38-4 C0036